Mamma Mia, Pasta

맘마미아, 파스타

이탈리아 가정 요리 에세이

초판 1쇄 펴낸날 | 2011년 9월 15일

지은이 | 강선미, 알레산드로 비스콘티니
펴낸이 | 조영혜 **펴낸곳** | 동녘라이프

전무 | 정락윤
편집주간 | 곽종구
책임편집 | 김옥현
편집 | 이상희 박상준 구형민 이미종 윤현아
영업 | 이상현 **관리** | 서숙희 장하나

진행 | 김은진 **사진** | 김덕창(studio Da)
디자인 | 정해진(elephant)
인쇄·제본 | 새한문화사 **라미네이팅** | 북웨어 **종이** | 한서지업사

등록 | 제311-2003-14호 1997년 1월 29일
주소 | (413-756) 경기도 파주시 교하읍 문발리 파주출판도시 532-5
전화 | 영업 031-955-3000 편집 031-955-3004 **전송** | 031-955-3009
블로그 | www.dongnyok.com **전자우편** | life@dongnyok.com

ISBN 978-89-90514-52-3 13590

* 책값은 뒤표지에 있습니다.
* 이 도서의 국립중앙도서관 출판시도서목록(CIP)은 e-CIP 홈페이지(http://www.nl.go.kr/ecip)와
  국가자료공동목록시스템(http://www.nl.go.kr/kolisnet)에서 이용하실 수 있습니다.
  (CIP제어번호: CIP2011003706)

맘마미아 파스타
Mamma Mia, Pasta

동녘라이프

intro

2002년 크리스마스를 바로 앞둔 겨울, 나는 이탈리아로 요리 유학을 떠났다. 서른네 살이었던 나는 곧 다가올 '35'라는 숫자의 압박에 시달렸다. 다음 해가 되면 더 이상 용기를 낼 수 없을 것 같은 막연한 불안감에 남들이 부러워할 만한 직장을 그만두고 12월 11일, 로마행 항공기에 올랐다. 그때의 기분은 좋을 것도, 나쁠 것도, 새로운 삶에 대한 설렘도 없이 무덤덤했으니 마치 친구 집에 이틀 밤 정도 신세지러 가는 모양새라고나 할까.

막상 요리 유학을 떠났지만 이탈리아어는 커녕 어디를 가야 할지 정하지 않았던 나는 일단 언어 수업부터 받기로 했다. 언어학교에서 처음 받은 질문은 '왜 이탈리아에 왔냐?'는 것. 성악, 사진, 보석 공예, 영화, 의류 디자인, 건축… 이탈리아어를 배우러 그곳에 모인 이들은 제각각 멋진 꿈과 계획을 가지고 있었다. 하지만 막상 내가 '요리를 배우러 이탈리아에 왔다'고 밝히면 열에 아홉은 고개를 갸우뚱했다. '이탈리아에 이탈리아 요리는 없다'는 게 그들의 가장 친절한 답이었다. 난감했다. 요리 하나를 배우기 위해 많은 것을 버리고 왔는데 허탈하기 짝이 없었다. 그들의 말에 따르면 이탈리아에는 '이탈리아 요리 *La cucina Italaina*'가 아닌 '이탈리아 지역 요리 *La cucina regionale*'가 존재한다는 것이다. 지역 곳곳의 맛이 모여 이탈리아 요리를 이룬다는 얘기였다.

그래서였을까? 이탈리아 요리는 마치 파면 팔수록 나오는 샘물과 같았다. 나 역시 처음에는 막연하게 접했지만 여덟 해가 지난 지금은 요리 속의 문화와 언어에 귀기울이게 되었다. 그 시간 동안 피에몬테의 외국인을 위한 요리학교를 수료한 나는 한국과 이탈리아 요리학교에서 일하고, 이탈리아 남자를 만나 결혼을 했으니 참 많은 일을 겪고 해냈다.

그동안 한국에서도 이탈리아 요리의 위상은 많이 달라졌다. 동네 슈퍼마켓에서 찾기 힘들던 푸실리, 링귀니, 펜네 같은 파스타를 손쉽게 구할 수 있음은 물론 이탈리아 레스토랑과 카페, 피자집도 쉽게 접할 수 있다. 많은 사람들이 생크림이 들어간 카르보나라와 생크림이 들어가지 않는 카르보나를 정확히 구별할 줄 알며, 더 이상 이탈리아 요리의 대명사처럼 된 스파게티만을 고집하지도 않는다. 그만큼 소비자의 요구가 더 구체적이 되었고 더 다양해졌다.

2009년 봄부터 열 달간 월간지에 '강선미의 손쉬운 가정식 요리'라는 요리 칼럼을 연재한 적이 있다. 특별한 도구 없이도 집에서 쉽게 해 먹을 수 있는 이탈리아 요리를 소개했는데 한정된 페이지 내에서 음식에 관한 이야기를 풀어내기가 쉽지 않았다. 마침 처음 칼럼을 기획했던 기자로부터 이탈리아 가정식에 대한 책을 만들어 보자는 제안이 들어와 좋은 기회라고 생각을 했다.

이 책은 크게 세 가지의 이야기로 나뉘어 있다. 내가 요리를 공부하면서 이탈리아에서 겪었던 이야기, 이탈리아인 남편과 칠순의 친정 부모님을 모시고 살면서 생긴 에피소드, 그리고 이탈리아 요리의 기본 정보와 가정식 메뉴 제안이다. 그밖에 로마인들이 즐겨 찾는 진정한 맛집, 이탈리아 요리학교 소개 등 현지 생활에 도움이 될 만한 간단한 정보도 함께 실었다. 이탈리아에 대한 다양한 이야기들을 다루고 있는 만큼 이 책이 가장 기본적인 이탈리아의 맛과 문화에 관심이 있는 사람들에게 도움이 되기를 희망한다.

intro ·004

Part 1
이탈리아에서 사랑에 빠지다

01 새마을 데이트 ·016
02 부르스케타 ·024
    알렉스식 부르스케타
03 트리파와 떡갈비 ·030
04 넌 내 여자 친구야! ·034
05 천 년의 성에서 요리를 배우다 ·040
06 내 생애 최고의 레스토랑 ·046
07 사이좋게 지내! ·054
08 기차에서 생긴 일 ·058
09 마늘 대소동 ·062
10 농부 같은 요리사, 피에트로 ·066
11 치즈 공장 견학기 ·072
12 와인 수업 ·078
13 피체리아 나이트 투어 ·084
14 속 깊은 청년, 로코 ·090
15 와인 한 잔 들고 밤새 춤을! ·094
16 소공녀가 살던 방 ·098
17 크리스마스이브에 생겨서는 안 되는 일 ·104

Part 2
이탈리아를 느끼다

01 이태리 라디오가 오셨습니다 ·116
02 우리 집은 미네스트라 가족 ·120
03 백년손님, 알렉스 ·124
04 도시락을 싸는 여자 ·130
05 명절은 괴로워 ·136
06 알렉스표 샤브샤브 요리 ·142
07 이탈리아 남자에게 거는 기대 ·148
08 오, 실바나! ·154
09 아버지 만세! 영복 고맙습니다! ·158
10 원주를 아시나요? ·162
11 창문을 열지 말라고? ·168
12 침 맞으러 갑시다 ·172
13 그녀들의 내숭 ·178
14 외국 사람 바꿔 주세요 ·182
15 아다지오 펜션입니까? ·186
16 당신을 위한 따뜻한 식사 ·192
17 카르보나라 쿠킹 클래스 ·196
18 레몬 나무와 탱자 열매 ·202
19 가장 이탈리아적이고 한국적인 파티 ·208

plus story
로마 남자의 한국 생활

episode 1 　아내와 처갓집 말뚝 　·218
episode 2 　한국 초년생의 일상 1 　·222
episode 3 　한국 초년생의 일상 2 　·226
episode 4 　지하철에서 스승을 만나다 　·230
episode 5 　세상이 둥근 이유 　·232
episode 6 　한국이 그리울 때 　·236
episode 7 　로마가 그리울 때 　·240

Part 3
이탈리아 요리를 맛보다

01 　이탈리아 음식 문화 　·248
02 　파스타의 종류 　·256
03 　기본 소스 6 　·262
　　페스토 제노베제
　　폰도 부르노
　　로 자바이오네
　　살사 디 포모도로
　　라 베샤멜라
　　라구 디 카르네
04 　대표 디저트와 음료 　·270
　　카푸치노
　　메링가
　　부루티 마 부오니
　　카스타뇰레
　　토르티노 디 초콜라토

05 코스로 먹는 가정 요리 레슨 12

set 1 성탄절 전야의 식사 •280
홍합구이 / 해산물스파게티 / 크렘불레

set 2 소풍 도시락 •288
카프리식 부르스케타 / 푸실리샐러드 / 과일절임

set 3 익스프레스 브런치 •296
참치 파프리카말이 / 라구스파게티 / 바닐라 소스의 참벨로네

set 4 소박하지만 특별한 만찬 •304
해산물샐러드 / 페스토 소스 파스타 / 파프리카구이 / 자바이오네

set 5 스피드 주말 디너 •314
카르보나라 / 토스카나식 닭고기 요리 / 바나나크레페

set 6 정통 이탈리안 디너 •322
고기 소스의 감자뇨키 / 시칠리아식 농어 요리 / 사과파이

set 7 여자들을 위한 요리 •330
감자 문어샐러드 / 브로콜리펜네 / 레몬타르트

set 8 아이가 좋아하는 채소 메뉴 •338
로마식 쇠고기말이 / 감자 양파파이 / 카라멜푸딩

set 9 어색한 사람들끼리의 파티 •346
시칠리아식 오렌지샐러드 / 마르게리타피자 / 판나코타

set 10 봄에서 여름까지 먹는 별미 •354
닭고기샐러드 / 파프리카리조토 / 딸기타르트

set 11 금요일 밤, 싱글들의 저녁 식사 •362
삼색 채소수프 / 바지락파스타 / 폴렌타꼬치

set 12 생일 파티 •370
로마식 쌀크로켓 / 참치 소스의 돼지고기 / 이탈리아식 샌드위치

bonus info

01 이탈리아 요리학교 •380
02 부부 추천! 로마 맛집 •382

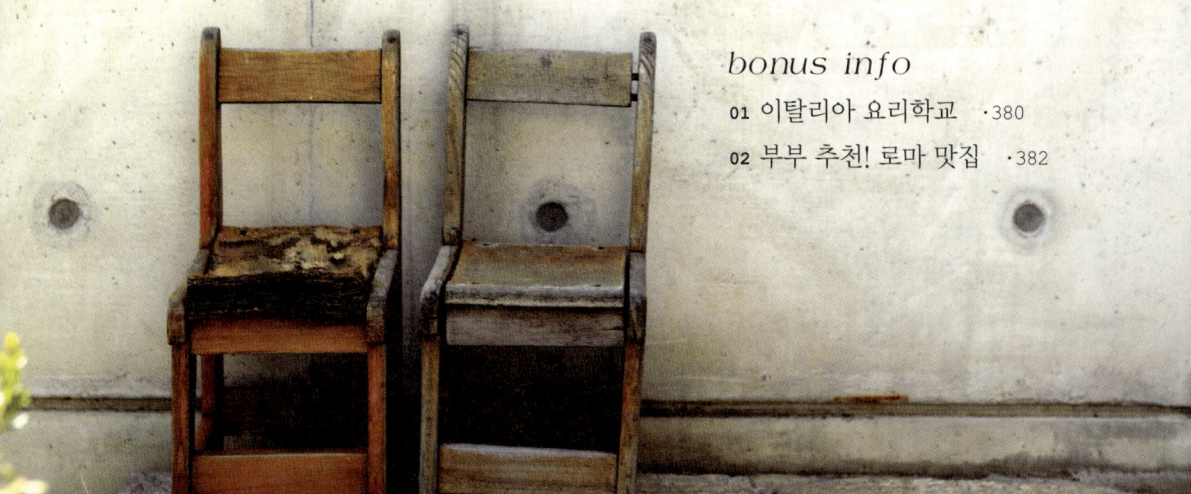

Part 1
이탈리아에서 사랑에 빠지다
In Italia, si innamora

유학 전에는 요리가 쉽다고 생각했다.
그저 기술이어서 몇 가지 레시피만 외우면 된다는 생각으로
무작정 이탈리아행 비행기에 올랐다.
그렇게 떠난 이탈리아에서 요리를 배웠고, 알렉스도 만났다.
그리고… 운명처럼 알렉스와 이탈리아를 사랑하게 되었다.

01 새마을 데이트
02 부르스케타
03 트리파와 떡갈비
04 넌 내 여자 친구야!
05 천 년의 성에서 요리를 배우다
06 내 생애 최고의 레스토랑
07 사이좋게 지내!
08 기차에서 생긴 일
09 마늘 대소동
10 농부 같은 요리사, 피에트로
11 치즈 공장 견학기
12 와인 수업
13 피체리아 나이트 투어
14 속 깊은 청년, 로코
15 와인 한 잔 들고 밤새 춤을!
16 소공녀가 살던 방
17 크리스마스이브에 생겨서는 안 되는 일

01
새마을 데이트

한국 나이로 서른넷.
곧 서른다섯 살이 된다고 생각하니 마음이 조급했다.

스물아홉 살에도 느껴 보지 못했던 막연한 불안감이 가슴을 억눌렀다. 2002년 12월 11일 결국 로마행 비행기를 탔다. 다니던 직장을 그만두고 전부터 생각해 오던 요리를 배우기로 한 것이다. 레오나르도 다빈치 공항에 도착해서 내 이름이 적힌 A4 용지를 들고 서있는 사람의 안내를 받아 로마 시내로 들어왔다. 트라스테베레*Trasstevere*에 있는 아파트의 2평도 못 미치는 방을 월 400유로에 얻었다. 로마에서의 생활이 시작된 것이다. 꼭 여섯 해 만에 다시 와보는 로마였다. 그때는 쇼핑에만 눈이 멀었던 여행객이었다.
크리스마스를 앞둔 로마 시내는 신나는 일을 앞둔 아이처럼 터질 듯 부풀어 오르고 있었다. 그렇지만 하루 걸러 비가 내렸고 으스스하게 추웠다.
"걱정 마세요, 내가 뭐 처음이에요?"
떠나기 전까지 엄마에게 호기를 부렸던 나는 막상 같은 아파트에서 함께 지내게 될 앳된 얼굴의 룸메이트들을 보자 조금씩 걱정되기 시작했다. 스물세 살로 가장 나이가 많다는 캐나다에서 온 에린, 스무 살이 막 된 네덜란드 아가씨 엘리나. 얼핏 보아도 드세 보이는 오스트리아에서 온 카테리나, 이렇게 3명이 나의 룸메이트들이었다. 그들을 보고 있자니 갑자기 앞으로 무척이나 외로울 것 같은 생각이 들었다. 하지만 나의 성급한 걱정들은 금세 사라졌다.

언어학교를 다닌 지 며칠만에 크리스마스를 전후로 이주일간의 휴가가 시작되었다. 휴가 내내 난 철저하게 혼자였고, 그 지루한 연말연휴가 지나 다시 학교에 나가니 친구들이 그렇게 반가울 수가 없었던 것이다. 평소 친하지 않던 친구들에도 반갑게 인사를 해대고 학교에 다니는 게 이렇게 즐거웠나 싶었다. 오전 9시부터 1시까지 이어지는 수업 시간 중 가장 즐거웠던 때는 2교시 이후의 휴식 시간이었다. 모두들 학교 밖으로 나가 근처 바Bar에서 크로와상, 도넛 등의 간식을 먹었는데 이때가 가장 즐거웠다.

로마 사람들은 아침 식사를 두 번 나눠서 한다. 일어나자마자 커피와 비스킷 몇 개를 간단히 먹고, 그리고 11시 즈음에 피자나 파니니 정도로 간식을 다시 먹는다. 바에서 카페, 카페 룽고, 카페 아메리카노, 카페 마키아토, 카페 코레토, 카페 룽고알베트로, 카페 도피아, 카페 알라테, 카페 알오르조, 카페 데카페이나토 등 수없이 쏟아지는 커피 주문을 실수 없이 만들어 내는 잘생긴 바리스타를 보는 것도 즐거운 데 커피 값도 말도 안 되게 저렴하니 기분이 더 좋았다. 커피 값이 저렴해 하루 5잔을 마신 적도 있다. 언어보다 커피 주문 실력이 더 빨리 늘던 때가 바로 로마에 온지 한 달 정도 되었을 때였다.

수업이 끝나도 특별히 갈 데가 없던 나는 학교에 남아 DVD로 이탈리아 영화를 자주 보고는 했다. 그때 보았던 영화 중에 *〈비앙카Bianca〉라는 영화가 있었다. 여자의 구두에 집착중이 있는 연쇄 살인자 이야기였다. 자막도 없이 그림으로만 봐야 했지만 감독이자 주연배우인 난니 모레티의 특이한 하이 톤의 목소리가 무척이나 인상 깊

---

* 비앙카 Bianca 난니 모레티가 감독&주연한 영화 중 한 작품.

었다. 어찌나 인상이 강했던지 그날 밤에 난니 모레티를 거리에서 직접 만나는 꿈까지 꾸었다가.

알렉스를 처음 보았을 때 나는 그가 이탈리아어를 배우러 온 노르웨이 사람인 줄 알았다. 그런데 이탈리아어를 유창하게 하는 것이었다. 목소리였다. 그 목소리. 알렉스는 난니 모레티의 목소리를 가지고 있었다. 우리는 자석의 남극북극처럼 서로에게 끌려들었다. 동그란 얼굴에 아몬드형 눈을 가진 동양 여자와 자국 사람들도 의심할 만큼 이탈리아 사람처럼 생기지 않은 난니 모레티의 목소리를 가진 알렉스는 이렇게 만났다. 나중에 알았지만 알렉스는 난니 모레티도 싫어할 뿐 아니라 그와 목소리가 비슷하다는 말조차 싫어했다. 하지만 어쩌랴. 나를 알렉스에게 이끈 것은 난니 모레티를 닮은 목소리였으니. 난 지금도 이탈리아의 내로라하는 좌파 영화감독 중의 1명인 그의 영화를 좋아한다. 아쉽게도 알렉스와 함께 볼 일은 절대 없겠지만.

Stasera ti vorrei mostrare la Roma e le sue bellezze.
(오늘 저녁에 로마의 아름다움을 보여 주고 싶어요.)

금요일 저녁, 알렉스로부터 이렇게 문자가 왔다. 다음 날에도 비슷한 문자가 왔다. 주말에도 할 일 없이 지나가는 동네 사람들이나 구경하던 나는 답변을 했다.

Oggi sono impegnata ma domani sara' bene.
(오늘은 약속이 있어 어렵지만 내일은 괜찮을 것 같아요.)

그는 정말 로마의 아름다운 곳 모두를 소개하려는 듯 날마다 다른 장소로 나를 안내했다. 어느 날은 관광객으로 가득한 베네치아 광장에 앉아 햇볕을 쪼였고, 또 어느 날은 팔라티노 뒤쪽의 오랜 성당 앞에서 오래도록 이야기를 하고, 테베레강을 따라 걷다가 벽 위에 걸터앉아 산탄젤로 다리를 오래도록 바라보았다. 자니콜로 언덕에서 보는 야경, 트라스테베레의 뒷골목, 산탄젤로성의 옥상, 스페인 광장 위에서 보는 로마 시가지의 석양, 오렌지 정원에서 보는 산피에트로 성당 등 관광가이드도 모르는 숨을 곳곳을 보여 주느라 그의 목소리는 더 높아졌다.

그렇게 시간을 보내던 어느 날, 우리는 로마 시내의 녹색정원 빌라 보르게제*Villa Borghese*에 가기로 했고 레판토*Lepantp*역에서 오후 4시에 만나기로 했다. 언제나 그렇듯이 알렉스는 내가 예상하지 않은 방향에서 불쑥 나타났다. 그러고는 아무렇지도 않은 듯 내 팔을 이끌었다(이탈리아 남자들은 여자가 팔짱을 낄 때까지 기다리지 않고 스스로 팔을 걸어온다. 이거 참 좋다. 남자 쪽에서는 마치 보호자라도 된 것처럼 상대를 인도하게 되고, 내 쪽에서는 상대에게 의존하는 것처럼 보이지 않으니까).

보르게제 정원에 이르는 길은 멀지 않았다. 공원 안에는 도토리 나무, 오렌지 나무, 올리브 나무, 회양목, 월계수 나무 등이 즐비하게 서있었다. 커다란 공원이라 절도 있게 손질이 되어 있을 거라 생각했는데 자연스럽게 만들어진 비포장 도로가 마음의 경계심을 풀어 주었다. 이탈리아 정원에는 꽃이 없다고 했다. 물론 오렌지 나무에서 꽃이 피기도 하겠지만 초록색으로 정원을 꾸미는 것이 전통이라고 했다. 이후에도 여러 군데의 공원을 살펴볼 기회가 있었는데 어디에서도 많은 꽃을 본 적이 없다.

공원 안으로는 사람들이 끊임없이 오고갔다. 우리는 커다란 도토리 나무 아래 있는 벤치에 앉았다. 2유로나 내고 사온 치즈 볼을 꺼내자 알렉스가 환성을 지른다. 내가 1개 먹을 때 2~3개씩 입에 마구 밀어 넣던 그는 치즈 볼을 다 먹고 나자 끊임없이 말을 쏟아냈다.

"이 공원 안에는 박물관이 있어. 언제 가 보자. 학교에서 봤는데 아까 옆에 있던 남자는 한국 사람이니? 아버지 이름은 뭐야? 무슨 뜻인데? 아버지는 어떤 음악을 좋아해?"

"……"

"마사시는 왜 언제나 선글라스를 쓰고 있는지 아니? 삼성이 한국 거였어?"

아직 이탈리아 말을 잘 못하는 나를 위해 쉬운 말로 천천히, 하지만 쉼 없이 말을 건냈다. 알렉스의 말은 늘 다채롭고도 다정했다. 그렇게 그와의 달콤한 데이트에서 내 이탈리아어가 조금씩 늘어 가는 사이에 나무 그늘도 모양새를 바꾸고 공원을 지나는 사람들도 바뀌었다. 저녁 시간이 된 것이었다. 우린 데이트 중이었고.

새마을 데이트 ○

"이제 저녁 시간이 다 되었네. 난 집에 가서 저녁을 먹을 건데, 넌 어떻게 할래?"
알렉스가 말했다.
지금까지 남자와 데이트를 하면서 한 번도 들어본 적이 없던 질문이었다. 어떻게 이해해야 하나? 거기다 친절하게도 설명을 덧붙였다.
"여기서 xx번 버스를 타면 티부르티나*Tiburtina*역에 갈 수 있고, 그 역에서 기차를 타면 네가 사는 룽게차*Lunghezza*역까지 갈 수 있어. 도착하면 문자 보내."
나는 얼떨결에 버스에 올라탔다.
"저 동양 여자애는 티부르티나역에서 내릴 거예요."
알렉스는 친절하게도 기사에게까지 일러주고는 정류장에 서서 손을 흔들었다. 버스가 출발하자 빠른 걸음으로 버스를 따라오기까지 했다. 갑자기 무슨 이유에서인지 눈물이 솟구쳤다. 오후의 햇살을 받아 더욱 빛나는 금발머리를 날리며 손을 흔드는 그는 마치 어린 소년 같았다.
그렇게 이탈리아 남자와의 새마을(?) 데이트는 계속 이어졌다. 날마다 비슷한 시간에 만나 걷고 또 걷지만 언제나 일정한 감정을 유지하는 알렉스의 태도가 나는 좋았다. 그는 나를 만나면 자신이 어떤 기분인지 닭살이 돋을 정도로 솔직하게 말해 주었다. 나의 장점이 무엇인지 단점이 무엇인지에 대해서도 구체적으로 말해 주었다. 장점도 좋지만 단점은 인간적이어서 또 좋다고 말해 줄 때 왠지 신뢰가 생겼다. 그리고 날마다 나를 향한 자신의 감정이 더 커져 가고 있다고 문자를 보내 주었다. 물론 시간이 지나면서 조금씩 실망할 때도 있고 다투는 일도 생겼다. 하지만 가슴이 저리도록 신랄하게 비판을 하며 싸우다가도 나에 대한 애정에는 변함이 없음을 꼭 상기시켜 주었다. 그가 하나의 인격체로 나를 사랑하고 있다는 느낌을 받게 되었을 때 마음이 아주 편안했다. 이후 알렉스와 나는 오랜 시간을 떨어져 지낸 적이 많았는데, 그 때마다 그와 나의 물리적 거리를 좁혀 준 것도 로마 시내를 수십 번도 더 돌면서 느낀 그의 깊은 사랑이었다.

새마을 데이트

02
부르스케타

로마의 겨울은 해가 짧았다.

이탈리아에서 맞이한 첫 겨울이라 유난히 더 짧게 느껴졌는지도 모르겠다. 오후 4시만 되면 어두워지기 시작하고 저녁 7시면 거리는 텅 비었다. 상점들은 문을 닫고 레스토랑은 사람들로 넘쳐났다. 불빛이 새어 나오는 창이 정겨워 보일 때가 이쯤이었다. 난 이 무렵 알렉스를 만나 그나마 집에 대한 그리움 없이 첫 겨울을 보냈다.
3월이 되어 해가 조금은 길어지자 알렉스와 난 로마의 작은 거리를 걷기 시작했다. 언제나처럼, 얼음 위를 미끄러지듯 복잡한 거리를 헤쳐 나가는 알렉스의 뒤꽁무니를 따라 종종 걸음으로 이리저리 걸어다녔다. 그러다 오후가 되면 간단한 아침에 더 간단한 점심을 먹은 나는 언제나 배가 고팠고, 배가 고픈 것을 참지 못하는 것이 금방 표시가 나고는 했다. 우선은 먹을 것 앞에서 걸음이 느려지고, 집중력을 잃어 부드러운 대화가 이루어지지 않았다. 그날도 역시 머릿속에는 온통 뭔가를 먹고 싶다는 욕구가 가득 차서 상대방의 말을 귀기울여 듣지 못하고 있었다.
수많은 바*Bar*를 지나칠 때마다 파니니*Panini*만 유난히 잘 보였다. 하지만 소용없었다.
"알렉스 잠깐 커피 좀 마시고 갈까?"

"조금만 더 가면 커피가 유명한 집이 있어. 거기 가서 마시자"
다시 걸었다. 배가 고파 짜증이 날 정도인데 더 맛있으면 얼마나 더 맛있다고. 속으로 투덜대며 따라갔다.
"나 배고파."
"넌 항상 배가 고프구나."
주변 사람들의 작은 감정 변화에도 민감한 알렉스는 그럴 때면 바에서 아주 작은 크로스타타*Crostata*를 커피와 함께 사 주고는 했다. 커피 맛에 대해 잘 몰랐지만 그때는 왠지 커피도, 크로스타타도 너무 맛있었다. 하지만 한 모금이면 끝나는 커피는 너무 아쉬웠다.
어린아이처럼 먹고 나면 금방 생기가 넘치는 나를 보면서 알렉스가 웃었다. 그러고 보니 바티칸에서 멀지 않은 알렉스의 집을 처음 갔을 때에도 난 배가 고픈 상태였다. 알렉스의 집은 로마 지하철 A선의 마지막 역에서 10여 분 정도 자동차를 타고 가야 했다. 처음으로 들어가 본 로마 가정집에서는 좋은 냄새가 났다. 자연스레 주방을 살피니 잘 정돈된 주방에 작은 나무의자와 테이블이 있었다. 테이블 위에는 색색의 과일이 담겨 있는 과일 바구니가 있었다. 그 모습은 서양화에서나 보았던 풍경이 아니던가. '그렇다면 이 사람들은 부자인가' 라는 엉뚱한 연상이 바로 생겼다. 친한 친구가 오든 앞집 아주머니가 오든 누군가 집을 찾으면 커피나 온갖 종류의 음료부터 대접하는 습성이 박힌 나로서는 바로 알렉스가 커피를 내주지 않을까 은근히 기대했다. 하지만 달라고 요청할 수는 없는 노릇. 배는 고프고 과일을 먹으면 안 될 것 같은데. 이쯤 되니 나의 자존심도 고픈 배 앞에서 무너지기 시작했다.
그때 알렉스가 어디선가 빵을 꺼내 와 두껍게 잘라 토스터에 굽기 시작했다(그때 만큼 그가 매력적으로 보인 적은 없었다). 집안은 금방 빵 굽는 구수한 냄새로 가득해졌다. 동시에 냉장고에서 토마토 한 개를 꺼내 도마도 없이 칼로 잘게 자르더니 소금과 올리브유로 양념해 바삭하게 구운 빵 위에 올리브유를 넉넉히 뿌린 뒤 양념해 놓은 토마

부르스케타

토를 얹어 내게 건넸다. 빵에 토마토라. 별 기대 없이 먹기 시작했는데 이거 아주 맛이 괜찮았다. 딱딱한 빵에 입안 천정이 조금 벗겨졌지만 상관없었다. 겉은 바삭하지만 속은 아직 촉촉했고 알싸한 맛을 내는 올리브유와 새콤달콤한 토마토가 빵과 어울려서 만들어 내는 맛이 기가 막혔다. 물론 배도 고팠지만 단순한 재료의 조합이 만들어 내는 맛의 크기는 상당했다.

이 요리라고조차 부르기 쑥스러워 보이는 음식의 이름이 궁금해진 나는 그에게 그 이름을 물었고 알렉스는 로마에 와서 산지가 벌써 석달이 넘었는데 이것도 모르냐는 듯이 약간의 어처구니없는 표정으로 '부르스케타*Bruschetta*'라고 일러 주었다. 이것이 내가 맨 처음 배운 이탈리아 음식이다. 그런데 그 소박함에 얼핏 어이가 없어졌다. 이제 부르스케타는 나의 비상용 음식이 되었다. 지금은 토마토가 없어도 부르스케타를 만들 수 있다는 걸 알지만 한참 동안은 토마토만이 빵 위에 올라갈 권리가 있는 양 토마토만을 올리고는 했다.

이탈리아를 여행하면서 많은 식당을 찾아다녔는데, 거의 모든 레스토랑에서 식전 요리로 부르스케타를 내었다. 빵에 올리는 재료도 다양했는데 단순하게 올리브유만을 뿌려서 내오기도 하고 그 비싸다는 송로버섯을 올리기도 했다. 재료에 따라 맛이 달라지는 거야 당연하지만 올리브유에 따라, 빵에 따라서도 맛이 좌우되기도 한다. 가령 토스카나 지역에서는 빵에 소금을 넣지 않는데 이 싱거운 빵에 검은 올리브나 토마토, 햄, 버섯 등을 얹어서 먹으면 그 맛이 그렇게 좋을 수가 없다.

여름이 되면 바질과 토마토가 잘 자란다. 나는 토마토를 잘게 썰고 소금과 올리브유, 바질만으로 양념을 해서 부르스케타를 만든다. 생애 처음으로 배운 이탈리아 요리가 지금까지도 가장 자주 하는 요리가 되었다.

알렉스식 부르스케타

재료 조직이 조밀한 빵 4조각, 붉게 익은 토마토 1개, 바질 잎 또는 오레가노 1장, 엑스트라 버진 올리브유 적당량, 소금 약간

만드는 법(2인분)

1. 빵을 약간 도톰하게 자른 뒤 토스터에 노릇하게 굽는다.
2. 토마토는 잘게 자르고 바질은 손으로 잘게 뜯은 뒤 모두 볼에 넣고 약간의 소금과 올리브유를 넣어 잘 섞는다.
3. ①의 구운 빵 한쪽 면에 약간의 소금과 올리브유를 뿌린 뒤 양념한 토마토를 올린다.

tip 빵을 너무 얇게 썰면 토마토와의 맛의 균형을 잃어 그 맛이 덜하므로 도톰하게 써는 것이 좋다. 방울토마토는 단맛이 더 강하므로 일반 토마토를 사용할 때보다 빵을 조금 더 두껍게 썰어야 맛이 좋다.

부르스케타

Alex and bruschetta

03

트리파와 떡갈비

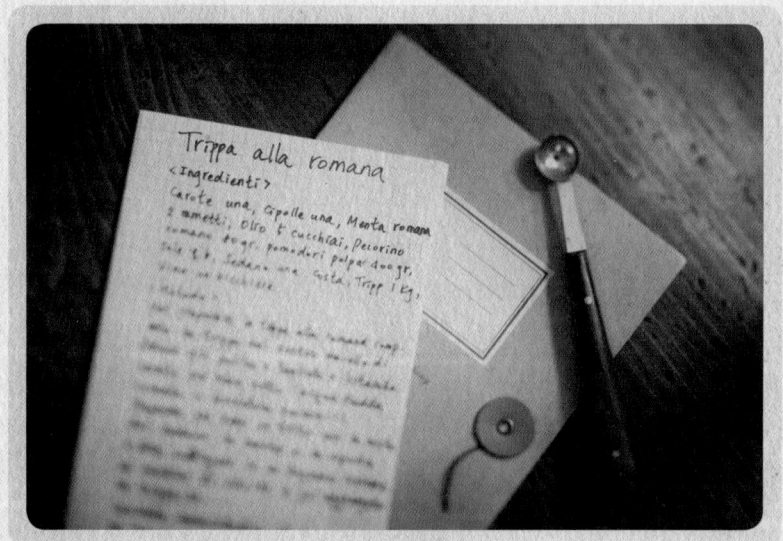

추위가 아직 가시지 않은 3월의 어느 날,

내가 살고 있던 집으로 알렉스를 저녁 식사에 초대했다. 나는 로마 외곽의 룽게차에서 한국 학생 서너 명과 함께 살고 있었는데 알렉스를 초대한다고 하니 친구들도 흥분했다.
주요리는 떡갈비로 정했다. 먹어 본 적도 만들어 본 적도 없었던 떡갈비를 알렉스에게 해주는 첫 한국 요리로 선택한 이유는 우선 맵지가 않고 고기로 만들며 모양새가 예뻤기 때문이다. 이탈리아로 떠나던 날 공항서점에서 김수미 씨의 요리책을 사서 가져왔는데 거기에 떡갈비 레시피가 있었다.
맵지 않아야 하는 것에 우선순위를 둔 데에는 이유가 있다. 지금 사는 곳으로 이사 오기 전 유럽 아가씨들과 함께 살 때였다. 오스트리아에서 온 카테리나는 동양음식을 좋아해 볶음밥을 함께 나누어 먹고는 했다. 어느 날 그녀와 나는 각자 요리를 해서 함께 저녁을 먹기로 했다. 나는 '한국다운 요리가 뭘까' 고민을 하다가 매운 요리가 좋을 것 같다는 생각에 깍두기, 두부조림, 매운 돼지갈비 그리고 흰밥을 준비했다. 그날, 카테리나는 이탈리안 남자 친구를 초대했는데 그는 호기심 가득한 눈빛으로 돼지 갈비를 들여다보기만 할뿐 선뜻 손을 대지 않았다. 용기를 내 맛을 보라며 부추기자 조심스럽게 한 조각을 입에 넣었다. 3초가 지났을까.
"오오오, 으아아아아~ 매워매워 아퍼아퍼!"
카테리나의 남자 친구는 얼굴이 빨개지더니 눈물을 흘리기 시작했다. 너무 매운 나머지 머리까지 아픈 모양이었다. 처음에는 우스웠지만 곧 미안한 마음이 들었다. 평생 매운맛이라고는 후추 밖에 먹어본 적도 없다고 했다. 그 이후로 손님을 초대할 때는 메뉴 선택에 무척 고심한다.
토요일 저녁 8시, 함께 살고 있던 4명의 한국인과 알렉스의 저녁 식사가 예약되었다. 망신당하지 않으려면 철저한 준비가 필요했다. 나는 슈퍼마켓에 가서 갈비와 가장 비슷한 고기를 골랐다. 이탈리아에는 뼈째 조리하는 요리가 별로 없는지 갈비의 모양이 일정치 않고 뼈도 중구난방으로 잘려 있었다. 일본산 간장과 고명으로 올릴 잣을 샀다. 남이 하는 것은 언제나 쉬워 보는 법. 요리를 시작하기 전에는 요리책에 나와 있는 설명이 만만해 보였는데 이탈리아에서 난생 처음으로 만들어 보는 떡갈비는 그리 쉬운 요리가 아니었다. 우선 고기를 뼈에서 떼어내고 곱게 다져 양념을 한 다음 다시 뼈에 양념이 된 다진 고기를 붙여야 했다. 뼈에서 강제로 살을 떼어내자니 여간 힘이 들어가는 게 아니었다. 고래 심줄처럼 질긴 쇠심줄을 칼로 잘라내다 그만 손가락을 베었다. 왼손 엄지손가락 아래 첫마디를 다쳤는데 그 후에도 몇 년 동안은 손가락을 제대로 쓸 수가 없을 만큼 큰 상처였다.
쉬워 보여서 시작한 요리는 하루 종일 걸렸고 저녁 식탁은 결국 떡갈비와 크림수프, 흰밥으로 차려졌다. 오후 8시가 조금 넘자 알렉스는 냄비를 들고 나타났다. 전통요리인 트리파*Trippa*를 만들어 온 것이다. 이름도 생소한 이 요리는 소의 위를 토마토, 와인, 민트를 이용해서 만든 것으로, 지역마다 조금씩 레서피가 달랐다. 떡갈비에 대한 알렉스의 평가는 "맛있네"가 다였다. 형식적인 인사치례였다. 나는 알렉스 뿐만 아니라 같은 집에 살고 있는 친구들에게 미안하고 속상했다. 하지만 알렉

트리파와 떡갈비

스의 트리파는 생각보다 맛이 괜찮았다. 보기에는 무슨 찌개처럼 별 모양새가 없었지만 토마토의 달콤한 맛과 질기지 않고 담백한 소 위장과 민트, 약간의 치즈 맛이 썩 잘 어울렸다. 그러나 불행(?)히도 함께 살던 내 룸메이트들은 내장 냄새가 난다며 트리파를 먹지 못했고 결국 여러 명이 먹을 거라 생각해 넉넉하게 싸온 트리파는 좋아하는 사람이 나밖에 없어 여러 날을 두고 혼자 다 먹어야 했다. 이탈리아 음식은 모양도 예쁘고 세련됐다고 생각해 왔던 상상 속 이미지를 바꿔 놓은 날이었다.

tripa

반면 잣까지 동원해 모양새를 냈던 떡갈비는 큰 인상을 남기지 못한 채 우리의 대화에서 영원히 추방당했다. 왜였을까? 지금 생각해 보건대 달짝지근한 소스가 이탈리아 남자의 입맛에 익숙하지 않았고 원재료의 맛을 충분히 살리는 이탈리아 요리에 비해 고기를 조리하는 과정이 너무 복잡했던 것 같다.

트리파는 흔히 볼 수 있는 요리가 아니어서 피체리아나 트라토리아에서는 맛보기 힘들다. 트리파를 만들기 위해서는 먼저 손질이 잘 된 소의 위를 사서 끓는 물에 한참을 끓여 내야 하는데 이렇게 해야 소의 위장이 부드러워지고 잡냄새도 사라진다. 여기에 당근, 셀러리, 양파를 곱게 다져 올리브유에 볶다가 소 위장과 토마토를 넣어 푹 끓여 낸 뒤 양젖 치즈를 넣고 민트를 다져 넣으면 완성이다. 물론 나는 한 번도 트리파를 만들어 본 적이 없다. 하지만 누군가 트리파를 준비해 준다면 먹을 의향은 충만하다.

04
넌 내 여자 친구야!

"마사시Masashi! 잘 지내?"
"아니. 잘 못 지내."
"왜, 무슨 일이야?"
"밤에 한숨도 못 잤어. 일하느라."

다음날도, 그 다음날도 그는 언제나 같은 대답을 했다. 그런데 수업 시간에 보면 정말 두 눈이 토끼처럼 빨갰다.
검은색 코트에 검은 데님 재킷 그리고 항상 검은색 경찰 선글라스를 쓰고 있는 마사시는 멀리서도 금방 알아볼 수 있었다. 그를 만난 곳은 로마에서 처음 이탈리아어를 배우러 간 언어학교인 딜리트 인터내셔널 하우스 *Dilit international house*에서였다. 초급 회화에는 국적이 제각각인 14명의 학생이 있었는데 마사시도 그중 1명이었다. 한 달 정도 지나서 마사시의 나이가 서른여섯이며 고향은 교토이고 컴퓨터 디자인을 공부하러 왔다는 것을 알게 되었다. 우리는 나이도, 이탈리아어를 못하는 수준도 비슷해 자연스럽게 친해졌다.
마사시와 나는 날씨가 좋은 날이면 팔라티노까지 산책을 나가기도 했다. 둘 다 이탈리아어가 부족했던 터라 산책 도중 나누는 대화에서 천둥, 경찰서 등 아는 단어가 나오면 그렇게 뿌듯할 수가 없었다. 어떨 때에는 말이 잘 되지 않으니 손짓 발짓도 해야 했고 설명을 위해 아예 그림을 그릴 때도 있었다. 그럴 때면 지나치던 일본 관광객들이 '같은 일본 사람끼리 왜 저러지' 하는 표정으로 우리를 이상하게 쳐다보고는 했다.

길을 걷다 벽에 붙은 광고지를 놓고 즉석 이탈리아어 문법 수업을 한 적도 있었다. 나보다 문법적인 지식이 해박했던 그는 나에게 문법 변용을 설명하느라 사전과 노트를 펼쳐 놓고 열강을 했다. 그때 이미 나는 알렉스의 문자 메시지를 통해서 더 많은 문법을 익히고 있었던 참이기도 했다. 마사시는 버려진 새끼 고양이 두 마리를 기른다고 했다. 교토 집에 두고 온 고양이 얘기를 할 때에는 무척 행복해 보였다.

그와 친구로 지내던 그해 4월, 뒤늦은 한파가 몰려왔다. 한낮에는 기온이 20℃를 훌쩍 넘는 따뜻한 날씨가 이어지다가 갑자기 뚝 떨어져서 일주일도 넘게 5℃ 내외로 몹시 추워졌다. 갑작스런 추위에 다들 손을 호호 불며 수업을 하는데 갑자기 마사시가 자기의 재킷을 벗어 내 무릎에 덮어 주었다. 느닷없는 그의 행동에 "고맙지만 난 괜찮아"하며 그에게 옷을 돌려 주니, 그가 추워 보인다며 잠깐만이라도 덮고 있으라고 다시 옷을 건넸다.

함께 수업 중이던 친구들의 눈이 휘둥그레지는 건 당연지사. 난 당황스럽기도 했지만 솔직히 기분이 나쁘지 않았다. 서로를 이해하기 위해 반드시 말이 통해야 하는 건 아니었다. 그 순간 마사시의 마음을 이해할 수 있었기 때문에. 그러고 보니 그와 나는 우리가 알고 있는 고작 몇 마디의 이탈리아어로 꽤 다양한 이야기를 나누었다.

그러던 어느 날이었다. 지하 매점에서 마사시와 커피를 마시고 있었는데 우연히 학교에 들른 일본 여자와 통성명을 하게 되었다. 사르데냐에서 온 철없는 남자 친구와 로마에 온지 얼마 되지 않았다는 그녀는 처음 만났지만 꽤나 소탈한 성격으로 제법 많은 얘기를 나눌 수 있었다. 그녀와의 얘기가 길어지자 옆에 있던 마사시도 우리의 대화에 끼어들게 되었는데, 그가 나를 여자 친구(Amica)라고 소개하는 것이 아닌가.
"난 저 남자의 여자 친구가 아니에요. 그냥 클래스메이트예요."
나는 정색을 하고 말했다.
"어, 그게… 그런 뜻이 아니고. 너 내 여자 친구 맞잖아."
마사시도 정색을 하며 답했다.
사실 나는 마사시의 여자 친구가 맞았다. 이탈리아어로 여자 친구는 아미카*Amica*, 애인은 라가차*Ragazza*로 이탈리아 사람들은 이 둘을 정확히 구분해서 쓴다. 아직 이탈리아 말이 짧았던 내가 잘못 이해했던 것이다. 지금까지 같이 산책도 하고 공부도 함께 했던 내가 정색을 하고 나서니 놀라는 눈치였다. 이 일로 그는 큰 상처를 입었다. "왜 아미카가 아니냐"고 몇 번이나 물었고, 전화도 여러 번 했다. 그때마다 우리는 아미카에 대해 되풀이 되는 정의를 내렸고 난 그가 왜 그렇게 힘겨워하는지 이해할 수 없었다. 며칠 사이 마사시의 얼굴은 수척해져 있었다.
"안녕! 어떻게 지내?"
"잘 못 지내. 아주 나빠."
어떻게 해도 내 실수를 만회할 수 없을 것 같았다. 커피를 마시며 나는 진심으로 사과를 했고 그는 편지로 자신의 마음을 전했다.

몇 년 뒤, 나는 인천공항에서 한국에 도착하는 알렉스를 기다리고 있었다. 그런데 그곳에서 검은색 선글라스를 쓴 마사시를 만났다. 우리는 너무 놀랍고 신기해 한동안 말을 하지 못했다.

"안녕, 마사시! 오랜만이야. 잘 지내?"
"안녕, 선미. 오랜만이야."
그는 한국인 여자 친구를 만나러 왔다고 했다.
"아미카? 라가차?"
"아미카."
그 말을 남기고 마사시는 여자가 기다리는 곳으로 걸어갔다.

amica

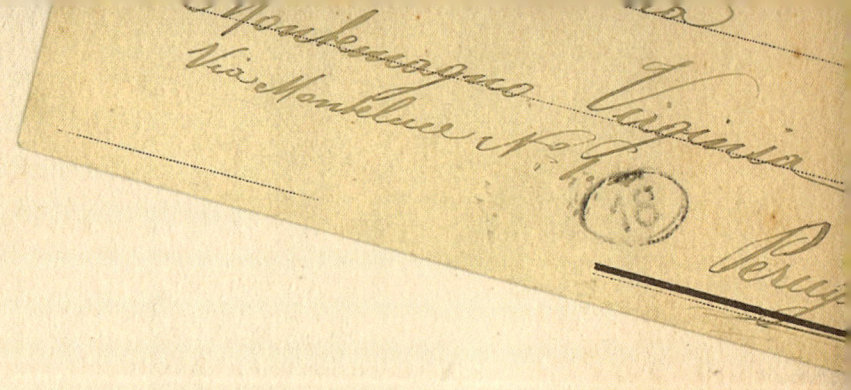

05
천 년의 성에서 요리를 배우다

2003년 5월 30일, 나는 토리노행 기차를 타고 있었다.

드디어 요리 공부를 하러 토리노로 가는 길이었다. 지난 다섯 달 동안 로마에서 언어 공부만 했다. 내 단순한 생각에도 요리를 배우기 위해서는 먼저 언어를 이해해야 할 것 같았기 때문이었다. 이제 본격적인 요리 공부를 위해 코스틸리올레 다스티 *Costigliole d'Asti* 에 있는 ICIF(Italian Culinary Institute for Foreigners)로 가는 길이었다. 이름조차 낯설기 짝이 없는 이 학교는 고풍스런 도시 아스티*Asti* 에서도 자동차로 20분 정도 들어가야 하는 곳에 있다. 아스티는 로마에서 기차를 타고 토리노로 가다 보면 토리노보다 40분 못 미쳐에 있는 도시다. 그러니까 코스틸리올레는 완전 깡촌인 셈. 그렇다면 이탈리아 요리를 배우기 위해 왜 이렇게 깡촌에 있는 학교까지 가야 했을까 의문이 생길 수도 있겠다.

나는 요리학교에 대한 아무런 정보 없이 무작정 로마에 왔다. 로마에서 공부하면서 알아봐도 될 거라 확신했던 것이다. 하지만 로마에서 공부하는 동안 요리를 공부하는 학생은 단 1명도 만날 수 없었고, 결국 나 홀로 정보를 수집해야만 했다. 그러던 중 테르미니역 근처 한국 분식점에 셰프를 꿈꾸는 사람이 요리학교에 대해 알 거라고 누군가 귀띔을 해주었고 나는 바로 그 분식점을 찾아갔다. 그리고 5유로나 하는 라면을 사먹으면서 미래의 셰프에게 요리학교에 대해 물었다. 그때 그가 알려 준 학교가 바로 ICIF였다. 그에게 얻은 정보를 가지고 언어학교 선생님에게 조언을 구했고 친절하게도 선생님은 함께 인터넷 검색도 해주고 공신력이 있는 좋은 학교 같다는 조언도 해주었다. 때마침 ICIF에는 곧바로 시작하는 코스가 있어 등록이 가능했다. 세계 3대 요리학교 중 하나로 손꼽히는 ICIF는 수업방식이 조금은 남달랐다. 요리를 배우는데 있어 테크닉뿐 아니라 문화도 그만큼 중요하다고 여기는 것 같았다.

그 학교로 가기 위해 기차를 타고 있는 것이었다. 6시간을 달려야 하는 먼 길. 창밖으로는 들판도 나오다가 바다도 나오고 도시도 지나갔다. 새삼 마음이 쓸쓸해졌다. 낯설기 짝이 없는 이탈리아에서 그나마 다섯 달간 머물렀던 로마를 떠나 생면부지 토리노로 가야 하다니. 간혹 가다 삐 삐 삐삐삐 하고 문자 메세지가 들어왔다. 그동안 친하게 지냈던 동갑내기 딜크*Dirk*, 수업을 함께 듣고 팔라티노를 함께 산책한 마사시, 영화를 공부하러 온 영화 언니와 보석가게를 열고 싶은 진영 씨, 그리고 알렉스가 보내는 행운을 비는 메시지들이다. 알렉스의 메시지를 보니 눈물이 났다. 어쩌면 알렉스와 영영 이별이 될지도 모른다는 슬픈 생각이 들다가도 학교에 대한 막연한 기대로 마음이 설레기도 했다.

나와 토리노까지 함께 여행을 하고 있는 통역선생님은 처음부터 연신 고개를 주억대며 잠을 자고, 눈 댈 곳이 막연한 나는 감자 칩만 먹었다. 토리노의 포르타 누오바 *Porta Nuova* 역에 도착했을 땐 이미 어두워졌고 그곳에서 토리노 공항까지 시외버스를 타고 이동했을 땐 벌써 저녁 9시가 넘었다. 나의 동기생들 10명은 프랑크푸르트에서 오고 있는 중이어서 공항에서 난 다시 2시간30분을 기다렸다. 그리고 학교에서 제공하는 버스를 타고 기숙사에 도착했을 땐 거의 새벽 1시경이 되어 있었다. 모두들 피곤했지만 바로 다음날부터 수업은 시작이었다.

아침에 기숙사 식당에 나온 아침은 정말 감동적이다. 크로와상, 오렌지 주스, 우유, 커피, 홍차, 잼, 과일 바구니…. 나는 과일 바구니에 감동을 받았다. 풋사과와 오렌지가 다였지만 로마에서는 과일을 사 먹는 사치를 누리지 못했기에 얼마나 감사했는지 모른다. 식사 후엔 모두 줄줄이 학교로 향하는데 학교가 있는 성이 언덕 꼭대기에 있는 있는지라 다들 숨이 턱까지 찰 정도였다. 위에서 보면 정사각형 모양의 요새처럼 생긴 성은 지어진 지 천 년이 다 되어간다고 했다. 성의 북쪽과 서쪽의 1, 2층은 신비감마저 들었다. 오렌지색 타일이 바닥에 깔려 있고 키가 큰 출입문들, 둥근 천장, 그리고 이태리어만 해대는 학교 스태프가 있는 이 학교에 처음 등교한 날에는 방향감각을 잃어 어리둥절하기도 했다.

입학식이니 뭐 그런 행사 같은 건 없다. 학교 스태프들이 잠깐 들러 인사하고 바로 수업시작. 아직 시차 적응도 되지 않았는데 수업은 강행군이었다. 코스는 모두 두 달간 진행이 되며 수업 내용으로는 이탈리아의 거의 모든 지역의 전통요리를 배우는 실습과 요리 수업이 주를 이루었다. 또한 날마다 오전에는 이탈리아어 수업이 있으며 와인 수업도 이주일간 진행되었다. 와인 수업은 와인과 음식의 조화를 살펴보는 시간이 있어서 꽤나 흥미로운 시간이었다. 이 외에도 향초, 올리브유, 쌀 등 재료에 대한 수업이 있고 치즈, 와인, 쌀, 커피 공장으로 견학 수업이 있었다. 코스의 마지막 날은 그동안 배운 요리를 학교의 관계자나 선생님들, 그리고 지역 유지들, 가족들을 초대해 점심 식사를 대접하는 졸업 작품전도 있었다.

학교에 들어가서 맨 처음 들었던 수업은 향초에 대한 수업이었다. 다들 비몽사몽간 흥분 속에 오전 수업을 마치자 점심 시간이 되었는데 너무나 근사하다. 고급 레스토랑 같이 흰색 테이블보를 2장씩 깐 둥근 테이블 위에 흰색 냅킨과 와인 잔이 놓여 진 식탁에서 점심저녁을 먹는단다. 우리는 두 개의 테이블에 나누어 앉고 다른 테이블에는 일본 학생들이, 또 다른 테이블에는 학교 스태프가, 그 옆으로는 미국 학생들이 앉아서 식사를 했다. 새하얀 조리복을 갖춰 입고 서빙을 하는 학생들도 있으며 식탁에는 각각 탄산수와 생수병, 와인병은 물론 빵과 함께 그리시니*Grissini*도 놓여 있다. 학교 주방에서 방금 조리되어 나온 파스타, 메인요리, 디저트가 순서대로 서빙되었다. 눈이 휘둥그레진 나는 남기지 않고 싹싹 다 먹었다. 이탈리아 요리를 배우겠다고 이태리에 와서 벌써 여섯 달째지만 처음으로 이탈리아 요리다운 요리를 먹었다. 저녁도 이렇게 먹는다면….

오후 수업이 끝나고 저녁 시간이 되었을 때에는 조금 다른 형태의 저녁이 기다리고 있었다. 저녁은 뷔페식이었다. 테이블에 앉아 서빙을 받는 것이 아니라 주방까지 가서 음식을 가져다 먹어야 했다. 점심과 다른 메뉴로 샐러드가 많이 나왔다. 점심과 저녁 시간에는 먹는 것뿐만이 아니라 선생님의 지도 아래 학생들이 직접 서빙을 하면서 스킬을 배우는데, 그 또한 장차 레스토랑 경영의 꿈을 가진 미래의 셰프들에게는 반드시 필요한 과정이다. 몸소 몸에 익힐 수 있는 기회가 되니 일석이조인 셈. 저녁까지 배불리 먹고 돌아가는 길에는 모두들 행복해 했다. 시골의 읍내 같은 작은 도시의 슈퍼마켓, 식료품점, 정육점, 바, 문구사 등을 살펴보며 와자지껄 기숙사로 향하면서 벌써 우리는 많이 친해져 있었다.

오랫동안 학교에서 일한 일본어 통역선생님은 학교 안에 유령이 있다는 으스스한 말도 해주셨는데 천 년을 살다 보면 그럴 수도 있겠다 싶어 오히려 재미가 있었다.

천 년의 성처럼 수천 년간 먹고 마시며 살아온 이탈리아 사람들의 생활습관과 식습관을 두 달 만에 배울 수는 없겠지만 조금씩 그 속으로 빠져들던 그 시간은 꿈만 같았다.

천 년의 성에서 요리를 배우다

Italian Culinary Institute for Foreigners

06
내 생애 최고의 레스토랑

'먹어 봤어야 알지!'

요리를 배우기 시작하면서 자주 듣는 얘기다. 이탈리아 요리를 제대로 먹어 봤어야 그 요리를 먹고 맛이 있네 없네, 요리를 잘했네 못했네를 알 것이 아닌가. 맞는 이야기다. 그래서 나도 여기까지 오지 않았나. 학교에서는 날마다 수많은 레시피를 내어 주고 실습을 하게 한 후 평가를 했다. 그리고 그 평가는 때때로 잔인할 만큼 냉정했다. 물론 아주 가끔 칭찬을 푸짐하게 해주기도 했지만.

동기생 14명 중 8명은 한국에서 예비학교를 석 달간 다니며 조리 용어를 배우고 실습도 한 데다 언어 수업까지 받고 이곳에 왔다. 2명은 현직 이태리 요리사였고 1명은 영양사, 1명은 이탈리아 현지에서 삼 년을 보냈기 때문에 언어나 요리에 대해 다른 동기생들보다 훨씬 잘 알고 있었다. 요리가 처음인 사람은 나와 성악을 공부했던 나머지 1명이 전부였다. 이렇게 다채로운 이력을 가진 동기생들 속에서 나는 조금씩 요리를 배우기 시작했다.

제대로 된 레스토랑에 가서 음식을 먹어 봐야 요리를 알 수 있을 텐데 제대로 된 곳은 고사하고 고작해야 피체리아가 전부. *트라토리아 *Trattoria*도 가 본 적이 없었다. 한

---

* 트라토리아 *Trattoria* 최고급 레스토랑 리스토란테*Ristorante*보다 한 단계 낮은 식당으로 소박한 서비스와 전통 요리를 맛볼 수 있다.

국에서 예비 수업을 받았던 동기들은 레스토랑에 대한 정보도 많았다. 코스 수업이 시작될 때부터 구이도*Guido* 타령이었다. '빵의 신'이라 불리고 있는 셰프 우고*Ugo*가 운영한다는 구이도는 신화처럼 다양한 얘기가 많이 전해져 오고 있었다. 게다가 일 년 전에 예약을 해야 갈 수 있다고 했다.

코스가 거의 종반에 이르고 있을 즈음, 구이도에 갈 기회가 생겼다. 동기생들은 이럴 때를 대비해 정장 한 벌씩은 가져왔다 했다. 나는 그저 심드렁했다. 구이도의 실체를 잘 알지 못했기에 흥분되지 않았던 데다 주머니도 가벼웠으니까. 교장선생님도 함께 가시겠다고 하는 걸 보니 어렴풋이 대단한 레스토랑이라는 것을 짐작할 뿐이었다. 학교를 통해 가격과 디너의 내용이 공개되었다. 개인이 예약을 하면 1인당 120유로 이상을 지불해야 하지만 학교를 통해 가는 것이기 때문에 80유로에 풀코스 디너를 제공하고, 와인은 서비스로 준다고 했다.

드디어 식사를 하러 가는 날. 통역선생님은 우아해 보이는 보라색 옷으로 갈아입었다. 남학생들도 셔츠에 양복을 입었다. 여름내 조리복에 화장기 없는 말간 얼굴로 지낸 같은 방 여학생들도 모처럼 화장을 했다. 나도 유행이 좀 지났지만 갖고 있는 옷 중 가장 예쁜 하늘색 원피스를 입었다.

풀벌레 소리가 높아질 무렵, 택시를 나누어 타고 레스토랑 구이도가 위치한 마을 폴렌조*Polenzo*로 향했다. 도착해 보니 눈에 띄는 이정표 하나 없는 그저 조용한 시골마을이었다. 레스토랑 앞에서 간판을 보았을 때 우린 모두 똑같이 놀랐다. 명함 크기의 작은 아크릴판에 'Guido'라고 적혀 있는 것이 전부였기 때문이었다. 그 작은 간판에서 아는 사람들만 찾아오라는 단단한 자부심과 나를 알리기 위해 그리 커다란 간판은 필요하지 않다는 당찬 자신감이 느껴졌다.

이 레스토랑은 원래는 코스틸리올레*Costigliole*라는 작은 동네에 있는 식당이었다고 했다. 셰프 우고의 아버지인 구이도 알차티는 일찍이 와인 판매에 관여하여 큰돈을 벌

내 생애 최고의 레스토랑

었다고 했다. 그는 3명의 아들을 두었는데 가장 큰 아들은 구이도 레스토랑의 수석 소믈리에로, 둘째는 요리사로, 셋째는 조금 떨어진 곳에서 레스토랑을 운영하고 있다고 했다.

구이도의 인테리어는 단순하고 모던했으며, 눈에 띄는 장식도 따로 없었다. 식탁도 열 개가 전부. 우리는 둥근 식탁 두 개를 차지했다. 둥근 식탁은 모두가 평등함을 전제한다. 희고 잘 다려진 식탁보 위에는 과장 없이 심플한 테이블이 차려져 있었다. 잘 차려 입은 소믈리에가 와인을 준비하고 설명을 해주었다. 서빙을 하는 사람들의 옷차림이 캐주얼 했는데 그 모습이 보수적이지 않은 음식을 낼 거라는 간접적인 표현 같기도 했다.

'빵의 신'이 운영하는 레스토랑답게 종류부터 모양, 냄새까지 다른 빵들이 서빙되었다. 그리고 연이어 아름다운 송아지 고기 요리 *Vitello tonnato*, 피에몬테 전통 파스타 아뇰로티 *Agnolotti del plin*, 닭간을 곁들인 토끼 고기 요리 *Cognilio con fegato di pollo*, 피에몬테 정통 디저트인 세미프레도 *Semifreddo*로 이어진 저녁 식사는 정말 환상적이었다. 장미꽃 모양의 송아지 고기는 분홍색을 띠며 아주 부드러운 육즙을 함유하고 있었고 참치와 마요네즈를 이용한 소스는 고소하고 가벼웠다. 만들 때 살짝 꼬집듯이 모양을 빚어서 '아뇰로티 델 플린'이라고 이름이 붙었다는 파스타는 지금도 생생하게 기억이 날 만큼 맛이 좋았다. 달걀과 밀가루만으로 반죽한 파스타의 질감은 탄력이 있으면서도 거칠지 않았고 익힌 고기를 갈아서 만든 속은 촉촉하고 부드러웠다. 게다가 뚜껑이 있는 접시에 담겨져 나온 이 파스타는 소스도 마르지 않고 윤기가 흘렀다.

음식과의 조화가 닭간요리를 먹을 때 마셨던 와인은 이름도 기억하지 못하지만 음식과의 조화가 나처럼 술을 못 마시는 사람도 느낄 만큼 큰 감동을 주었다. 그리고 디저트, 커피와 함께 나왔던 생크림을 곁들인 머랭도 잊을 수 없다. 그곳의 머랭을 맛본 후부터 나는 머랭을 좋아하게 되었다. 지금도 종종 디저트로 만들어 먹으니 그 과자 하나가 내 식습관을 바꾼 셈이다.

셰프 우고의 안내로 주방을 구경했다. 그곳은 요리사라면 누구나 동경할 만큼 모든 게 반짝 반들반들했다. 생애 처음으로 본 아름다운 주방의 모습에 모두들 외쳤다.

"아, 이런 데서 일하고 싶다!"

우리들은 그날 저녁, 평소보다 말이 없었다. 그날을 계기로 각자의 마음속에 요리사로, 요리를 좋아하는 사람으로 가졌던 꿈의 그림을 조금씩 수정해야 했기 때문이리라.

요리 공부를 시작한 후, 레스토랑은 더 이상 배를 채우러 가는 곳이 아니었다. 레스토랑의 분위기에 감흥을 받거나 그곳에서 문화를 배우는 색다른 경험을 할 수도 있다. 이후 나는 몇몇 레스토랑에서 더 근사한 음식을 먹어 보기도 했지만 아직도 그때의 아놀로티와 닭간, 와인, 그리고 주방을 잊지 못한다.

몇 년 뒤, 셰프 우고를 거리에서 만난 적이 있다. 그날 저녁처럼 빛나 보이지는 않았지만 더 가까이 다가갈 수 있을 듯 편안했고, 느리게 하는 나의 말을 끝까지 들어 주는 친절한 사람이었다. 지금도 여전히 그의 레스토랑은 부드러운 공기가 흐르는 마법의 공간일 거라고 확신한다. 누군가 내게 생애 최고의 레스토랑 물어본다면 난 조금의 망설임 없이 외칠 것이다.

"구이도!"

내 생애 최고의 레스토랑

051

07

사이좋게 지내!

그해 여름, 학교는 찜통이었다.

무려 천 년 전에 지어진 성에 요리학교를 만들다 보니 여러 가지 제약이 많았던 모양이다. 무엇보다 가스가 들어올 수 없어 모든 요리를 전기 인덕션레인지로 만들어야 해 난감했다. 특히 센 불에서 재빨리 요리해야 할 때면 꽤나 난감했다. 큰 조리도구들을 들고 좁은 계단을 오르내리는 일 또한 불편했다. 하지만 가장 큰 문제는 역시 냉방이었다. 두꺼운 조리복을 입고 에어컨이 없는 조리실에서 15명이 여덟 개의 오븐을 켜고 서른 개의 인덕션으로 조리 실습을 할 때면 땀띠가 났다.
종이처럼 얇게 민 뒤 7mm 정도의 폭으로 썰어야 하는 생파스타 탈리아텔레 *Tagliatelle*를 만드는 날이면 더욱 곤욕스러웠다. 40℃에 육박하는 여름날 오전, 이 멋진 성 안은 바람 한 점 들어오지 않았다. 60g의 밀가루와 달걀 반 개로 반죽하고 밀대로 얇게 밀어야 했는데 더위에 반죽이 얇게 밀렸다 다시 줄어들기를 반복하니, 고기를 다져 소스를 만들고 파스타를 삶아 소스와 버무려 내는 일이 일사천리로 진행될리 없었다. 선생님은 빨리하라고 재촉하고 파스타는 얇아지지 않고 설상가상 급하게 만드느라 파스타 삶는 물에 소금도 넣지 않았다. 요리가 완성되고 시식을 위해 선생님

앞에 내놓자 접시에 묻은 손자국부터 야단치기 시작했다.
"너 같으면 이렇게 더러운 접시에 음식이 담겨 오면 먹고 싶겠니? 난 안 먹어. 다시 해!
파스타가 너무 두껍잖아.
파스타가 너무 익었어. 이러면 소화가 안 돼. 네가 손님이라고 생각해 봐.
이게 뭐야? 싱겁잖아! 정신을 어디다 두고 요리하는 거야!
누가 이렇게 향초를 많이 넣으랬어! 고기는 어디 갔어? 고기 맛이 안 나."
'내 입에는 제법 괜찮은데 왜 저러시지?'하며 선생님의 요리를 먹어 보면 분명히 차이가 났다. 면은 얇으면서도 탄력이 있고 소스 속의 고기는 부드럽고 촉촉했다. '얼마나 하면 저런 맛을 낼 수 있을까'하는 생각에 부럽고 속상했다.

점심시간이 되면 조별로 주방보조, 홀 서빙, 수업 뒷정리로 나뉘어 바삐 움직인다. 모든 것이 톱니바퀴 돌듯이 돌아가야만 식사도 할 수 있고 수업도 할 수 있다. 점심시간이 지나면 바로 내가 늘 어려워하는 제과 수업이 시작되었다. 제빵실은 학교의 가장 깊숙한 곳에 있었다. 점심을 먹고 커피를 마셨지만 정신을 차리기 힘들 만큼 더웠다.
달걀흰자를 올려 머랭을 굽는 실습이 시작되었다. 그런데 힘이 좋은 한 남학생이 머랭을 너무 열심히 만들어서인지 달걀흰자가 회색으로 변해 버렸다. 하지만 이건 귀여운 실수였다. 넉넉한 크기의 초콜릿 케이크까지 구은 뒤, 선생님은 초콜릿이 식을 때까지 잠시 휴식 시간을 주었는데, 호기심 가득한 학생들이 케이크를 바닥에 떨어트려 박살을 내 버린 것이었다. 화가 머리끝까지 난 선생님은 제빵실에서 나가 버렸고 수업은 그렇게 끝이 났다. 하지만 수업이 끝났다고 해서 그날의 일과가 끝난 것은 아니었다. 다음날 수업 준비를 미리 해두어야 하고 저녁 식사도 있었기 때문이다.
요리 수업은 다른 수업과 달리 준비하는 시간이 길다. 모든 조리 실습은 1인분을 기준으로 진행되는데 이렇게 하기 위해서는 재료를 1인분에 맞게 모든 재료의 양을 조절해서 분리도 해놓아야 했다. 이렇게 재료를 준비하는 과정을 미장 플러스 *Mis en plus*라고 하는데 이것을 담당하는 조를 '미장 조'라고 불렀다. 그날은 우리 조가 미장을 해야 했다. 내가 속해 있던 조는 이탈리아 요리사 2명과 성악가 출신, 밀라노에서 살던 언니와 나 5명으로 모두 예비학교 과정을 하지 않았다. 나이가 가장 많다는 이유로 밀라노에서 살고 있는 언니가 조장을 맡았는데 이탈리아어도 잘하는 데다 실수를 하지 않으려고 항상 애를 써 우리 조는 별다른 잔소리를 듣지 않았다. 하지만 이 날은 하루 종일 고단했기 때문인지 우리끼리 충돌이 일어났다. 주방에서 오래 일한 요리사들과 언니 사이에 소통에 문제가 생긴 것이다.

"왜 우리한테 해라 마라 명령이에요?"

"언제 명령을 했다고 그래요?"

"날마다 하는 게 명령이잖아요. 누가 당신 명령 듣자고 여기 온 줄 알아요?"

"명령을 듣기 싫으면 잘하면 되잖아요."

"뭘 못했다고 그래요?"

갈등은 칡뿌리와 등덩굴이 서로 엉켜 있는 것이라고 했다. 그래서 풀 수가 없으니 잘라야 한다고. 내내 소통 방법에 문제가 있다고 느꼈던 두 사람과 문제를 느끼지 못했던 사람과의 갈등이 미장을 하는 도중에 드러난 것이다. 기어이 한쪽에선 눈물을 보이고 다른 쪽은 숨을 몰아쉬고 미장은 해야 하고 교실 분위기가 험악해졌다.

그때 개구쟁이 피에로 셰프가 지나가는 척 교실에 들어와 조용히 한마디 거들었다.

"사이좋게 지내!(Fate la pace!)"

08

기차에서 생긴 일

주말을 이용해 로마에 가기로 했다.

날마다 잊지 않고 문자로 사랑의 메시지를 보내 주는 알렉스가 무척이나 그리웠기 때문이다. 마침 룸메이트 엠마도 로마*Roma*에 가 보고 싶다고 해서 금요일 저녁 수업을 마치자마자 그녀와 함께 로마행 기차를 탔다.
요리학교에 온 이후에도 그의 메시지는 여전히 사랑으로 넘쳤다. 기숙사는 통신망이 좋지 않아 그의 문자 메시지를 확인하기 위해 나는 늘 학교 근처를 산책했다. 그럴 때마다 알렉스가 보고 싶은 마음은 점점 커져만 갔다. 어학 공부를 위해 로마에 머물렀던 다섯 달간 우리는 거의 매일 만나서 함께 걷고 수없이 많은 이야기를 했다. 그러다가 요리학교에 들어가면서 로마를 떠나게 된 것이다. 알렉스는 로마에도 요리학교는 있을 테니 함께 찾아 보자고 했지만 내 마음은 이미 토리노*Torino*에 있는 요리학교를 점찍어 두었기에 그 마음을 바꾸고 싶지 않았다. 사랑하는 사람과 가까이 있고 싶었지만 내가 하고자 하는 일이 가벼운 변덕에서 비롯한 것이 아니었음을 그에게 알려 주고 싶기도 했다. 요리를 배우겠다는 확고한 의지는 변함이 없었지만 그래도 과정이 여섯 달이나 되었기에 몇 번이나 만날 수 있을지, 어쩌면 다시 보지 못할 수도 있겠다는 불안함도 마음속에 자라고 있었다. 그럴 때마다 그의 문자 메시지는 큰 힘이 되어 주었다. 휴대전화 사용료가 매우 비싼 이탈리아에서 그가 내게 해 줄 수 있는 최선의 방법이었음을 알았기에.

토리노에서 로마까지는 *인터시티Intercity 기차로 6시간이 걸렸다. 엠마와 나는 자정이 무렵에야 테르미니Termini역에 도착해 초조하게 기다리던 알렉스를 만났다. 한 달 만에 만난 알렉스는 나를 꼭 끌어안아 주었다. 하루의 시간은 너무나 짧았고, 어느덧 우리는 기차역에서 이별을 맞고 있었다. 기차가 서서히 움직일 때 창밖에 서있는 알렉스를 보니 눈시울이 저절로 적셔졌다.

밤늦게 떠나는 기차는 느렸다. 낮에는 6시간이면 닿는 토리노까지 거의 8시간 만에 도착했다. 이등석 객실에 자리잡은 엠마와 나는 길을 떠났던 이틀 전보다 훨씬 지쳐있었다. 오래된 기차는 화장실도 깨끗하지 않았다. 좌변기의 시트는 어디서건 찾아볼 수가 없었고 어떤 소독약을 썼는지 코를 찌르는 고약한 냄새가 나서 멀미가 생길 정도였다. 가능하면 화장실에 가지 않기 위해 물도 자주 마시지 않았다. 간혹 커피를 파는 카트가 지나가는데 정말로 커피만 팔고 있었다. 갑자기 삶은 달걀, 귤, 김밥, 컵라면 등을 파는 한국의 기차가 그리워졌다.

밤이 깊어 가면서 객차의 손님들도 역을 지날 때마다 1~2명씩 줄어들었고, 3시간이 지났을 무렵 우리 칸에는 나와 엠마, 그리고 20대 초반의 이탈리아 청년과 중년 남자 1명만 남았다. 나폴리에서 올라오는 길이라는 청년과 짧은 이탈리아어로 몇 마디 얘기를 나누게 되었다. 이탈리아 사람들에게 요리를 배우기 위해 학교에 다닌다고 말을 하면 항상 약간은 놀라면서 재미있다는 반응을 보인다. 마치 '그런 걸 다 배우러 왔니?'라고 하는 듯한 표정이 그에게서도 읽혔다. 여기에 엠마는 한국에서 알아주는 명문대를 나와 누구나 부러워할 만한 직장을 다니다가 요리 때문에 이곳에 왔다고 말하면 사람들의 눈동자는 더욱 커지기 마련이다. 그날은 왠지 그 청년이 너무 으쓱해 할 것 같아서 그 말은 안하기로 했다.

---

* 인터시티 Intercity 이탈리아 기차 중 하나. 이탈리아에는 유로스타Eurostar, 인터시티Intercity, 레조날레Regionale 등이 있으며 지역마다 타는 기차의 종류가 달라진다.

기차에서 생긴 일

우리 셋만 남게 되자 청년은 의자를 작은 침대로 바꾸는 법을 알려 주었고 우린 간이침대를 만들어 최대한 편한 자세로 쉬고 있었다. 새벽 3시쯤, 기차에서 내리기 직전 그는 주의를 주었다.
"잠들면 안 돼. 기차에는 도둑이 많거든. 만약 잠을 자려면 문을 꼭 잠가야 해. 행운을 빌어!"
우리는 청년의 말은 곧 잊은 채 이내 잠이 들었다. 어렴풋이 '아스티 역'이라는 안내방송이 들렸다.
"잠깐만요. 내려요!"
선반에 얹어 둔 가방을 겨우 챙겨 들고 달리듯 열차 밖을 빠져나왔다. 헝클어진 머리, 잠이 덜 깬 어눌한 얼굴… 가방을 수습하던 엠마는 비명을 질렀다.
"내 카메라!"
목소리는 점점 절망적으로 변했다.
"내 선글라스, 워크맨……."
나도 가방을 열었지만 내 것은 손을 타지 않았다. 기차 도둑은 동네 슈퍼마켓 개업식에서나 줄 것 같은 유치한 노란색의 백팩보다는 고급스러워 보이는 가죽 가방을 택했던 것이다. 물건은 도둑이 가져갔는데 내가 더 미안했다. 하지만 둘 다 지갑은 바지 주머니에 넣고 있어 큰 봉변은 모면했다는 것이 다행이라면 다행이었다.
로마에서는 관광객이 소매치기 당하는 일이 종종 있다. 하지만 로마에서 지내는 동안 나는 한 번도 물건을 잃어버린 일이 없었다. 언제나 긴장을 하며 살기도 했지만 어쩌면 값나가는 물건 따위는 없을 것 같은 행색 때문이기도 했을 것이다.

061

09
마늘 대소동

"선생님, 왜 마늘을 꼭 꺼내야 하나요?"

"마늘을 먹으면 애인이 키스를 안 해주니까."
그냥 우스개 소리인 줄 알았다.
이탈리아 요리를 하다 보면 생각보다 마늘을 자주 사용한다는 걸 알 수 있다. 가령 토마토 소스를 만들 때에도 마늘을 쓰는 경우가 많다. 마늘을 살짝 으깬 다음 올리브유에 익히면 고소하면서도 기분 좋은 마늘향이 올리브유에 배이게 되는데 이 올리브유에 토마토를 넣고 푹 끓이면 맛있는 토마토 소스가 완성된다. 하지만 마늘은 완성된 요리에는 들어가지 못한다. 요리 공부를 할 때에도 꼭 듣던 말이 있었다.
"요리를 완성하기 전에 마늘을 빼세요."
혹시라도 마늘을 먹게 되면 무척 기분 나빠하던 셰프들의 얼굴이 생각난다. 사단은 여기서 났다. 그날은 무척이나 기다리던 피자 수업이 있던 날이었다. 메뉴는 피자 마르게리타!
이탈리아로 떠나기 전, 잘 다니던 직장을 그만두고 요리를 배우러 이탈리아에 간다고 했을 때 직장동료는 어디서 구했는지 계량스푼 세트를 선물했었다. 그러면서 은근하게 말했다.

"선미 씨, 나중에 피자 만드는 방법 좀 알려 줘요."
물론 다녀와서도 난 그들에게 피자 만드는 법을 가르쳐 주지 못했다. 이렇게 모두들 욕심을 내는 요리가 바로 피자다. 나도 피자 수업이 정말 기대가 되었다. 다른 요리를 못하더라도 피자 하나만이라도 할 줄 안다면 왠지 걱정이 없을 것만 같았기 때문이었다. 피자 수업은 변덕쟁이 셰프 피에로*Piero*와 하게 되었다. 장난치기를 좋아하고 화려한 요리를 하는 피에로는 요리를 할 때면 무척 섬세하고 예민했다. 수업이 시작되었다.
"밀가루 1kg, 물 550g, 소금 20g, 생이스트 10g. 반죽을 시작하세요. 물의 온도는 체온과 비슷하게! 소금과 이스트는 따로따로~"
수업은 화기애애하게 흘러 가고 있었다.
"손가락으로 눌러 봐서 탄력이 느껴지면 반죽은 잘 된 겁니다. 밀가루 반죽을 만질 때에는 애인을 다루듯이 아주 부드럽고 섬세하게 다루어 주세요."
"애인이 없어요."
모두들 크크크 웃었다. 두고 온 아내와 아이와 애인이 그리울 때도 되었을 때였으니까.
애인 다루듯 조심조심 반죽을 동그랗게 빚어 발효기에 넣어 두고 소스를 만들 차례였다. 잘 익은 토마토를 체에 내리고 오레가노, 소금, 올리브유 그리고 마늘 한 쪽을 넣어 소스도 완성했다.
"마늘 가져 오세요."
피에로가 잠깐 자리를 비운 틈에 누군가 마늘을 넣었다.
"소스는 어디에 있나요?"
커다란 양푼에 붉은색의 소스가 가득 들어 있었다. 소스에 손가락을 넣어 살짝 맛을 본 피에로는 갑자기 소리를 질렀다.

"소스가 왜 이래?"
얼굴이 붉그락푸르락 달아오르는 피에로를 보면서 우리도 소스의 맛을 보았다.
"왜요? 맛있는데."
화가 잔뜩 난 피에로는 원인을 찾기 위해 심문 조사를 했다.
"오레가노는 얼마나 넣었죠? 소금은 넣었나요?"
우리는 겁이 잔뜩 났다. 그가 질문을 던질 때마다 우린 이구동성으로 "네", "아니요"를 부르짖고 있었다.
"마늘은? 마늘은 어디 있어요?"
우리는 손가락으로 소스가 담긴 양푼을 가리켰다.
소스 속에서 숟가락으로 마늘을 찾던 피에로는 눈을 크게 뜨고 우리를 쳐다보았다.
"설마…."
마늘은 보이지 않았다. 그도 그럴 것이 누군가 한국 요리에 마늘을 넣듯이 곱게 다져서 넣었던 것이다. 화가 머리끝까지 난 피에로는 밖으로 나가 버렸고 학교 안에는 그 사건(?)에 대한 소문이 순식간에 퍼졌다.
우리는 전혀 느낄 수 없었던 다진 마늘의 향이 피에로의 코를 마비시켰다니…. 정말 그럴까? 나는 의아했다. 마늘 한 쪽일 뿐인데. 정말 이것이 학교를 발칵 뒤집을 만한 일이었을까? 조금은 오버한다는 생각이 들기도 했지만 어쨌든 우리는 만들어 둔 소스를 다 쏟아 버리고 새로 만들어야 했다. 물론 마늘은 잠깐만 넣었다 꺼냈다.
이렇게 해서 요리에 대한 우리들의 태도는 조금 변하기 시작했다. 무엇인가를 배우기 위해 꼭 소동을 일으킬 필요는 없겠지만 이날의 마늘 대소동 덕분에 모두가 나와 같은 입맛을 가지고 있지 않다는 평범한 진리를 되새기게 되었으니까.

10

농부 같은 요리사,
피에트로

피에몬테*Piemonte*라는 지역명의 뜻을 굳이 풀자면
'산의 발목' 쯤으로 해석된다.

이탈리아의 북부의 한 주인 피에몬테는 알프스산 아래에 있다. 내가 다니던 요리학교에서도 성 밖으로 나오면 알프스 산자락이 보였다. 알프스산은 이 오랜 도시의 시내 한복판에서도 훤히 보인다. 피에몬테에는 피에몬테 사투리가 있는데 나 같은 사람은 잘 알아들을 수가 없다. 피에몬테 사람을 피에몬테제*Piemontese*라고 하고 피에몬테 사투리도 피에몬테제라고 하는데 독특하게도 말끝에 '네(-ne)'를 붙인다. 바에서 커피 두 잔을 시키면 "Due caffeé ne"하고 확인을 하는 것이다. 학교에서 일본어 통역을 십년 넘게 해오고 있는 노자와 선생님은 피에몬테제를 처음 들었을 때 일본어를 하는 줄 알았다고 했다.

피에몬테는 어디를 둘러보아도 둥글둥글 오르락내리락하는 크고 작은 언덕이 펼쳐져 있다. 그 위에서 포도가 재배되는데 이곳이 바로 그 유명한 바롤로, 바르바레스코, 모스카토, 아스티스푸만테를 만들어 내는 포도밭이다. 일 년에 열세 달을 일해야 한다는 포도 농사를 짓는 농부들의 손은 포도나무처럼 마디가 굵었다.

우리는 변덕이 심한 피에로*Piero*와 실수를 용납하지 않는 세르지오*Sergio* 사이에서 늘 긴장하면서 요리를 배우고 있었다. 코스가 거의 끝나 가던 마지막 주, 시간표에 피에트로*Pietro* 선생님 이름이 적혀 있었다. 이미 그 명성은 알고 있었기에 우리는 잔뜩 기대를 하면서 수업에 들어갔다.

피에트로 발디 선생님은 피에몬테에서 태어나 줄곧 그곳에서 살고 있는 순수 피에몬테제다. 이탈리아에서보다 미국에서 그 요리 실력을 더 인정받고 있던 선생님은 우리의 눈에 요리사보다는 농부에 더 가깝게 보였다. 사실인즉 그는 포도도 재배하고 와인도 거르는 농부이기도 했다. 작은 체구에 반쯤 벗겨진 머리와 투박한 손에 투박한 말투, 세련미라고는 전혀 찾아볼 수 없는 외모에 화가 나면 칼도 집어던진다는 이탈리아 요리사의 카리스마도 느껴지지 않았다.

그날은 리구리아식으로 요리한 염장대구(Brandade di baccalá mantecato alla ligure), 부활절 케이크(Torta pasqualina), 참치로 속을 채운 페페로니(Peperoni ripieni con delicatezza di tonno)를 실습하는 날이었다. 궁금한 모든 것을 물어도 100% 친절하게 대답해 주실 것 같아 난 망설임 없이 질문을 했다.

"선생님, 반뇨마리아*Bagnomaria*는 어떻게 해서 지어진 이름인가요?"

"너는 이름이 뭐니?"

"저는 선미예요."

"너는 어떻게 해서 그 이름을 가지게 되었니?"

우문현답이다. 나는 부끄러워 숨고 싶었.

이 섹시한 단어 반뇨마리아는 중탕을 의미하는 이탈리아어 조리용어로 그 당시의 내 짧은 언어 실력으로 직역했을 때 '마리아 목욕 시키기' 정도였다. 나는 물에 잠긴 오필리아를 연상하며 던져 본 질문이었다. 어떤 흥미진진한 이야기가 나올 거라 기대하면서.

농부 같은 요리사, 피에트로

선생님의 수업은 무척이나 편안했다. 남들보다 늦게 칼질을 하는 사람이 있으면 기다려 주고 모양이 안 예쁘게 나온 요리도 타박하지 않았다. 하긴 본인의 요리도 모양새는 없었으니. 지금까지 2명의 셰프가 만들어 낸 더 높이 올리고 더 화려하게 장식된 요리를 보며 감동하던 우리에게 그가 내민 접시에 담긴 요리는 납작하고 장식이라곤 향초 한 줄기 툭 얹어 놓은 것이 다였다. 솔직히 처음에는 볼품없는 그의 요리가 좀 실망스러웠다. 지금까지 내가 본 요리선생님의 요리들은 언제나 아름다웠다. 바질 1장을 얹어도 기름에 튀겨서 모양을 냈고, 벗겨낸 토마토 껍질도 오븐에 말려서 양귀비 모양을 만들었고, 오레가노, 타임 등의 향초를 묶어 작은 꽃다발도 만들고, 발사믹 식초를 걸쭉하게 조려 그림을 그렸다. 피에로와 세르지오가 동양화, 서양화, 공간과 평면을 아우르는 창의성이 톡톡 튀는 요리들을 보여 준 반면 피에트로 선생님의 달걀을 넣은 부활절 케이크는 그냥 절반으로 잘려 접시에 어설프게 놓여 있었다. 왠지 아쉬워 하는 우리를 위해 장식이라고 하면서 마조람 한줄기를 툭 던져 놓으셨다. 한입을 먹었을 때는 의문이 더 커졌다. 아직 섬세한 맛의 차이까지는 알지 못하는 나도 그 맛이 다르다는 것을 느꼈다. 밀가루와 달걀을 이용한 케이크였는데 재료 하나하나의 맛이 잘 살아 있으면서도 그것들이 잘 어우러진 맛이었다. 이제야 왜 선생님의 요리가 인정을 받는지를 알 것 같았다.

선생님은 토마토 하나를 보여 주셨다.

"이 토마토는 내가 직접 딴 토마토인데 모양은 없지만 여러분은 맛의 차이를 경험할 수 있을 거예요. 토마토는 잘 익으면 껍질이 저절로 벗겨지지요. 마치 여자와 같아요. 크크크….”
당신도 말해 놓고 우스웠나 보다. 내가 보기엔 그냥 평범한 붉은 토마토였다. 그리고 잘 익은 토마토를 벗기면 껍질에 살이 묻어 나오지 않고 아주 얇게 필름처럼 벗겨진다고 설명했다. 별 감흥이 없는 우리는 그저 멀뚱멀뚱 바라볼 따름이었다. 하지만 요리가 완성되었을 때에는 그 차이를 맛으로 느낄 수 있었다. 토마토를 얇고 둥글게 썰어 오븐에 한 시간 정도 익히면 꾸득꾸득 마르게 된다. 이 토마토와 신선한 아귀의 꼬리 살을 얇게 편으로 썰어서 켜켜이 쌓아 오븐에 익히는 요리였는데 담백한 아귀 살과 달콤하고 향이 좋은 토마토가 절묘하게 어울려 맛있는 요리가 완성되었다. 피에트로 선생님은 평범하지만 좋은 재료란 무엇인가를 우리에게 알려 주셨다. 그는 화려한 요리와 현란한 테크닉을 보여 주지는 않았지만 진심이 담긴 정직한 음식이 무엇인지를 가르쳐 주셨고 덕분에 우리는 요리의 진정성을 배웠다. 지금도 나는 토마토의 껍질을 벗길 때면 피에트로 선생님이 보여 주던 토마토를 기억한다. 그리고 껍질이 얇게 벗겨지면 왠지 안심이 되고는 한다.
선생님은 유난히 한국 학생들을 아끼셨다. 소문에 의하면 한국 여자와 잠시 사귀었다고도 했다. 파티라도 하는 주말이면 본인의 이름을 걸고 생산하는 와인을 상자째 보내 주기도 하고 기숙사로 와서 고추장에 삼겹살을 싸 먹기도 하셨다. 선생님의 한국 사랑에는 아마도 우리들이 몰라야 할 어떤 속사정이 있었던 것 같다. 물론 우리는 지금도 그 이유를 모른다.

농부 같은 요리사, 피에트로

11
치즈 공장 견학기

"내일 아침 7시에 출발합니다. 늦지 마세요."
통역선생님이 말했다.

"왜 그렇게 일찍 가야 하나요?"
"늦으면 치즈 만드는 걸 볼 수가 없어요."
치즈 공장에 견학 가는 날이다. 소풍처럼 느긋하게 생각했는데 새벽부터 일어나야 했다.
이탈리아에서만 생산되는 치즈가 수백 가지는 넘는다는데 우리가 견학 가는 곳은 그라나 파다노 *Grana padano* 치즈를 생산하는 곳이다. 전세버스로 한 시간 정도 이동해 알레산드리아 *Alessandria* 에 도착했다. 주변에는 아무것도 없는 넓은 평원에 공장이 있었다. 버스에서 내리자마자 속을 메슥거리게 하는 고약한 냄새가 코를 찔렀다. 봄철 논밭에 뿌려 주는 거름 냄새 같았는데 치즈 공장에서 나는 냄새치고는 의아했다. 공장 내부를 견학을 위해 제일 먼저 한 일은 우비 같이 생긴 위생복을 입고 비닐 덧버선을 신는 일이었다. 모두들 펭귄 같은 모양이 되어 공장 안으로 들어가자 젖먹이가 토한 우유 냄새가 훅 끼쳤다. 비위가 약한 사람들은 구역질을 해대기 시작했다. 다들 코를 싸쥐고 물에 젖은 바닥 위에 미끄러지지 않으려고 안간힘을 쓰며 안으로 걸어 들어갔다. 살다 보면 새삼스러울 게 참 많다. 오감 중에 후각이 가장 쉽게 지치는 게 얼마나 고마운 일인지 그때 새삼 감사했다.
공장 안에는 우유를 데우는 용기가 줄지어 있었고 새로 도착하는 우유를 모으는 커다란 냉장 저장고가 있었다. 우유를 데우는 용기는 구리로 만들어진 깔때기 모양이었고 어른 2명이 족히 들어가고도 남을 만큼 크고 깊었다. 1통에 채워지는 우유의 양은 1천 리터에 이른다고 했다. 그중 하나에서 뽀얀 우유가 따끈따끈하게 데워지고 있었다. 우리를 기다리느라 일부러 남겨 둔 우유였다. 김이 모락모락 오르는 천리터의 우유로 만들 수 있는 치즈의 양은 약 80kg 정도라고 했다. 우리는 순례자들처럼 둥그렇게 줄지어 서서 데워진 우유에 응고제가 첨가되면서 몽글몽글 덩어리지는 것을 지켜보았다. 어렸을 때 우리 엄마는 명절 때가 되면 맷돌에 콩을 갈아 두부를 만드시고는 했는데 그 풍경과 비슷했다. 뽀얀 콩물을 가마솥에 넣어 데우다가 간수를 흘려 넣으면 지금처럼 몽글몽글 순이 들면서 순두부가 만들어졌는데 치즈를 만드는 모습을 보니 금방 만든 순두부를 떠서 부뚜막에 앉아 먹던 생각이 났다.
최초의 치즈는 양치기가 젖먹이 어린 양의 위로 만든 주머니에 우유를 넣어 운반하면서 만들어지기 시작했다고 한다. 그 후 수천 년 동안 치즈를 만드는 공정에는 용기나 포장 등 개선된 몇 가지를 제외하면 큰 변화는 없었다고 한다. 그러나 파다노 치즈는 12세기 경부터 수도승들에 의해 만들어지기 시작했다. 그 즈음에 유럽에서는 목초재배가 늘기 시작했는데 따라서 우유의 생산량도 함께 증가하게 되었고 생산량이 늘어난 우유를 장기간 보존하기 위한 위해 치즈를 만든 것이다.
치즈가 엉기자 거품기처럼 생긴 칼로 치즈를 쌀알 크기만 하게 잘게 잘라 틀에 담아 모양을 잡아 주었다. 사흘 동안 놓아 둔 치즈에서 물기가 빠지면 소금물에 삼주일 정도 담가 두었다가 건조시키면서 숙성시키면 치즈는 완성된다고 했다. 우유에서 치

치즈 공장 견학기 ○

즈로 만들어지는 과정은 최소한 일 년은 걸린다고 했는데 이렇게 대표적인 이탈리아산 제품 중에 하나가 탄생되는 것이었다. 모든 치즈에는 고유의 일련번호가 적혀 있어 역추적을 하면 그 치즈의 제조에 사용된 소의 이름까지도 알아내는 게 가능하다고 했다. 그만큼 관리가 철저하다는 것에 놀랐다. 다른 지역에서 생산된 우유로 제조된 치즈에는 같은 이름을 절대 쓸 수가 없다고 했다. 이 제도를 DOP(Denominazione di Orgine Protetta)라고 부르는데 이탈리아에는 한 지역에서 생산되는 농축수산물을 보호하기 위해 그 지역 이름을 배타적으로 사용할 권리를 주고 있다. 이렇게 만들어진 치즈가 수출되어 전 세계 사람들의 입맛을 정복해 가고 있는 것이다. 우리가 모르던 치즈의 세계를 살펴보는 것도 흥미로웠지만 나에겐 치즈에 대한 이탈리아 사람들의 애정 어린 태도가 더 흥미로웠다.

한편 다른 방에선 한 개에 40kg 정도 나가는 수천 개의 치즈가 숙성되어 가고 있었다. 올려다 보려면 고개를 젖혀 가면서 보아야 할 정도로 높았다.

"이걸 모두 팔면 얼마나 될까요?"

"……."

어떻게 해서 우리는 어디든 가면 가격을 산출해 보는 습성을 지니게 되었을까? 라바차 *Lavazza* 커피 공장에서도, 리조 갈로 *Riso gallo* 쌀 가공 공장에서도, 와이너리에서도 같은 질문이 나왔었다.

치즈 공장을 나오면서 보니 뒤쪽으로 돼지우리가 있다. 치즈와 돼지라, 잘 조합이 되지 않았다. 치즈를 만들고 남은 물에 남아 있는 영양소를 먹여 키우는 돼지였다. 이제야 도착했을 때 맡았던 거름 냄새가 이해가 됐다. 그리고 햄과 치즈가 왜 항상 붙어 다니는지도 이해가 됐다.

그라나 파다노는 파르미자노 레지아노 *Parmigiano reggiano* 와 함께 이탈리아 요리에서 가장 흔하게 사용되는 치즈다. 단단한 치즈를 강판에 갈아서 파스타에 넣기도 하고 수

프에 넣어 먹기도 하고 숙성이 오래된 그라나 파다노 치즈는 그대로 와인과 함께 먹어도 좋고 튀겨서 식전 요리로 먹기도 한다. 알렉스가 집에서 요리를 할 때면 이 치즈를 듬뿍듬뿍 넣어서 나를 놀라게 한다.
"그라나를 너무 많이 넣지 마세요. 얼마나 비싼 줄 알아요?"
나는 잔소리를 한다.
"나처럼 키가 크고 싶으세요? 그러면 가만히 있어요. 나중에 아이가 생기면 그라나를 많이 먹게 할 거예요. 그러면 내 아이가 튼튼해지고 키도 아주 클 거예요."
알렉스는 자신 있게 말한다.
"아버지, 아버지도 이 치즈를 많이 드셔야겠는데요."
우리 아버지의 접시에도 듬뿍 그라나를 뿌려 주는 알렉스다.

치즈 공장 견학기

12

와인 수업

큰 키에 구부정하게 굽은 등. 끝이 360도 말려 있는 확실한 곱슬머리. 새끼손가락을 자주 깨물고 10시10분의 팔자걸음을 걷는다.

양념이 묻지 않은 파스타에 파마산 치즈만을 뿌려 먹으며 한 손에 열 개의 와인 잔을 걸고 다닌다. 그의 핸드폰 번호는 아무도 모르며 늘 도시락 통을 들고 다닌다. 그는 쟌니*Giancarlo*다. 이 분이 바로 이탈리아 소믈리에 경연대회에서 최연소로 대상을 수상한 적이 있는 일명 개코, ICIF의 전설인 와인선생님이다. 쟌니는 학교에서 레스토랑 서비스 교육과 와인 수업을 하는데 그의 카리스마는 와인 수업에서 절정을 이루었다.

와인 수업은 ICIF에만 있는 독보적인 과정으로 와인의 모든 것과 더불어 와인과 음식과의 궁합을 살펴보는 매우 독특하고 흥미 있는 수업으로 이주일간 포도주의 A에서 Z까지를 집중적으로 공부했다. 가을이면 시칠리아, 풀리아, 트렌티노알토아디제, 토스카나, 피에몬테 등 이탈리아 전 지역에서 와인 생산자가 자기가 만든 와인을 들고 학교를 방문하는데, 모두 자신의 와인에 대해 소믈리에 쟌니의 견해를 듣기 위해서다. 덕분에 ICIF 학생들은 피에몬테에서 생산되는 와인뿐만 아니라 이탈리아 전국에서 생산되는 와인을 시음하고 평가할 수 있는 귀중한 기회를 얻을 수 있었다. 그러나 쟌니의 와인 수업은 지독할 만큼 괴롭다. 모든 와인 수업은 지하에 있는 칸티나 *Cantina* (와인 저장소)에서 이루어지는데 이곳에서는 5분만 앉아 있어도 잠이 폭포수처럼 쏟아지기 때문이다.

학생들의 수면을 유도하는 이 아름다운 칸티나는 성의 가장 내부 쪽 지하에 있어 외부와는 완전 차단되어 있다. 모든 벽은 각종 와인으로 빼곡하게 채워져 있고 둥근 천정이 아늑한 느낌을 더해 집중력을 요구하는 와인 시음 장소로는 더없이 좋다. 바닥에는 습기 조절 기능이 있는 붉은 타일로 덮여 있고 전체적으로 붉은 빛이 도는 작은 돔 같다. 모두 24명의 학생이 동시에 수업을 들을 수 있는 열두 개의 책상이 있고 각각의 책상에는 와인 색깔을 관찰하는 조명, 시음 후 와인을 버리는 싱크대와 시음을 위한 와인 잔이 준비되어 있다.

이 칸타나의 온도는 일년 내내 17℃에서 20℃ 사이를 유지하며 습도도 최적의 상태를 유지하고 있다. 게다가 따뜻한 백열등이 은은하게 비추고 있는 곳에서 팔다리조차 아주 조금씩만 움직여야 하니 잠이 쏟아지는 것은 어쩌면 당연한 일.

때는 2003년 7월. 한낮의 기온은 섭씨 40℃를 넘나들고 벌써 두 달째 비가 오질 않고 있었다. 바깥의 기온과 상관없이 기분 좋게 쾌적한 칸티나로 짙푸른 슈트를 입은 쟌니가 통역선생님과 함께 들어오면서 수업은 시작되었다.

"누군가 커피를 마시고 들어왔군!"

순간 교실이 조용해졌다.

"와인 수업을 하기 전에는 절대 커피를 마시지 말 것. 수업을 듣다가 졸리면 자리에서 조용히 일어나 나갔다 와도 됨. 와인 시음 잔이 들어 있는 서랍을 열 때에는 의자를 뒤로 민 다음 특히 조심해서 열 것. 수업이 끝난 후 퇴실할 때에는 의자를 제대로 넣어 둘 것."

그는 표정의 변화 전혀 없이 모노톤으로 주의사항을 알려 주었고 우리는 제대로 숨

와인 수업

도 쉬지 못할 것 같았다.
수업이 진행되면서 고장난 라디오처럼 알아들을 수 없는 말로 포도의 품종, 재배방법, 와인제조 방법, 와인의 구분, 와인의 발전 단계 등을 설명해댔다. 그러면 곧 우리는 모두들 전쟁터의 전사자들처럼 잠의 집중 폭격을 당하고야 말았다.
'오, 쟈니! 목소리 톤이라도 좀 바꿔 주시면 안 될까요?'
마침내 시음 시간이 왔다. 잠이 확 깨는 순간이다.
"모두 일어서세요. 와인 잔을 살짝 기울이고 불빛에 비춰 색깔을 봅니다. 불빛에 너무 가까이 대지 마세요."
쟈니는 고개를 돌리지 않고도 교실 안을 360도 들여다 보는 듯 했다. 가장 끝줄에서 몰래 하는 작은 행동도 알아낸다.
"와인 잔을 가볍게 돌리고 향을 맡습니다. 청 사과 향, 젖은 풀냄새, 흰 꽃 냄새, 고양이 오줌냄새……."
"ㅋㅋㅋㅋ."
누군가 키득키득 웃었다.
"……."
그가 고개를 들지 않았음에도 순간 교실은 급속냉각되었다.
쟈니가 말하는 모든 향들을 나는 느낄 수 없었다. 그가 풋사과 향이라고 하면 풋사과의 향이 나는 것 같고 그가 흰 꽃 냄새라고 하면 흰 꽃 냄새가 난다고 생각이 될 뿐이었다. 고양이 오줌냄새는 누가 맡아 보았단 말인가?
"와인을 조금 마시고 혀의 느낌과 목으로 넘어갈 때의 느낌을 살펴봅니다. 탄닌이 많다면 혀가 조여지는 느낌을 받게 되고, 알코올이 많다면 매끄러운 느낌을 받게 됩니다. 집중해 보세요."
이때였다.

"캬!"
소주 마실 때의 버릇이 나온 것이었다.
"뭐야?"
레이저빔 같은 그의 눈빛이 소리가 난 곳으로 꽂혔다. 집중할 때 방해를 받게 되면 그의 얼굴은 아주 무서워졌다. 수업 중에는 눈곱만큼의 장난도 용납하지 않는 쟈니가 아닌가. 그래서 고도의 집중력을 요구하는 와인 수업 시간은 마치 스릴러 영화를 볼 때처럼 긴장감이 넘쳤다. 하지만 교실에서 나가면 그의 태도는 사뭇 달라졌다. 좁은 복도에서 마주치면 언제나 웃는 얼굴로 길을 양보하고, 무엇인가를 찾고 있으면 묻고는 했다.
"말해. 말해 봐요. 무엇이 필요한 거지?"
친절하기가 이루 말할 수 없었다.
포도의 품종, 포도주의 종류와 제조 방법, 감별법에 이어 듣도 보도 못한 와인과 음식과의 조화를 살펴보는 시간이 왔다. 쟈니는 요리 수업에서 배운 음식 중에서 메뉴를 정해 주고 와인 수업 시간에 맞게 음식을 준비하라고 했다. 그렇지 않아도 수업을 따라가느라 눈코 뜰 새 없이 바쁜데 와인 수업을 위한 요리까지 준비해야 했으니 정말로 몸이 두세 개라도 모자랄 지경이다.
우리는 생애 최초로 한 가지 음식과 두 병의 다른 지역 와인을 놓고 음식과 와인과의 조화를 보는 수업을 준비하고 있었다. 우선 다진 로즈마리를 골고루 묻혀 구워 낸 양갈비를 먹고, 양갈비의 맛이 입안 전체에 퍼지면 와인을 마셔서 입안에 가득한 양갈비와 와인이 어떤 대화를 하는지 살펴보는 것이었다.
"균형을 살펴보는 겁니다. 고기의 느끼한 맛과 와인 속의 탄닌이 서로 균형이 맞는지를 살펴보세요. 우선 고기를 크게 잘라 입안 가득히 맛이 느껴지게 먹습니다. 자, 이제 와인을 한 모금 마십니다."

와인 수업

그런데 이게 웬일일까? 누군가 고기를 다 잘라 먹고 모자라는지 남은 고기를 가지러 일어선 것이었다. 우리는 폭풍전야의 고요함을 경험했다. 그러나 몰아칠 것 같았던 폭풍은 없었다.
"너는 수업시간에 잤니?"

13

피체리아 나이트 투어

기숙사 앞으로 자동차들이 조용히 멈춰 섰다.

최대한 예쁘게 단장한 6명의 아가씨들은 고양이 걸음으로 대기 중이던 자동차에 나누어 탔다. 자동차는 알바*Alba*를 향해 출발했다.
여름날 해는 저녁 9시가 되어도 떨어지지 않았다. 학교에서 수업을 마치고 든든히 식사를 하고 오면 잠시도 가만히 있을 수가 없었다. 학생들의 연령대는 20대 초반부터 40대 중반까지 다양했지만 학생이라는 신분 때문인지 복도는 늘 발자국 소리로 소란스러웠고 기숙사 앞마당은 맥주병과 와인병이 즐비했다. 3층 건물인 기숙사에는 브라질, 미국, 일본, 한국에서 온 학생들로 초만원이었다. 내가 쓰던 방은 3층 서쪽 끝이었는데 나 외에도 3명의 여학생이 더 있었다. 우리는 여러모로 죽이 척척 맞아 날 새는 줄 모르고 수다를 떨기도 하고, 포도밭이 한없이 펼쳐져 있는 언덕으로 산책을 나가기도 했으며, 동네 할머니들이 모이는 바*Bar*로 커피를 마시러 가기도 했다. 한 번은 산책 도중 동네 개에게 쫓겨 혼비백산하기도 했고, 어떤 날은 물벼락을 맞기도 했지만 그래도 우리의 에너지는 좀처럼 수그러들지 않았다. 수업은 오전 8시30분부터 저녁 7시까지 쉴 틈 없이 빡빡했지만 아직 청춘인 우리는 무언지 모를 아쉬움으로 가슴이 텅텅 비어 가고 있었다. 죽은 고양이조차 발견되지 않는 작은 동네는 너무나 조용하고 평화로워 오히려 권태로울 지경이었다. 그러던 중 일이 터졌다.
기숙사 복도에 서면 교정이 보이고 시선을 45도 정도 내리면 옆집의 뜰, 주방까지도 훤히 들여다 보였다. 같은 방을 썼던 가장 어린 K는 복도에서 창밖으로 시선을 45도로 떨구었고, 그날 따라 앞집에 있는 작고 볼품없는 개는 짖어대기 시작했다. 개가 짖자 주인아저씨가 밖으로 나왔다. 작은 키에 머리는 벗겨지고 배까지 불룩하게 나온 60대의 주인아저씨가 K에게 인사를 했고, 그녀는 개 이름이 '폴도*Poldo*'라는 것까지 알아냈다. 그 다음 우리는 못난 개를 빙자해서 옆집을 방문하기 시작했다.
그러던 어느 날 저녁 나와 K, 그리고 M은 기숙사 뒤뜰을 까치발로 가로질러 로코네로 놀러 갔다. 아저씨는 지하실에 감추어 둔 술을 내오고 우리는 나무젓가락을 내놓았다. 아저씨가 내온 모스카토*Moscato*는 별로 맛이 없었는데 아마도 만들어 놓고 먹지 않아 약간 신맛이 생긴 것 같았다. 아저씨가 만들어 준 커피도 참 맛이 없었다. 살라미도 냄새가 역했다. 그런데 이게 웬일! 그 아저씨에게 젊은 아들이 있었다. 이름은 로코*Rocco*. 맛이 없는 것들만 내놓던 배 나온 아저씨와 달리 로코는 완전 킹카였다. 왠지 그와는 말이 통할 것 같았다.
"이탈리아 남자들은 동양 여자들에 대한 미의 평가 기준이 아직 확립되지 않았어. 우린 이 때 연애를 해야 해."
언제든지 연애할 준비가 되어있는 M양의 말이었다.
때마침 현지 요리사와 불같은 사랑에 빠져 모든 것을 버리고 사랑의 도피행각을 벌였다는 한 선배의 전설 같은 이야기를 통역선생님에게서 들었던 터라 우리는 대단히 고무되었다. 일단 통성명을 했으니 그 다음부터는 창문을 가로질러 인사를 나누었고, 그렇게 인사를 나누며 일주일이 흘렀다. 주말이 되자 로코가 피체리아에 가자

피체리아 나이트 투어

고 제안했다. 우리는 긴급회의를 열었다. 여학생들의 일거수일투족에 지나친 관심을 보이는 남학생들은 어떻게든 빼놓고 가야 했다. 로코가 자기의 친구들을 부를 거라고 했기 때문이다. 잘생긴 이탈리아 청년들과 저녁을 먹으러 가는 일은 알렉스에게는 미안했지만 나도 은근히 기대가 되었다. 북쪽 남자들이 키도 크고 금발 머리에 잘생겼다고 하던데, 로코의 친구 중에 의사도 있다던데…. 3층 화장실에서는 기대에 찬 즐거운 수다가 이어졌다.

피체리아에 함께 가기로 한 사람은 나까지 5명이었다. 그런데 문제가 생겼다. 청년들과 대화를 하기에 우리의 이탈리아어 실력은 턱없이 부족했던 것. 그래서 통역선생님을 대동하기로 했다. 한껏 멋을 낸 통역선생님과 가지고 온 옷 중에서 제일 예쁜 옷으로 차려입은 우리는 기숙사 밑에 대기 중인 로코와 그의 친구들 차에 나누어 타고 알바로 갔다.

늦은 밤, 한 번도 가본 적 없는 거리를 낯선 사람의 차를 타고 달려가는 것은 마치 롤러코스터를 타는 것처럼 짜릿했다. 기숙사에서 20분 거리지만 마치 먼 곳을 가는 듯한 느낌이었다. 멀리 성이 보이기 시작했다. 가까이 다가가자 마치 동화 속에 있는 성처럼 예뻤다. 우리가 간 곳은 바로 그 성 밑에 있는 피체리아였다. 피자 익는 구수한 냄새, 그리고 연신 피자를 나르느라 분주한 웨이터… 금요일이라 그런지 그곳의 넓은 테라스는 사람들로 가득했다. 한참을 걸려 자리를 잡고 앉아서 살펴보니 로코의 친구들은 각양각색이었다. 왜소한 체격에 안경을 낀 의사 줄리오*Juglio*, 잘 생겼지만 키가 작은 신발가게 점원 마우로*Mauro*, 십 년 안에 머리카락을 다 잃을 것 같은 약사 파올로*Paolo*, 애인을 동반한 히피족 루이지*Luigi*, 그리고 동그란 눈이 예쁘지만 이미 머리카락이 없는 로코…. 그 외에도 서너 명이 더 있었다. 그런데 이상했다. 여기는 이탈리아의 북부에 있는 도시가 아니던가? 그런데 금발의 잘생긴 남자들은 다 어디에 갔나?

피체리아라고 해서 꼭 피자만을 먹는 것은 아니었다. 우리는 식전 요리와 피자, 와인, 맥주를 주문해 열심히 먹고 마시며 즐겁게 놀았다. 밤이 깊어지고 모기가 많다고 느낄 때쯤 기숙사로 돌아왔다. 늦게 돌아온 우리를 기다리고 있던 것은 남학생들의 질타 섞인 싸늘한 눈빛이었다. 그날 밤 우리는 피체리아와 이탈리아 남자들에 대한 이야기로 밤을 지샜다.

notte visita

피체리아 나이트 투어

14
속 깊은 청년, 로코

> 이탈리아 남자들은 거리의 청소부조차도
> 핸섬할 거라고 생각하는 이들이 많다.

진한 눈썹에 곱슬거리는 머리카락, 정열적인 눈과 은근한 바람기. 혹시라도 수많은 그리스 조각 작품에서 나올 법한 미남이 이탈리아 남자들과 닮았을 거라 생각한다면 지나친 착각이라고 말해 주고 싶다. 사실 로마에는 미남이 많다. 스페인 광장 앞에 가면 큰키와 날씬한 몸매를 가진 잘 생긴 청년들을 쉽게 볼 수 있다. 이탈리아어를 잘 모를 때는 이 남자들이 쓰는 언어가 모두 이탈리아어가 아니라는 걸 몰랐었다. 사실 이 멋진 남자들은 스웨덴, 노르웨이, 오스트리아, 독일 등에서 내려온 사람들이다. 잘생긴 이탈리아 남자를 만나고 싶다면 살짝 북쪽으로 올라가야 한다. 밀라노, 토리노, 베로나 같은 도시에 가면 수제구두에 빨간 바지, 몸매를 드러내는 셔츠, 파스텔 컬러의 스웨터를 걸치고 선글라스를 머리에 올려 둔 그런 차림새의 남자들을 자주 만날 수 있다. 그들은 키도 크고 세련되었으며 얼굴도 잘생겼다. 물론 그 옆에는 그들과 무척이나 잘 어울리는 아름다운 여자들이 있지만.

로코는 잘생기지도 키가 크지도 않다. 머리도 완전히 밀어 버린 데다 몸에 달라붙는 셔츠나 빨간 바지를 입은 적도 없다. 기숙사 앞집의 배 나온 대머리 아저씨의 아들인 그는 레스토랑에 식자재를 공급하는 일을 했다. 가끔 개를 산책시키러 나가고 더러 동네 축구클럽에서 축구를 했다. 그는 인구가 고작 수천 명인 작은 시골마을에서 동양 여자를 만나 얘기하는 것을 무척 재미있어 했고, 유창하지는 않지만 영어를 하는 편이어서 나의 이탈리아어가 궁할 때는 숨통을 터주기도 했다. 동양 여자에 대한 미적 기준이 확립되지 않았을 때 연애를 한번 해 봐야 한다던 나의 룸메이트는 로코를 드라마 〈전원일기〉의 둘째아들 같다고 말했다.

무더운 여름날 시골마을에 갇혀 있다시피 한 우리를 기차역이 있는 아스티에 데려다 준 사람도, 여름밤 알바의 피체리아로 데려다 준 사람도, 타나로 *Tanaro* 강변의 디스코 테카로 데리고 간 사람 또한 로코였다. 하지만 그의 운전 솜씨는 형편없었다. 아마도 채소나 죽은 토끼만 싣고 다녀서 여자들이 탄 차를 몰 때에는 조금 더 부드럽게 운전해야 한다는 생각은 하지 못한 것인지 그가 운전하는 차를 타면 멀미가 밀려왔다.

아스티에서 돌아오던 어느 토요일, 나와 로코는 급작스럽게 다음날 파티를 열기로 했다. 로코는 생햄과 멜론, 수박, 와인을 내기로 했다. 기숙사로 돌아오자마자 난 동기생들과 로코네 주방과 정원을 파티 장소로 접수해 놓고 돈을 모아 밀가루, 채소, 쌀 등을 샀다. 그리고 다음날 늦은 아침을 먹고 로코의 집으로 향했다. 아버지와 단둘이 살고 있는 로코의 주방, 사실은 그의 아버지의 주방이라고 해야 더 정확할 것이다. 아무튼 그들의 주방은 새삼스럽게 한국 음식에 대한 애절한 사랑이 넘치는 몇몇의 손 빠른 동기들이 차지하게 되었다. 채소 부침개와 수제비가 소음과 이탈리아어 속에서 완성되었고 저녁이 되자 로코의 아버지는 와인을 꺼냈다. 정원의 잘 다듬어진 잔디 위로 식탁이 차려졌다. 그 무렵 로코의 친구들이 도착했고, 30여 명이 둘러앉아 마시고 먹고 웃는 파티가 열렸다. 우리가 준비한 음식이 적을까 봐 로코와 그의 아버지는 탈리아텔레와 토마토 소스의 펜네를 준비해 두었는데 그 음식은 거의 외면

속 깊은 청년, 로코

당하다시피 했다. 따뜻한 국물의 담백한 수제비는 한국 학생들 뿐만 아니라 이탈리아 사람들에게도 무척 인기가 좋았다. 배가 부르고 술이 있고 기타가 있고 통역선생님도 있었다. 미숙한 이탈리아어가 테이블 위를 떠돌고, 별이 내려앉고, 조금씩 한국 집도 그리워지면서 마치 기분 좋은 꿈을 꾸고 있는 것처럼 밤이 깊어가고 있었다. 다음날 기숙사에서 내려다본 로코집 정원에는 마치 바리캉이 지나간 머리처럼 길게 붉은 흙길이 두 줄 보였다. 다시 전처럼 파릇파릇한 정원이 되려면 몇 년은 걸리리라. 며칠 후 우리는 고맙다는 인사도 할 겸 로코를 찾았다. 그날 나는 이탈리아 청년의 속을 들여다 보게 되었다. 로코의 어머니는 그가 어렸을 때 돌아가셨다고 했다. 그의 아버지는 먼저 떠난 아내의 사진을 보여 주었다. 그리고 어린 시절의 로코와 그의 형의 사진도. "왜 더 큰 도시로 나가지 않느냐"는 내 물음에 그는 아무 말없이 아버지를 쳐다보았다. 여자가 집에 없다고 믿기 어려울 만큼 집안일을 하면서 두 아들을 키운 아버지. 그가 가 버리면 아버지는 혼자 남게 될 것이다. 아버지에 대한 그의 태도가 새삼스러웠다. 부모 봉양은 동양만의 미덕이자 의무인 줄 알았는데 이 먼 땅 이탈리아에서도 같은 고민을 하는 청년이 있다니 참으로 놀라울 따름이었다. 그 후로는 세계의 보편적인 고민을 하는 이탈리아 남자 로코가 한없이 정겹게 느껴졌다.

15
와인 한 잔 들고 밤새 춤을!

로코가 디스코테카 *Discoteca*에 가자고 했다.

여름철에만 강가에 임시로 만들어진다니 그 모습이 궁금도 하고 또 언제 있을지 모를 재미난 기회를 놓치기도 싫었다. 이렇게 조그만 도시의 청춘들은 어떻게 노는지 확인해 보자는 핑계로 친구들을 설득했다. 나이에 비해 보수적인 옷만 입어 대는 20대 초반의 Y양에게는 민소매 원피스를 입히고 나 역시 잔뜩 멋을 부렸다. 룸메이트, 그리고 오랜만에 미혼시절의 기분을 즐기게 된 밀라노 언니, 로코와 그의 친구들과 함께 디스코테카를 향했다.
이미 오후 11시를 훌쩍 넘은 시간이지만 타나로*Tanaro* 강가 모래사장 위에는 사람들로 가득했다. 모두 디스코테카 입장을 위해 줄을 선 사람들이었다. 드디어 안으로 들어가니 혼자 신이 난 디제이가 보였는데 오래된 팝송부터 최신 댄스곡까지 최선을 다해 분위기를 띄우고 있었다. 하늘의 별이 현란한 사이키 조명 역할을 해주니, 이렇게 대담하게 열린 공간의 디스코테카는 난생 처음이었다. 가벼운 칵테일 한 잔을 들고 구경을 시작했다. 하지만 너무 이른 시간이었을까? 좁은 공간에 나이를 전혀 가늠할 수 없는 동양 여자들이 모이니 오히려 우리가 더 이목을 끄는 듯했다.

밤이 깊어갈수록 하늘은 더 짙어 갔고 와인 병은 더 자주 비워졌다. 우리는 다소 떨어진 곳에 자리를 잡고 수다도 떨면서 시간을 보냈다. 새벽 2시가 되자 누구랄 것도 없이 일어나 춤을 추러 갔다. 우리도 몸을 흔들어 댔다. 바닥은 모래로 가득하고 자꾸 흙먼지가 올라오는데 기분은 좋았다. 두 시간 정도 더 춤을 추었을까. 함께 길을 나선 3명의 이탈리아 청년 중 로코만 남아 있었다.

그날 밤 우리는 기숙사로 돌아오자마자 바로 곯아떨어졌다. 잠을 깨니 오후 4시. 침대에서 일어나 거울을 보니 얼굴이 세숫대야만 해졌고 눈은 떠지지도 않을 만큼 부어 있었다. 갑자기 배가 고파왔다. 간밤에 벗어 놓은 신발은 농부의 것처럼 흙먼지가 가득했다. 끈도 다 떨어져 나갔다. 내 생애에서 춤을 가장 오래 춘 밤이었다. 밴쿠버에 있는 디스코텍에 갔더니 모두들 에비앙 병을 들고 춤을 추고 있어서 당황했다던 친구의 얘기가 생각났다. 타나로 강변 디스코테카에서는 와인 한 잔을 들고 밤새 춤을 출 수 있다.

와인 한잔 들고 밤새 춤을!

16
소공녀가 살던 방

2003년 7월의 마지막 주 토요일 아침.
아스티역은 눈물바다가 되었다.

헤어질 시간이 온 것이었다. 코스가 끝나면 레스토랑으로 넉 달간 실습을 나가야 했는데, 학교에서는 이 과정을 스테이지라고 불렀다. 나폴리*Napoli*, 브레시아*Brescia*, 폴렌조*Polenzo*, 밀라노*Milano*, 브라*Bra*, 리미니*Rmini* 등으로 각자의 스테이지를 향해 떠나는 중이었다. 기차가 도착하는 순서대로 한 명, 한 명 기차에 탈 때마다 마치 애인과 헤어지기라도 하듯이 우리는 무척이나 슬펐다. 내가 맡은 스테이지는 토리노공항 옆에 있는 4성급 제트 호텔*Zet hotel*에 딸린 안티카 제카*Antica Zecca*라는 레스토랑으로, 앞으로 일할 곳이었다. 토스카나의 와인으로 유명한 마을이거나 피렌체처럼 아름다운 도시, 혹은 구이도처럼 멋진 레스토랑에서 일할 수 있게 되기를 빌고 또 빌었건만 공항 옆에 있는 호텔이라니…. 참으로 기운이 빠지는 일이었다. JP도 나와 같은 호텔에서 일하게 되어 나는 그의 낡은 *알파 로메오*Alfa Romeo* 자동차로 함께 호텔에 도착했다. 우리를 맞는 레스토랑 직원들의 반응은 심드렁했다. 나는 식전 요리에 배치되었고 JP는 메인 요리 쪽에 배치되었다. 내가 묵을 곳은 호텔 맨 꼭대기 층의 작은 방

---

* 알파 로메오 *Alfa Rpmeo* 이탈리아의 밀라노에서 고성능 자동차를 주로 생산하는 자동차 회사.

으로 이자벨라와 함께 써야 했다. 가구라고는 1인용 침대 하나와 2층 침대 하나가 있고 작은 책상이 전부인 낡은 초록색 카펫이 깔린 허름한 방. 벽은 이미 다녀간 학생들이 남긴 낙서들로 가득했다.

비행기 지나가는 소리가 크게 들렸다. 바로 옆이 공항이라 착륙하기 바로 전 기체에서 나는 굉음이었다. 내 방은 지붕 바로 밑이어서 지붕으로 천창이 하나 있었는데 굉음이 날 때 보니 천창으로도 비행기가 보였다. 갑자기 어릴 적 보았던 소공녀가 생각났다. 세라가 살던 런던의 어느 꼭대기 방으로는 원숭이가 들어왔었는데 내가 살아야 하는 이 방으로는 비행기 그림자가 드리워져 있었다. 내가 비행기하고는 어떤 인연이 있길래…. 거의 여섯 해나 승무원으로 비행기를 탔으며, 요리 유학을 끝내고 한국에 귀국했을 때 고향은 공항이 되어 있었다. 그런데 다시 공항 옆에서 일하게 된 것이었다. 바로 다음날 아침부터 일을 시작하게 되었다. 아침 9시에 시작해서 11시30분에 점심을 먹고 3시까지 일한 후 3시부터 5시30분까지 휴식을 한 뒤 저녁 먹고 6시30분부터 다시 시작해 손님이 다 가는 시간까지 일을 했다. 월요일은 레스토랑이 쉬는 날, 곧 나의 휴일이었다.

나에겐 토마토 손질하기, 향초 다지기, 감자 깎기 등의 쉬운 일들이 주어졌다. 척 보기에도 서열이 가장 낮을 것 같은 꼬마 셰프 루차노는 감자는 이렇게 깎아야 하고 향초는 이렇게 다져서 어디에 넣어야 하는 등을 나에게 알려 주었다. 다행히 설거지는 하지 않아도 되니 안심이었지만 감자나 깎고 토마토나 데치려고 여기까지 왔단 말인가? 순간 눈이 번쩍하는 느낌이다.

JP는 화덕 청소하는 일이 주어졌다. 페라가모 신발을 신고 성악 공부를 하던 JP의 현실은 이제 숯 검댕이 묻은 얼굴로 화덕을 청소해야 했으니 신데렐라가 따로 없었다. 그렇게 시작한 일은 점점 강도가 높아져 갔다. 아침에 출근을 하면 바로 데운 우유를 넣은 커피와 과자 몇 개로 아침을 때운 후 바로 일을 시작해야 했다. 내가 일하던 호텔은 연회가 많은 곳이었는데 내가 들어갔을 때가 마침 가을이라 주말마다 400명이 넘는 결혼식 손님들의 코스 요리를 준비해야 했다. 주방 안에는 디저트, 식전 요리, 고기나 생선 위주의 메인 요리, 나무 작업대와 커다란 파스타 냄비가 있는 면 요리를 준비하는 곳이 동선에 따라 각각 조리대가 구분되어 있었다. 스물네 살의 풀리아 출신 토니와 열여덟 살 꼬마 셰프 루차노가 내가 보조해야하는 요리사들이었다. 막상 연회가 잡히면 상자 다섯 개의 분량의 토마토 껍질을 벗겨 정사각형으로 잘게 썰기, 수백 마리의 새우를 데쳐 껍질을 벗기고 내장을 제거하기, 팔백 개의 감자를 모양내서 깎기, 네 상자의 버섯 손질하기, 가시가 달려 있는 *카르초포 Carciofo 손질하기 등이 내가 할 일이었다. 물론 이 많은 일을 혼자 하진 않지만 잠시도 쉴 틈이 없다. 음식이 준비되면 접시에 담아서 한 번에 수십 개씩 테이블로 날라야 했다. '여자니까 조금씩'이라는 건 한국에서나 가능한 일이었다. 날이 지날수록 어깨, 등, 손이 아파오기 시작했고 오전 일이 끝나서 내 작은 방으로 돌아오면 곧바로 잠이 들었다. 하루 종일 서서 일하다 보니 다리도 퉁퉁 붓고 발바닥도 아프고 발가락 사이가 짓무르면서 무좀까지 생겼다. 내가 늘 상상하던 멋진 요리사는 도대체 언제 될 수 있을 것인지. 몸이 고된 것도 그렇지만 무엇보다 날 힘들게 했던 것은 말이 잘 통하지 않는 것이었다. 동료들이 등 뒤에서 웃으면 마치 내 흉을 보는 것 같았고 실수를 해서 야단이라도 맞는 날에는 정말 그만두고 싶었다. 이렇게 고군분투하면서도 요리 앞에 스스로 작아지는 느낌이 들 때는 그 낯선 곳이 너무 외로워서 요리학교에서 함께 공부한 친구들에게 전화를 걸고는 했다. 그들의 이야기를 듣다 보니 나는 완전히 공주대접을 받고 있다는 생각이 들었다. 급하게 끊어야 하는 짧은 통화에서 비슷한 외로움과 고충을 겪고 있는 동기생들과의 연대감은 힘들었던 첫 요리사 생활에서 나에게 가

* 카르초포 Carciofo 아티초크의 이탈리아어.

장 큰 힘이 되어 주었다.

식전 요리에서 한 달을 보내고 나자 몇 가지 요리는 눈에 익고 흉내도 내볼 수 있을 것 같았다. 이젠 디저트다. 디저트는 크게 실수할 일이 없어 좀 더 편히 일에 임했다. 그러던 어느 날, 슈*Choux*를 만들기로 한 날이었다. 로베르토는 웬일인지 나더러 해보라고 했고 난 몇 번 거들면서 본 적이 있어 순서대로 반죽을 만들고 모양을 내서 오븐에 굽기 시작했다. 그리고 알람과 함께 다 익은 슈를 꺼냈는데… 난 비명을 질렀고, 그 소리에 로베르토가 왔다. 평소 상냥하던 그의 얼굴이 붉그락푸르락하더니 말을 하지 못했다. 몇 개를 만져 보다가 너무 화가 났는지 밖으로 나가 버렸다. 봉긋하게 솟아올라 사르르 입안에서 녹아야 할 슈가 납작하게 나왔던 것이다. 눈물이 나올 것 같았다. 당장 연회에 쓰일 수백 개의 슈가 이 모양이니 난감하기 짝이 없었다.

"무슨 일이야, 무슨 일이야?"

"선미, 무슨 일을 한 거야?"

"오, 맙소사! 슈가 납작하네."

다들 한마디씩 한다.

"그래도 맛은 있어."

함께 일했던 꼬마 셰프 루차노의 한 마디.

얼굴색을 되찾고 돌아온 로베르토는 내게 슈를 어떻게 만들었는지를 물었다. 난 울먹거리면서 답변을 했고 비로소 잘못한 부분을 알게 되었다. 슈는 반죽이 따뜻할 때 모양을 내서 구워야 하는데 내가 시간을 너무 끌면서 반죽이 식어 버린 것이었다. 눈으로 보면 모든 게 쉽기만 할 것 같다. 아무리 오래도록 일을 해도 관찰만으로는 알 수 없는 것들이 많다는 것, 경험이란 게 이래서 중요한가 보다. 그로부터 난 슈만 보면 내가 만들었던 수백 개의 납작한 슈가 떠오른다.

그렇게 실수와 배우기를 반복하던 중 내 룸메이트 이자벨라는 근무기간을 채우고

소공녀가 살던 방 ○

떠났고 지붕 밑 방은 나 혼자 쓰게 되었다. 나는 방안에 작은 텔레비전을 사다 놓았고 일이 끝나고 오면 텔레비전을 보며 언어와 이탈리아식 유머와도 조금씩 익숙해졌다. 고단하기는 했지만 내가 꿈을 꿀 수 있던 방, 그래서 가끔씩은 그 소공녀의 방이 그립다.

17
크리스마스이브에
생겨서는 안 되는 일

크리스마스를 앞두고 거리마다
조명장식이 아름답게 걸리기 시작했다.

토리노공항 옆에 있는 작은 마을 카젤레Caselle의 거리도 색색의 조명을 달아 저녁이면 새로운 활기로 넘쳐났다. 레스토랑은 오히려 차분했다. 이탈리아에서는 크리스마스 이브부터 이주일 정도 연말휴가가 이어진다. 이 기간에는 가족들과 휴가를 떠나거나 조용히 성당을 찾는 등 많은 시간을 가족들과 보낸다. 하지만 나는 레스토랑에 예약이 넘쳐나서 밤새 일해도 모자랄 거라고 미리 만반의 마음의 준비를 하고 있었다.
"내일 모레면 크리스마스야. 뭐 할 거니?"
알렉스가 물었다.
"일이 많을 것 같아. 어쩜 밤 새야 할지도 몰라."
"안됐다."
"넌?"
"네가 오면 함께 할 일이 많을 텐데. 로마로 내려올 수 없니?"
레스토랑에서 일한다는 게 어떤 건지를 모르는 말이었다. 한국에서 크리스마스이브에는 어땠나? 레스토랑에 예약을 하기조차 어려웠었다. 한 번은 대치동에 있는 레스토랑에 저녁 식사 예약을 한 적이 있었는데 식사가 끝나자마자 웨이터가 우리를 몰아냈었다. 그 어처구니없던 일이 생각나서 나는 크리스마스 휴가 따위는 미리부터 잊고 있었는데 알렉스의 말이 꽤 유혹적으로 들렸다. 막상 크리스마스 연휴가 닥치니 준비할 음식이 많지 않아서 레스토랑에 휴가를 청했다. 메인 셰프 시모네는 썩 내켜하진 않았지만 24일 오후부터 26일까지 휴가를 주었다. 그거면 충분했다.

내 휴가 소식에 뛸 듯이 기뻐하는 알렉스의 목소리가 전화로 들려왔다. 난 그를 만날 준비를 시작했다. 인터넷을 사용할 수도 없었으니 기차표를 미리 살 수가 없었다. 24일 오전, 일을 마치고 서둘러 기차역으로 갔다. 시간표를 보니 밀라노에서 출발하는 유로 스타를 타면 로마에 저녁 9시경이면 도착할 것 같았다. 여자 친구를 만나러 가는 JP는 밀라노 근처의 작은 도시 로*Rho*에 나를 내려 주었다. 밀라노까지는 15분이면 도착하는 가까운 거리였고 난 거기서 기차표를 샀다. 벌써 이탈리아에 온지 1년이 되었다. 작년 이맘때에는 쓸쓸하기 짝이 없는 비 오는 크리스마스를 혼자 보냈는데 4시간 뒤면 로마에 도착할 것이고 그러면 난 알렉스의 가족들과 함께 생선 요리를 먹으며 따뜻한 크리스마스를 보내게 될 것이다. 생각만 해도 마음이 훈훈해졌.

알렉스는 크리스마스트리 아래에 내 선물도 놓여 있다고 했다. 아이가 된 듯 난 정말 신이 났다. 들뜬 마음으로 플랫폼에서 기차를 기다렸다. 그런데 기차는 반대편 플랫폼으로 지나가고, 또 다시 지나가기를 반복했다. 내가 탈 기차는 오지를 않았다. 벌써 유로스타의 출발시간은 코앞으로 다가왔고 하나만 더 놓치면 갈 수가 없는데…. 플랫폼을 서성이며 2분 후에 들어올 기차를 기다리는데 반대편으로 유로스타가 번개 같이 지나갔다. 뭔가 이상했다.

나는 급히 역무원에게로 갔다. 그리고는 머릿속이 텅 비어졌다. 지금껏 내가 기다린 플랫폼은 밀라노로 가는 방향이 아닌 그 반대 방향이었던 것이었다. 10분 후면 아까

보았던 유로스타가 밀라노 중앙역을 빠져나갈 것이다. 슬프기보다는 바보 같은 내 실수에 어처구니가 없었고 화가 났다. 갑자기 로마에서 날 기다릴 알렉스와 식구들의 얼굴이 떠올랐다. 전화에서 들리던 알렉스의 명랑한 목소리와 식탁에 마련되어 있을 내 빈자리, 늦은 저녁을 먹고 산피에트로 광장으로 산책가기로 한 일들이 책장 넘겨지듯 하나씩 떠올랐다.
"오, 오… 디오미오! 어쩌지? 이제 어떡하지?"
내 목소리는 울먹이고 있었다.
"맘마 미아! 선미… 맘마 미아!"
생각할 수 있는 다른 방법이 없었다. 나는 우선 밀라노로 갔다. 지난 여름 더위와 모기가 생각났다. 어떻게 해서든 로마에 가야 했다. 어느 나라에서건 역무원들은 냉정하다. 내가 할 수 있는 건 저녁 9시에 출발하는 완행열차를 타고 볼로냐 *Bologna*까지 간 다음, 2시간을 더 기다려서 기차를 갈아타고 로마로 가는 방법 밖에는 없었다. 로마 도착 예정시간은 오전 5시20분. 알렉스가 마중을 나오기로 했다.
크리스마스이브. 나는 밀라노 중앙역에 혼자 있었다. 배가 고픈 난 근처 맥도날드로 갔다. 역 주변에도 사람들은 많이 있었다. 아직 집으로 돌아가지 못한 이민자들과 부랑자들, 나처럼 기차를 놓친 사람들이었다. 맥도날드에서 감자튀김과 피시 버거로 혼자만의 만찬을 마치고 기차를 탔다. 완행열차는 더디게 볼로냐에 도착했다. 다시 기차가 출발했을 땐 새벽 1시가 다 되어서였다. 유로스타로는 1시간30분이면 닿는 거리인데 4시간이나 더 걸렸다. 나는 좌석을 빨리 찾아서 좀 느긋하게 졸면서 가고 싶었다. 기차 안에는 나 말고도 3명이 더 있었다. 턱에 수염이 길게 자란 할머니와 젊은 청년 둘이었다. 다행히도 청년들이 다음 역에서 내렸고 나는 남겨진 할머니에게 행선지를 물었다. 귀가 어두운지 내 말을 잘 못 들으셨다. 그래서 기차표를 보여드리면서 로마를 손가락으로 짚었다.

"저는 로마까지 가요. 할머니는요?"
최대한 생글거리며 물었는데 전혀 예상치 않은 일이 생겼다. 할머니가 중얼거리면서 서둘러 일어나 나가 버리는 것이었다. 결국 내가 할머니를 내쫓은 것이 되어 버렸다. 갑자기 할머니가 사람들을 몹시 경계하던 게 생각났다. 아마도 기차표를 사지 않고 기차를 탔던 것 같았다. 기차 칸을 혼자 차지한 나는 의자에 길게 누워 잠을 청하기 시작했다. 이때 모든 기차 칸을 뒤지던 2명의 인도 남자들이 내 칸으로 들어왔다. 그리고는 슬금슬금 신발을 벗고 길게 눕기 시작했다. 상황이 난감해졌다. 난 더 이상 누워서 잠을 청할 수가 없었다. 그들의 벗은 발에서는 냄새가 올라오고 점점 내가 앉아 있던 의자까지도 침범을 해 오기 시작한 것이다. 할머니의 저주였을까? 결국 내 기차 칸을 버리고 인도 남자들의 전철을 밟기 시작했다. 시간은 벌써 새벽 3시에 이르렀고 어디든 잠깐 눕고 싶었다. 빈 칸은 찾다가 일등석까지 갔더니 여자 2명만 누워 있었다. 루마니아에서 온 아주머니들이었는데 말없이 몸을 움직여 공간을 만들어 주는 것이 아닌가?
기차에는 도둑이 많다. 그리고 그 도둑들은 이탈리아 사람들이 아니라 대부분 이민자들이다. 루마니아. 모로코, 알바니아 등지에서 오는 가난한 이민자들. 난 가방을 품에 안고 그대로 잠이 들었다.
"오스티엔*Ostiense*, 로마 오스티엔제*Ostiense*!"
기차가 멈추었다. 밖은 아직도 어두운 새벽이었다. 기차에서 내리자 한기가 느껴졌다. 그곳에 알렉스가 있었다. 쉽게 갈 수도 있는 길을 돌아서 가는 건 언제나 나다. 그리고 느리게 가는 나를 불평 없이 기다려 주는 건 언제나 알렉스다.

크리스마스이브에 생겨서는 안 되는 일

Part 2
이탈리아를 느끼다
Ali Italiani si sentono

금발의 이탈리아 남자, 한평생 논밭을 일구며 살아오신 70대의 부모님, 그리고 나.
이렇게 넷은 함께 살고 있다. 살면 살수록 문화의 차이가 더 크게 느껴지는 식탁 풍경,
나는 익숙해서 보지 못하는 한국의 구석구석을 이탈리아인 남편은 자로 재듯,
칼로 자르듯 예리하게, 하지만 다정한 눈빛으로 단층 촬영한다.
이탈리아와 한국이라는 문화의 차이와 70대와 40대의 세대 차이가 있지만
그래도 한국에서의 일상은 나에게 행복이다.

01   이태리 라디오가 오셨습니다
02   우리 집은 미네스트라 가족
03   백년손님, 알렉스
04   도시락을 싸는 여자
05   명절은 괴로워
06   알렉스표 샤브샤브 요리
07   이탈리아 남자에게 서는 기대
08   오, 실바나!
09   아버지 만세! 영복 고맙습니다!
10   원주를 아시나요?
11   창문을 열지 말라고?
12   침 맞으러 갑시다
13   그녀들의 내숭
14   외국 사람 바꿔 주세요
15   아다지오 펜션입니까?
16   당신을 위한 따뜻한 식사
17   카르보나라 쿠킹 클래스
18   레몬 나무와 탱자 열매
19   가장 이탈리아적이고 한국적인 파티

01

이태리 라디오가 오셨습니다

알렉스가 처음 한국에 온 날, 눈발이 날렸다.

기온은 영하 14℃까지 떨어졌고 눈까지 휘날리기 시작했는데 아버지는 굳이 당신이 마중을 나가겠다고 하셨다. 난 겨우 아버지를 말려 혼자 공항에 나갔다. 오랜만에 만난 우리는 전화로 말할 때와 다르게 서로 어색해 하면서 어쩔 줄을 몰랐다. 공항에서 집까지는 10분도 채 걸리지 않는 거리여서 알렉스는 한국의 날씨가 어떤지 모르고 있었다.

"후. 이렇게 추울 줄은 정말 몰랐어. 눈도 오네. 로마에는 몇 년 전에 눈이 정말 많이 왔어. 내가 어렸을 때는 말야, 50cm까지 쌓인 적도 있었어. 여기도 그렇게 많이 오니? 기온은 몇 도야? 집에는 누가 있어? 이 자동차는 왜 이렇게 못생겼어?"

10분도 걸리지 않는 시간 동안 그는 끊임 없이 질문을 해댔다. 집에 도착하자 지난 일 년간 딸을 애타게 했던 이탈리아 남자가 온다며 기다리시던 아버지와 엄마가 알렉스를 맞았다. 서로 말이 통하지 않는 셋은 그저 눈으로 표정으로 말을 하고 있었다. 알렉스는 나에게서 배운 한두 마디의 한국어를 했는데 그때마다 집안은 웃음바다가 되었다.

"안녕하세요. 영복, 반갑습니다."
점심 시간이 지났지만 아버지는 멀리서 오는 알렉스와 함께 먹겠다고 미루고 계셨다. 식탁에 앉아 밥을 먹기 시작하는데 또 다시 알렉스의 끓임 없는 질문 공세가 이어진다.
"이건 뭐예요? 왜 이렇게 빨갛죠?
이건 어떻게 먹어야 하나요? 누가 만들었어요?
와! 이 작은 접시들에 음식이 이렇게 들어 있네. 어떻게 먹나요?"
정작 질문을 하고 싶어 기다리는 쪽은 아버지인데 그는 식구들이 질문을 할 틈을 주지 않는다. 나는 이쪽 질문을 알려 주랴 저쪽 답변을 알려 주랴 밥이 입으로 들어가는지 코로 들어가는지 모를 정도다.
"아, 이거 맛있어요.
아닙니다. 나중에 먹을 거예요.
나는 네 아버지를 어떻게 불러야 해? 이름을 불러도 돼? 엄마 이름은 뭐야?"
끓임 없이 쉴 새 없이 그야말로 봇물 터지듯 그의 말이 쏟아져 나왔다. 로마에서 나이 많은 조카의 남자 친구가 온다는 소식을 듣고 일주일 전부터 오셔서 기다리던 고모님은 옆에서 신기해 하셨다.
"얘. 저 사람 원래 저렇게 말이 많냐? 저 수염은 왜 안 깎았다니? 아이고. 저 젓가락질 하는 것 좀 봐!"
알렉스 혼자서만 말해도 서너 명이 한꺼번에 말하는 것보다 더 수선스럽다. 이거 먹어 봐라 저거 먹어 봐라 하시며 반찬을 밀어 주시던 아버지가 드디어 한마디 하셨다.
"라디오가 왔구나. 이태리에서 라디오가 왔어. 허허."
이태리 라디오가 몇 가지 반찬과 약간의 밥을 한 시간이 넘도록 먹은 뒤 여행 가방을 풀자 아버지는 말씀하셨다.
"어이 라디오. 나랑 같이 어디 좀 가자."

이태리 라디오가 오셨습니다

아버지가 우리를 데리고 가신 데는 을왕리 바닷가였다. 바람이 세게 불고 눈발조차 내리니 정신이 얼얼하도록 추웠다.
"얘 너는 옆에서 내 말 좀 전해라. 하나도 빼먹지 말고."
아버지는 다짐을 받으셨다.
"자네 우리 아이를 정말로 사랑하는가?"
아버지의 엉뚱한 질문에 말이 많은 이태리 라디오도 어리둥절해졌다.
"왜 아버지가 이걸 물으시는 거야? 내가 꼭 답을 해야 해?"
"어른이 물으신 거니까 답을 해야 해."
당황하는 기색이 역력한 알렉스가 말했다.
"에. 아버지, 저는 오래오래 선미와 함께 있을 겁니다."
아버지는 만족을 하셨던지 더 이상 다른 말을 안 하셨다.
그 다음부터 아버지는 알렉스를 라디오라고 부르셨다. 돼지 목살을 구워 주면 맛있게 먹는다고 하자 갈 때마다 돼지 목살을 한아름씩 사오셨다. 알렉스가 있으면 집안이 시끌벅적해지고 웃음소리가 났다. 한국어가 아직도 서툴러 아버지에게 밤이면 "영복, 잘 자"하고 인사를 해서 모두를 즐겁게 해주기도 했다. 한번은 근처에 사는 이모가 나를 근심어린 표정으로 불렀다.
"얘, 저 사람 좀 이상한 거 아니니? 아까 보니까 혼자서 말해."
함께 말할 사람이 없을 땐 혼자서도 중얼중얼 말을 하던 알렉스도 한 해가 지나고 두 해가 지나면서 말수가 훨씬 줄어들었다. 그러다 보니 밥을 먹는 시간도 눈에 띄게 짧아졌다. 언제나 높은 볼륨으로 명랑 발랄하던 이태리 라디오는 언제부터인가 조용한 라디오로 변해 갔다. 이태리에서 온 라디오는 언제까지나 이태리 라디오여야만 될 것 같다.

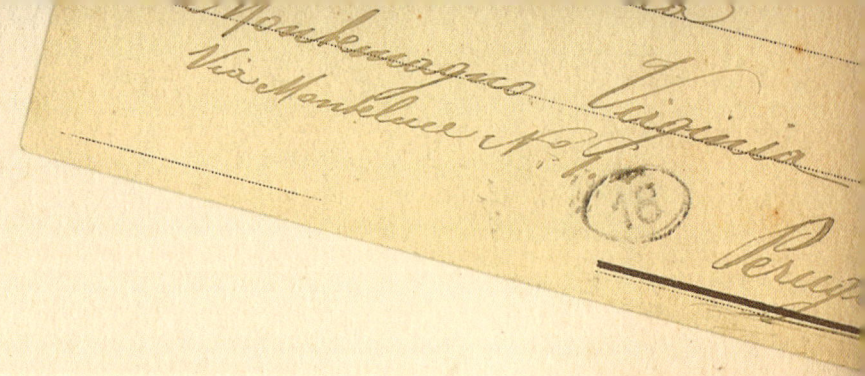

02
우리 집은 미네스트라 가족

인천공항 신도시. 내가 살고 있는 곳.

인천공항이 세워지면서 함께 생긴 도시라서 이름이 그렇다. 정말 행정 편의적으로 지어진 멋없는 이름을 가졌지만 살기에는 썩 괜찮은 인구 1만7천 명의 작은 도시다. 아직은 영화관도 없고 맥도날드도 없지만 대신 돌고래처럼 유연하게 빠진 기차역이 있고 맨땅 산책로와 바다가 있어 사철 신선한 공기를 마시며 살 수 있는 낭만적인 곳이다.

지금은 인천공항 안에 흡수되어 흔적조차 남지 않은 삼목도. 그곳이 고향인 나는 사년 전부터 부모님 집 바로 옆에 집을 짓고 그 집에서 일하고 있다. 말하자면 귀향을 한 셈이고 직장이 바로 나의 집인 셈이다. 이렇게 말하면 모두들 부러워하지만 사실 난 그 집에서는 일만 하고 있어 언제나 고단할 뿐이다.

새로 지은 집을 일터로 쓰는 덕분에 나와 남편은 부모님 집에서 살게 되었다. 우리 집에는 부모님과 우리 부부, 그리고 노랑 고양이 비코Vico 이렇게 다섯이서 살고 있다. 인천에서 태어나기만 했을 뿐인 아버지는 영종도에서 일생을 거의 다 보내셨다. 매우 신실한 카톨릭 신자이나 완고하시며 무뚝뚝하지만 유머감각도 있는 편이다. 엄마의 고향은 용유도. 지금은 영종도로 합쳐졌지만 공항이 들어서기 전에는 영종도, 삼목도, 용유도라는 세 개의 섬이 있었다. 용유도에서 옆 섬인 영종도로 시집온 것이다. 엄마는 무척 부지런하며 농사 자문을 구하러 오는 사람이 있을 정도로 농사일에 해박하시다. 음식 솜씨가 좋고 유머감각도 있다. 반면 로마에서 태어나 로마에서 자란 벽안(碧眼)의 금발머리 알렉스는 오 년 전 나와 결혼하고 이곳으로 들어왔다. 이렇게 식구가 모두 4명밖에 안 되는 소가족이지만 삼십 년이 넘는 세대 차이와 유럽과 동양의 문화 차이가 함께 공존하는 특이한 집이기도 하다.

식사 문화가 달라도 한참 다른 부모님은 알렉스의 저녁을 기다려 주시지 않는다. 언제부턴가 엄마는 엄마와 아버지가 먹을 음식을, 나는 알렉스를 위한 음식을 같은 시간에 준비한다. 항상 엄마가 일찍 끝내기 때문에 나는 엄마가 차려 놓은 식탁에 숟가락만 가지고 가서 슬쩍 밥을 먹을 때가 더 많다. 식사 시간도 단 10분이면 끝이 나는 조용한 농부의 식탁. 이 경건한 식탁이 비워 갈 무렵이면 먹는 순서대로 음식이 나오는 로마인의 시끄러운 식탁이 펼쳐진다. 농부의 경건한 식탁에 있던 김치, 나물, 된장찌개, 남은 생선 토막 사이에 방금 끓여 낸 *미네스트라*Minestra* 가, 올리브유에 익힌 고기가, 푹 익혀 올리브유로만 드레싱을 한 채소가 나온다. 물론 그 사이사이에 오늘 기차에서 보았던 사람들, 이탈리아어를 배우는 학생들, 몇 안 되는 이탈리아 친구들, 퇴근길 기차에서 본 고양이 비디오 등등 끊임 없는 이야기가 쏟아져 나온다. 순간 침묵의 도가니 같던 주방에는 갑작스럽게 생기가 돌고 엄마도 한마디 아버지도 한마디 귀한 말문이 터진다. 큰 그릇, 작은 그릇, 넓은 접시, 오목한 접시, 숟가락, 젓가락, 포크, 나이프가 빼곡히 놓여 있는 식탁을 보면 한 시간 전에 끓인 미네스트라

---

* 미네스트라 *Minestra* 이탈리아식 채소 국으로 여러 종류의 채소와 콩, 쌀, 파스타 등을 넣고 오랫동안 푹 끓이다 먹기 직전 치즈를 갈아 뿌려 먹는 음식. 온갖 재료가 들어 있어서일까, 이탈리아 사람들은 미국을 미네스트라고 부르기도 한다.

우리 집은 미네스트라 가족

같다. 이건 4명이 먹고 난 식탁이 아니라 8명이 먹고 난 식탁이다.
여기서 끝이 아니다. 식사 후 반드시 이쑤시개를 사용하시는 아버지와 그런 아버지를 보며 깔깔 웃는 알렉스, 아버지를 나무라는 엄마, 내 부모를 안타까운 맘으로 바라보면서 남편을 나무라지 못하는 나. 이런 풍경으로 살고 있다. 이제는 나도 아버지가 입을 크게 벌리고 이쑤시개를 사용해도, 알렉스가 깔깔 웃어도 별로 마음이 쓰이지 않는다. 이제야 여러 가지 채소 맛이 섞여 제대로 어우러진 미네스트라가 된 것 같다.

03
백년손님, 알렉스

집에 들어올 때나 집을 나갈 때나
한 번도 인사를 해본 적이 없는 우리 아버지 영복 씨.

그리고 그런 아버지에게 익숙해져 이제 본인도 그런 살가운 인사를 잊어버린 우리 엄마 은금 씨. 영복 씨와 은금 씨는 이제 결혼한 지 오십 년이 넘은 베테랑 부부로 금발의 막내 사위를 얻으실 때에도 전혀 반대를 하지 않으셨던, 사실 농사나 짓던 시골 노부부로서는 매우 개방적인 분들이다. 우리 엄마 은금 씨는 동네에서 자문 역할을 할 만큼 농사 실력이 좋아 봄철이면 동네 아주머니들의 잦은 발걸음으로 문턱이 닳을 정도다. 동네 아주머니들은 은금 씨가 상추를 심어야 상추를 심고, 은금 씨가 고추를 따야 따라 따기 시작한다. 누가 봐도 일품인 농사 실력이다. 평생을 밭과 바다를 벗삼아 이제는 당신은 곧추 서있다 외쳐도 부메랑처럼 둥글게 휜 바디라인을 보여 주는 전형적인 시골 할머니인 은금 씨에게 알렉스는 정말로 궁금한 인간형이다. 명절 때가 되어 식구들이 다 모여도 특유의 무뚝뚝함으로 집안을 조용하게 만드는데 탁월한 재주를 가진 영복 씨와는 달리 나물 한 가지를 먹어도 칭찬을 한다.
"어머니, 맛있어요. 어머니, 채소는 정말 좋아요!"

사위 사랑은 장모라던가? 둘은 금방 친해졌다. 알렉스는 엄마가 생산하는 온갖 채소를 좋아하고, 엄마가 쉽게 무쳐 내는 나물을 좋아한다. 엄마는 늦게 본 사위를 위한다고 나물도 꼭 두 종류로 무쳐 내놓으신다. 늦게서야 만난 사위와 영종도 시골 할머니는 합이 들었나 보다. 영종도로 들어오기 전 요리학교에서 일하던 나는 가끔 통역하느라 이탈리아로 장기 출장을 가야 했다. 이탈리아에서 일하는 두 달 동안 알렉스는 내 부모님과 지내야 했다. 한국어라고는 몇 마디 못하는 알렉스와 어떤 질문도 "응, 싫어, 안 돼"로 답하는 영복 씨, 그리고 어떻게든 사위를 잘 돌봐 주고 싶은 시골 할머니 은금 씨의 동거가 시작된 것이다. 통역사이자, 충격 완화제이자, 요리사이자, 잔소리꾼인 내가 빠진 야릇한 구조 속에서 사생활이 인생에서 가장 중요하다는 유럽 남자와 평생을 '사생활이 뭐 오뉴월 고뿔이냐'며 사생활의 존재 자체도 인정해 본 적 없는 영종도 노부부의 동거는 그렇게 시작되었다.

가끔 이탈리아로 걸려 오는 알렉스의 전화는 반가운 수다 끝에 꼭 아무 데나 넘어 들어오는 부모님의 사생활 침해에 대한 하소연으로 끝을 맺었다. 새벽 5시면 일어나서, 당신이 깨었으니 남도 깨어야 마땅하다는 신념을 평생 굽히지 않았던 아버지는 7시 즈음이 되면 그가 침대에 누워 있음을 더 이상 참지 못했다. 아래층으로 아침을 먹으러 내려오지 않는 알렉스가 궁금하다 못해 걱정이 됐는지 기어이 알렉스가 자는 방으로 가서 노크도 없이 문을 활짝 열고 소리친 것이다.

"일어나! 밥 먹어!"

잠을 자다가 소리에 번쩍 눈을 뜨니 바로 코앞에 아버지가 서있었다고 알렉스는 말했다.

"아내도 아닌데 왜 남의 방에 막 들어와?"

알렉스는 내게 하소연을 했다. 평생을 가족 간의 사생활에 대해 개념 없이 살아온 아버지에게 내가 자기를 대신해 말 좀 해달라는 것이었다. 나는 그러마하고 약속했지

백년손님, 알렉스

만 아버지께 따로 전화를 하지는 않았다.
한 번은 기차를 타고 서울에 나간 알렉스가 저녁 9시가 넘도록 돌아오지 않았다. 저녁 9시 뉴스가 끝나면 매우 늦은 밤이 되는 영종도에서 아버지는 또 다시 걱정이 되기 시작했고 초조하게 사위를 기다리다가 10시가 넘어 끝내 사위에게 전화를 했다.
"알레산드로, 어디야? 왜 안 와?"
"오! 디오 미오! 내가 몇 살인데. 내 평생 단 한 번도 우리 엄마가 나한테 늦게 들어온다고 전화한 적이 없었어. 기차에서 내가 얼마나 창피했는 줄 알아?"
그의 온갖 푸념은 모두 나에게 돌아왔다. 그럴 때마다 나는 터져 나오려는 웃음을 참으며 별다른 뜻은 없었다고 짚어서 얘기해 주어야 했다. 다 자식을 사랑하는 애틋한 마음 때문이라고 말한들 그가 알 리가 없지 않나.
한편 믿었던 엄마와의 관계도 악화되어 가고 있었다. 엄마와 알렉스는 백년손님처럼 사위를 극진하게 대접하고 아끼는 한국식 사위장모의 관계에서, 사위란 내 예쁘고 잘난 딸을 데려가서 고생만 시키는 고약한 존재인 서양식 사위와 장모의 관계로 변하기 일보직전까지 이르렀다. 세대 차이가 나는 사위와 장모는 서로를 이해하기가 어려웠다. 비앤비 아다지오의 오픈 직전이었던 그 무렵 알렉스는 그곳에 머물기를 좋아했다. 날씨가 추울 때였으니 한나절 내내 난방을 해가며 시간을 보내는 셈이었다. 절약이 몸에 밴 엄마가 그냥 있을 리 만무하다.
"알렉스, 빈집에 난방을 왜 그렇게 많이 해? 이제 보일러 꺼!"
엄마는 말 한마디 던지면서 보일러를 아예 꺼버렸고, 자신에게 물어보지도 않고 일방적으로 행동한 장모가 알렉스에게는 무척이나 무례해 보였던 것이다.
"아니에요. 보일러 켜 두세요. 여긴 내 집이기도 해요."
"여기 있을 것도 아니면서 그러네. 난방비 많이 나와."
보일러를 올리고 줄이고를 반복하다가 드디어 장모와 사위가 맞부딪쳤다.

"난 내일부터 서울로 가서 방을 따로 얻어 살겠어요."

알렉스의 청천벽력 같은 선언이었다. 말은 안 통하지, 자신의 뜻은 몰라 주지, 통역할 딸은 없지. 시골 할머니 은금 씨는 가슴이 철렁했고 그날부터 걱정으로 밥맛조차 달아났다고 했다. 생각다 못해 엄마는 알렉스보다 더 못 쓰는 글씨로 알렉스에게 편지를 썼다. 며칠 동안을 서먹하게 보내던 둘은 그렇게 다시 화해를 했고 고약한 사위는 사랑이 과도하게 넘치는 장모가 귀엽다고 했다. 나는 이 얘기를 둘이 화해하고 난 후에야 들을 수 있었다.

부딪치면 소리가 나는 게 당연한 이치. 한국 사람들과 이탈리아 사람들의 성격이 닮았다고들 하지만, 어떤 부분이 조금 비슷하다고 해서 똑같다고 단언할 일은 아닌 듯싶다. 수천 년을 방바닥에서 밥을 먹어 본 적이 없는 사람들과 수천 년을 상대방을 이름으로 불러 본 적이 없는 사람들은 달라도 한참 다르다. 다만 비슷한 인지상정이 있을 뿐.

백년손님, 알렉스

04
도시락을 싸는 여자

내가 도시락을 싸기 시작한 데에는 이유가 있다.

알렉스가 밖의 음식을 잘 못 먹기 때문이다. 그는 한국 음식을 아주 좋아한다. 스스로도 이탈리아 음식, 중국 음식, 그리고 그 다음으로 한국 음식을 좋아한다고 말한다. 한국 음식은 담백하고 발효 음식이 많아 소화에 좋고 건강에도 좋다고 언제나 이야기한다. 특히 된장, 잡채, 장조림, 떡국, 만두, 보쌈 등을 좋아하고 잘 먹는다. 이런 음식을 밖의 식당에서 찾기에 어려운 것은 아니지만 알렉스가 밖에서 점심을 사먹는데 어려움을 겪는 데에는 사소한 몇 가지 이유가 있다.

첫 번째는 후추다. 후추를 먹는 것을 아주 싫어한다. 그래서 알렉스의 집에는 아예 후추가 없다고 했다. 나에게도 항상 후추에 대한 주의를 잊지 않아서 나도 요리할 때는 아예 후추를 넣지 않는다. 심지어는 카르보나라를 만들 때에도 후추를 넣지 않는다. 알렉스의 식성을 잘 모를 때 한 번은 분식집에서 떡만둣국을 시킨 적이 있었다.

"선미, 후추는 넣지 말아 달라고 하세요."

그러나 막상 만둣국이 나왔는데 여전히 후추가 뿌려져 나왔다. 후추가 뿌려졌다고 불평을 하자 아주머니는 태연하게 말했다.

"그래도 조금은 들어가야 맛있지, 조금만 뿌렸어요."

후추에 알러지가 있을 수도 있고 건강상 삼가야 할 수도 있는 건데 그런 배려가 보이지 않는 그 아주머니의 태도가 알렉스에게는 무척 충격적이었나 보다. 그 다음부터는 확실하게 다짐을 받지 않고는 만둣국을 주문하지 않는다.

두 번째 이유는 먹는 시간이다. 스페인, 그리스, 프랑스 등의 지중해권 나라에서는 아침 식사를 아주 가볍게 한다. 이탈리아에서는 아침에 커피에 우유를 넣은 카페라떼와 비스킷 몇 개 혹은 크로와상 혹은 참벨로네라는 도넛 정도를 먹는다. 아침에 역 근처 바에서 카푸치노와 크로와상으로 아침 식사를 하는 사람들을 쉽게 볼 수 있는데 이렇게 가볍게 하는 아침을 프리마 콜라지오네*Prima colazione*라 부른다. 그리고 오전 11시 즈음에 간단한 파니니*Panini*나 피자 1조각을 먹는 스푼티노*Spuntino*를 한다. 그러다 보니 점심 식사는 좀 많이 먹는다. 이탈리언이 하루 중에서 순서에 따라 가장 많은 음식을 가장 느긋하게 먹는 시간이 바로 점심 시간이다. 일요일이면 엄마가 계신 집으로 출가한 아들딸들이 자녀를 데리고 가서 점심 식사를 하는 것이 중요한 이탈리아 사람들의 행사라고 한다. 반면 아침을 중요시하는 한국에서는 든든한 아침, 간단한 점심을 먹는다. 한국에서 살지만 아침 식사만은 여전히 프리마 콜라지오네로 하는 알렉스는 점심 때가 되면 배가 많이 고파진다. 간단한 비빔밥 한 그릇으로는 허기를 달래기에 턱없이 부족한 것이다. 그래서 다른 음식도 한 가지 더 주문해 먹게 되는데, 그러다 보면 함께 먹는 사람들이 불편해하기도 하고 자신도 편치 않아 식당에서 점심 먹는 것을 아주 불편하게 여긴다.

그래서 그가 선택한 것은 점심을 먹으러 집으로 오는 것. 일터에서 집까지는 꼬박 2시간이 걸렸다. 일을 마치고 집에 도착 하는 오후 3시까지 배를 주리고 있다가 식사를 하자니 조절이 잘 되지 않았던 것 같다. 많이 먹어서 점점 살이 찌더니 급기야는 겨울 외투의 단추를 잠그기가 불편해졌던 것이다. 음식에 대한 매너가 매우 좋은 이 이탈리아 남자는 후추가 무서워서, 30분만 허용하는 점심 시간의 한국 식당이 무서워서 집에서 식사를 하더니, 결국 자꾸 조여 오는 단추를 무서워했다. 고심 끝에

도시락을 싸는 여자

우리가 선택한 방법은 도시락을 가지고 다니는 것.
어렸을 때에는 현모양처가 되는 것이 꿈인 적도 있었다. 앞치마를 두르고 가족을 위해 음식을 만들고 도시락을 싸고 하얗게 세탁한 빨래를 널고 남편을 배웅하고 하는 아름다운 풍경을 상상하면서 말이다. 하지만 생각과 달리 도시락을 싸면서 고운 아내 노릇을 하려니 여간 힘이 드는 게 아니었다. 우선 메뉴를 정하는 것조차 쉽지 않았다. 도시락을 쌀 때에는 항상 그와 미리 의논을 했다. 푸짐한 점심 식사를 어떻게 작고 네모난 도시락 통에 콤팩트하게 담아야 할지 날마다 머리가 지끈거릴 정도다. 육류와 야채가 주식인 남편의 점심 식사에 고기는 어떤 것을, 채소는 무엇을, 파스타는? 빵은? 밥은? 날마다 의논을 해도 뾰족한 수가 없다. 우선은 슈퍼마켓에서 파는 육류와 채소의 종류가 제한적이다. 그러다 보니 도시락은 늘 동서양을 아우른다. 잡채와 빵가루를 묻혀 튀겨 낸 닭고기, 시금치 잣볶음, 속을 채운 돼지 안심과 도라지나물, 부추부침개와 홍시 한 개 또는 피자 한 판에 시금치 키쉬 한 쪽, 곶감 두 개를 넣을 때도 있다. 알렉스가 특히 좋아하는 도시락은 얇은 쇠고기에 빵가루를 묻혀 올리브유에 익힌 쇠고기 튀김과 푹 삶아 익힌 근대와 폴렌타 *Polenta* 구이, 고구마 맛탕이다.
좋아하는 음식을 줄 때면 한없이 다정한 미소를 보여 주다가도 싫어하는 음식이 들어 있으면 가차 없이 남겨 오는 이 남자의 도시락을 싼 지도 벌써 해가 넘어간다. 어디를 살펴봐도 이 남자가 한국 식당과 타협할 기미가 보이지 않고 한국 식당도 이 남자를 용납할 기미가 보이지 않으니 도시락 통이 다 닳을 때까지 도시락을 싸야 할 것 같다.
로마에 있을 때에도 알렉스는 도시락을 가지고 다녔다. 그의 가방은 항상 우산과 도시락 통이 담겨 있어 여느 가방보다 두툼했다. 한국에서 살고 있는 지금도 알렉스의 가방 속에는 여전히 도시락 통이 들어 있다.

도시락을 싸는 여자

05
명절은 괴로워

"생일이 언제라고? 왜 작년하고 달라?
도대체 너의 생일은 정확하게 언제니?"

알렉스가 한국에서 싫어하는 것 중에 하나가 바로 생일이다. 우리 가족은 서류상의 양력 생일과 집에서 엄마가 기억해 주는 음력 생일, 이렇게 두 가지의 생일을 가지고 있기 때문이다. 가끔 주민등록상 생일이 정확하지가 않아 하나 더 있는 형제도 있는데 내 경우가 그렇다. 알렉스는 내가 가지고 있는 주민등록상의 생일과 엄마가 기억하고 미역국을 끓여 주는 음력 생일, 태어난 해의 음력 생일, 그리고 해당하는 양력 생일 중에 하나만 정하라고 야단이다. 시댁에서는 이런 복잡한 날짜에 대해 알 수 없기에 나는 생일이 세 개인 아주 이상한 사람이 되어 버렸다.

알렉스는 내 생일 말고도 해마다 다른 가족들의 생일 앞에서 몹시도 혼란스러워 한다. 우선 음력이라는 보이지 않는 달력이 수상하고 음력에 따라 생일이 바뀌게 되어 작년과 다른 날에 생일을 맞게 되면 거의 히스테리를 일으킬 지경이 되기도 한다.

"오, 제발 하나의 생일만 알려 주었으면 좋겠어. 어떻게 생일이 여러 개가 있을 수 있어?!"

이제 5년 넘게 한국에서 살고 있고 거의 모든 한국 음식을 좋아하고 절기마다 치르는 집안 대소사도 봐 왔지만 절대로 이해하지 못하는 것이 바로 한 사람이 맞는 두 번의 생일이다.
음력에 따라 바뀌는 것이 또 있는데 바로 추석과 설날이다. 알렉스도 추석과 설날이 어떤 명절인지는 잘 알지만 날짜 계산하는 방법에 대해서는 타협하려 하지 않는다. 그리고 그의 타협 의지와 상관없이 명절이 오면 그는 며칠 전부터 우울해 한다.
"벌써 추석이라고. 빨리 지나갔으면 좋겠다."
명절이 되면 우선 직계 가족이 모여 차례를 지낸다. 처음 차례 상을 보았을 때 무척이나 신기해 하던 알렉스는 사진도 찍고 우리를 따라 함께 절도 했었다. 한국에 처음 온지 얼마 지나지 않아 설날을 맞게 되었는데 차례를 지낸 후 세배도 드리고 세뱃돈을 받고는 무척 어색해 했다. 절을 한 번 하고서 돈을 받는 낯선 나라의 관습이 무척이나 낯설었던 것이다. 그러나 정작 그의 명절 증후군은 세배 후 친척들이 오면서 시작된다. 일 년에 겨우 한두 번이나 볼까 말까하는 친척들이 오면 각각 다른 호칭으로 불러야 하기 때문이다. 고모, 이모, 숙부, 숙모, 외숙부 외숙모 등 친가와 외가를 따로 구분해서 모두 호칭이 다르고 또 이름이 아닌 호칭으로만 부르게 되어 있으니 그 다양한 호칭 때문에 그는 머리가 깨질 것 같다고 했다. 하지만 반대로 로마에 가면 내가 괴롭다. 로마에서는 호칭보다는 이름을 더 많이 부르는데 같은 가족 안에서도 이름이 같은 경우가 많기 때문이다. 한 가족 안에서 이름이 같은 경우에는 별명을 함께 이용을 한다. 내가 보기에 비슷하게 생긴 사람들이 같은 이름을 쓰고 있는데 거기다 별명까지 함께 기억을 해야 하니 여간 어려운 게 아니다.
알렉스에게 설날이 또 괴로운 이유는 아침에 먹는 떡국 때문이다. 간단하게 먹는 아침 식사에 익숙한 그에게 설날 아침에 먹게 되는 떡국은 혼자만 안 먹을 수도 없고 먹자니 속이 불편해 하루 종일 고생하기 때문이다. 설날이 되면 이렇게 불편한 점이 한두 가지가 아니니 알렉스가 설날을 반가워하지 않는 것도 이해가 되기도 했다. 괴

명절은 괴로워

롭기는 추석도 마찬가지이다. 알렉스의 입장에서 보면 윷놀이 같이 별다른 놀이도, 세배처럼 이색 체험도 할 수 없는 추석은 오히려 편안하게 축구도 볼 수 없는 불편한 휴일일 뿐이다.

외국 사람인 알렉스에게 힘든 것은 명절 외에도 여러 가지가 있겠지만 제사도 빼놓을 수 없다. 우리 할머니 제사는 10월초인데 이때마다 식구들이 모이고 또 명절 때와 똑같은 음식이 준비되고 제사상이 차려지는 것에 대해 그는 역시나 의아해 한다. 제사상이 차려지자 알렉스가 누구를 기념하기 위한 행사인지를 물었다.

"할머니께서 돌아가신 날."

"그런데 왜 밤늦게 해? 지난 추석 때에도 할머니께 절 했어요. 왜요?"

그리고서는 조카들에게 돌아가신 할머니를 좋아하냐고 물었다. 늘 그렇듯 때가 되면 당연하게 가족 행사를 치르던 우리 집에 미꾸라지 한 마리가 들어 온 것이다. 벌써 20년 전에 돌아가신 할머니를 나야 잘 기억하지만, 할머니가 돌아가신 다음에 태어난 조카들은 사실 할머니에 대한 어떤 추억도 없지 않은가. 할머니에 대한 한조각의 기억도 없는 조카들에게 할머니를 추모하라고 한다는 것이 그는 납득이 가지 않는 모양이었다. 한편으로 생각하면 알렉스의 이론이 맞다. 돌아가신 분을 추모한다는 것이 그분의 기억을 잡고 그분을 그리워하는 것이 맞다면 말이다. 알렉스의 눈에 이상한 것은 이게 다가 아니다. 할머니의 죽음을 슬퍼하고 기리는 일인데 왜 정작 할머니의 딸인 고모는 안 오시고 할머니와의 추억도 없는 손자며느리가 음식을 준비하는 게 좀 이상하지 않냐 묻는다.

"알렉스, 너무 많은 것을 알고 싶어 해요. 오랜 시간 동안 우리는 이렇게 해온 걸요."

이렇게 얼버무렸지만 전혀 틀린 말만은 아닌 알렉스의 비판에 난 어느 정도 동의를 할 수밖에 없다. 동서양이 만나서 서로의 문화를 나누는 데에 꼭 논리적으로 맞아야만 할 필요까진 없다고 해도 이해를 할 수 있으면 좋을 것 같다는 생각에서다.

이탈리아에서 11월은 죽은 자를 추모하는 달이라고 한다. 11월이 되면 돌아가신 분들의 묘소를 찾는다. 그렇다고 어떤 의식이 있는 것 같지는 않았다. 아버지를 일찍 여읜 알렉스가 말했다.
"죽은 후에는 어떻게 해도 잘해 줄 수가 없어요. 그래서 죽기 전에 많이 사랑해 주고 행복하게 해 주는 게 좋아요."
복잡하고 괴로운 명절이 아니라면 그에겐 크게 불편할 게 없는 한국에서의 하루하루다. 괴로운 날도 있지만 반대로 즐거운 날도 있다. 그가 가장 좋아하는 연중행사는 바로 김장하는 날. 우선은 어마어마한 배추 산과 고춧가루와 마늘에 입을 쩍 벌리고 놀란다. 평생 먹을 마늘을 모아 놓는다 해도 그보다 많을 수는 없을 테니 놀랄 만도 하다.
"이렇게 많은 마늘을 다 먹어요? 오호, 선미 나한테 뽀뽀 못합니다."
온 식구가 먹을 김장을 하는 날 덩달아 신이 난 알렉스는 배추를 나른다, 양념을 넣는다며 분주해진다. 아버지가 억지로 먹여 준 김치를 먹고 그는 얼굴이 새빨개지면서 금방이라도 울어 버릴 기세였다.
"오호호호…. No, No!"

명절은 괴로워

06
알렉스표 샤브샤브 요리

지난 봄이었다.

프랑스 여배우 소피 마르소가 한국을 방문을 했다. 소탈한 그녀는 한국 기자들에 대한 예우였는지는 모르지만 '비빔방(비빔밥의 소피 마르소식 발음)'을 무척 좋아한다고 했다. 나는 중·고등학교 때 청순한 그녀의 사진을 가지고 다녔던 생각이 났는데 한국 음식도 좋아한다니 은근히 호감이 생겨났다. 이렇게 세계 각국의 많은 사람들이 사랑하는 비빔밥을 알렉스는 썩 좋아하지 않는다. 우선은 밥을 그리 좋아하지 않기 때문이기도 하지만 여러 가지 채소를 밥과 섞어서 먹는 것을 별로라고 생각하기 때문이다. 또 하나, 고추장을 정말로 싫어한다. 맵기도 하면서 달콤한 맛에 대해 그는 저항감이 아주 크다. 처음 집에서 점심을 먹을 때 작은 접시에 담겨 나온 여러 종류의 반찬을 보며 탄성을 질렀다. 한꺼번에 평면적으로 차려지는 한식 식탁에서도 알렉스는 이태리식 코스 요리를 스스로 만들어 먹었다. 가장 먼저 나물을 한 가지씩 먹이 인티파스토*Antipasto*를 끝내고, 삽채 따로 밥을 따로 먹어서 프리모*Primo*를 해결하며 고기나 생선을 먹어 세콘도*Secondo*를 끝내고 나면 고구마에 물엿을 발라서 먹는데 이건 바로 돌체*Dolce*다.

"밥하고 반찬하고 같이 먹어야지. 한국에선 한국식으로 먹는 거야."
아버지는 알렉스가 반찬만 먹고 있는 게 답답했는지 당신의 젓가락으로 반찬을 집어서 알렉스 밥그릇에 올려 놓으셨다.
"아, 아버지. 제가 합니다. 아, 아버지 괜찮아요."
알렉스는 아버지가 집어 주시는 반찬이 싫은 게 아니라 당신이 사용하던 젓가락을 입에 물었다가 반찬을 놓아 주는 게 싫은 것인데 아버지는 아직도 이해를 못하셨다.
"이렇게 먹는 거야. 나처럼."
당신이 직접 밥과 반찬을 함께 먹는 걸 시범을 보이셨다. 그리고는 다시 당신의 젓가락으로 반찬을 옮겨 주셨다.
"맘마 미아*Mamma mia*! 아버지, 괜찮습니다."
아버지가 집어 주신 반찬을 슬쩍 내려놓고 밥을 먹는 알렉스가 또 안타까운지 이번에는 다른 반찬을 올려 주시는 것이 아닌가? 자기 밥그릇을 방어하느라 정신이 없는 알렉스를 보니 난 안타깝기도 하고 다른 문화에서의 식생활을 아버지께 설명할 방법이 없어 또 안타깝다. 한 끼니를 먹는데 한 시간 넘게 걸리던 알렉스의 식사시간도 세월이 지나면서 밥 위에 나물을 얹어 먹기, 설렁탕에 밥 말아 먹기, 상추에 쌈 싸먹기 등의 얹기, 말기, 싸기, 섞기 등의 한국 음식을 먹는 기술을 습득하면서 훨씬 짧아졌다. 한국 음식에도 익숙해지고 코스 요리로 재구성해 먹는 것에도 재미가 없어질 무렵 집 근처의 샤브샤브 집에 갔다. 샤브샤브는 거리에서 쉽게 찾을 수 있는 흔하디 흔한 음식 중의 하나지만 하지만 알렉스와 나에게는 너무도 중요한 음식이 되었다. 작은 도시에 사는 우리에게는 저녁 외식을 하는 것도 많은 고민을 요구한다. 너무 많아서 괴로운 선택의 문제라면 즐거운 고민이겠지만 불행히도 우리에겐 그런 호사가 허락되지 않는다. 알렉스와 함께 갈 수 있는 식당은 손가락에 꼽을 정도다. 우선 이탈리아 음식을 하는 식당은 절대 갈 수가 없으니 제외다. 생크림이 질척한 파스타라

알렉스표 샤브샤브 요리

던가 매운 고추로 잔뜩 버무려져 있는 파스타처럼 한국화된 이탈리아 음식에 알렉스의 입은 전혀 적응을 하지 못하기 때문이다. 고추장을 이용하는 음식도 제외, 회 종류도 제외하다 보니 함께 가서 즐겁게 먹고 나올 만한 식당을 찾기가 정말 어렵다. 이렇게 정리를 해나가다 보면 두세 개의 식당이 남을 뿐이다. 그중에서 알렉스가 가장 좋아하는 음식은 단연 샤브샤브다.

샤브샤브를 처음 먹던 날이 지금도 생각난다. 알렉스는 우선 식탁 위에서 자기가 직접 요리를 해서 먹는다는 것에 열광했다.

"정말 근사하다. 이탈리아 사람들도 샤브샤브 좋아할 거 같아. 로마에는 왜 이런 게 없을까? 이탈리아 사람들은 음식에 대해선 답답합니다."

이탈리아 사람들이 다른 문화의 음식에 대해서는 좀 보수적이라는 말이었다. 순간 난 로마와 같이 크고 다양한 인종이 사는 도시에도 음식점의 종류가 다채롭지도 못하고 그 숫자도 적었던 것이 기억났다.

아무튼 알렉스는 즐거운 표정으로 이 낯선 요리를 시작했다. 그런데 배추, 숙주나물, 버섯 등의 각종 채소만을 육수에 넣어 익히고 있었다. 다음에는 고기만 익혀서 먹고. 그 다음에는 국수만 익혀서 먹었다. 샤브샤브 하나로 다시 코스 요리를 만들어 먹은 것이다.

"샤브샤브는 어느 나라 음식이야? 일본 음식인가?"

"몽고에서 기원한 음식이래."

"와 멋지다. 샤브샤브가 무슨 뜻이야?"

알렉스의 무차별적으로 나오는 사소한 질문은 종종 나를 당황스럽게 한다. 나는 시어머니는 무슨 색을 가장 좋아하는지, 가장 좋아하는 영화배우는 누구인지 궁금하지 않다. 하지만 알렉스는 아버지가 가장 좋아하는 가수, 처음 엄마를 만난 장소, 군대 갔던 곳 등을 궁금해 한다.

샤브샤브가 무슨 뜻이냐고 식당에서 일하는 사람에게 물어도 모른다고 했다. 일본에서 많이 먹는다고 들은 것 같아 일본어를 할 줄 아는 사람에게 전화를 해서 물었다. 젓가락 같은 것으로 살랑살랑 젓는 것을 의미한다는 답변을 듣고 난 후 그는 뿌듯해 했다.
"선미, 나 만나면서 공부해야 합니다."
샤브샤브를 먹으러 가는 횟수가 늘어나면서 알렉스표 샤브샤브 요리에도 요령이 생기기 시작했다. 오래 익혀야 하는 채소를 먼저 넣고 익히다가 고기를 넣고 다시 채소를 넣고… 계속 반복해 가면서 익히는 것이었다. 처음에는 국수도 면만 건져서 먹다가 나중에는 걸쭉해진 육수까지 먹기 시작했다.
"알렉스, 우리 일주일에 하루는 샤브샤브를 먹으러 올까요?"
내가 제안을 하자 정색을 하며 말했다.
"안돼요. 너무 적어요. 일주일에 이틀은 옵시다."

알렉스표 샤브샤브 요리 o

07

이탈리아 남자에게
거는 기대

봄이었다.

아직 바람은 쌀쌀했지만 나날이 해가 길어져 가고 있었다. 집 앞에는 엄마가 만들어 놓은 텃밭이 있어 봄과 여름 내내 채소를 사다 먹을 일이 없다. 엄마가 심는 채소는 상추, 부추, 가지, 오이, 시금치, 고추, 호박 등이다. 상추는 여름 내내 돼지고기보쌈과 함께 먹고, 부추는 자라기만 하면 잘라서 부침개 또는 부추김치나 잡채로 먹고, 가지는 가지대로 쪄서 참기름에 무쳐 먹거나 알렉스가 잘하는 가지오븐구이를 해서 먹는다. 알렉스는 파스타보다 채소를 더 좋아한다. 한번에 시금치 한 단 정도는 혼자서도 거뜬히 해치울 정도다. 알렉스가 잘 먹는 채소는 엄마가 텃밭에 심는 것도 있지만 엄마는 심을 생각도 해보지 않던 것들도 많이 있다. 근대 두 묶음을 가지고는 그의 한 끼 식사도 모자라니 아예 텃밭 한켠을 따로 내 알렉스가 잘 먹는 채소만을 심기로 마음먹었다.

마침 바람도 자고 햇볕이 좋던 날 텃밭을 파 일구기로 했다. 손바닥만한 텃밭 한켠을 파는데 거창하게 준비할 필요가 없겠다 싶어 삽으로 조금씩 파기 시작했다. 한나절이면 끝날 것 같아 알렉스에게도 도움을 청했고, 그는 흔쾌히 대답을 주었다. 나는 집 안팎을 뒤져 삽 두 자루와 온갖 씨앗을 챙겨 들고 나왔다. 농사라면 엄마 옆에서 심부름을 하면서 귀동냥으로 들은 것만으로도 한 농사 할 정도라고 자부하면서 삽을 들고 일구기 시작했다.

밭을 깊게 파야 한다는 말이 생각나 가능하면 삽을 수직으로 깊이 찔러 넣고 허리를 굽혀 땅을 일구었다. 마침 며칠 전에 촉촉하게 내린 비로 땅은 제법 폭신했다.

혼자서 삽질을 시작한지 30분은 지났을까. 파서 일군 밭만 해도 한 발은 족히 되고도 남았다. 하지만 아무리 기다려도 알렉스는 보이지 않았고 이제나 저제나 하며 그를 기다렸다. 그러다 결국 은근히 부아가 나기 시작했다. 누구 먹자고 내가 이 밭을 갈고 있나. 밭을 다 일구고 나면 거름도 뿌려야 하는데.

"알렉스, 혼자 하니까 심심하네. 함께 합시다."

내 말에 알렉스는 밭 일구기에 합류를 했다. 그런데 보아 하니 속도가 장난이 아니었다. 내가 한 번 삽질하는 동안 세 번은 하는 것 같다. 일하는 동안 말도 하지 않았다. 하지만 삽질을 하고 난 자리를 보니 땅에는 삽이 왔다 갔다는 흔적이 있을 뿐이지 정작 땅은 조금도 일구어지지 않았다.

"알렉스 삽질 잘 못해요? 땅을 깊이 파서 뒤집어야지요."

다시 말이 없었다.

그렇게 열심히 땅에 자국을 남기면서 삽질한 지 10분 정도 지났을까? 그가 갑자기 허리를 꺾으면서 삽을 내던졌다. 허리를 삐끗한 것이었다. 나를 쳐다보는 눈에도 불만이 가득했다.

"왜 나에게 삽질을 하라고 해서 허리를 다치게 해! 난 삽질 못한단 말이야, 그리고 삽도 봐봐. 너무 짧잖아."

살펴보니 정말로 삽자루의 길이가 알렉스에게는 너무 짧았다. 짧은 삽자루가 달린 삽을 들고 허리를 갑자기 많이 쓰다 보니 무리가 왔던 것이다.

이탈리아 남자에게 거는 기대

"알렉스, 빨리 한의원에 가요."

하지만 그는 화가 잔뜩 나서 가 버렸다. 정말 어처구니가 없었지만 이미 시작한 일을 그만둘 수도 없어 나는 밭을 일구었다. 두 시간 남짓 혼자 밭을 일구면서 '이게 웬 삽질이야' 하는 생각에 혼자 웃음이 나왔다.

한국에서 한국 남자가 아닌 남편과 살자니 종종 엉뚱한 일까지 해야 할 때가 많다. 처음에는 알렉스가 한국 운전면허를 따지 못해 어디를 가든 운전을 해야 했다. 멀리 나갈 때면 운전석에는 으레 남편이 앉아 있고 아내는 옆에서 지도를 보든가 간식을 먹는 모습이 새삼 부럽게 느껴지고는 했었다. 알렉스는 지도도 읽지 못했으니 중간 중간 지도도 내가 읽어야 했다. 식당이나 슈퍼마켓에 함께 가도 카드결제는 모두 내가 해야 했다. 컴퓨터 연결도, DVD 설치도, 아다지오에 오는 손님들 전화 응대도, 불만 접수도, 불만 해결도, 모두 다 내가 해야 했다. 그런데 이젠 삽질까지 해야 한다…. 혼자서 생각하면 할수록 괜히 억울한 기분이 들었다.

나는 삽을 팽개치고 그에게 따지러 들어갔고, 그는 허리가 몹시 불편한지 엉거주춤 누워 있었다.

"난 삽질을 한 번도 해 본 적이 없었어. 난 허리가 너무 아파. 한 번도 이런 적이 없었어."

그는 몹시 아파했다. 침을 맞으러 가야 할 지도 몰랐다. 갑자기 내가 만약 이탈리아에서 안 해본 일을 하다가 몸이 아파지면 알렉스는 어떻게 나올까 하는 생각이 들었다. 알렉스는 로마에서 태어나 로마에서 자랐다. 농사를 동경하고 궁금해 하지만 직접 지을 수는 없는 사람이었다. 나는 남편이니까 당연히 해야 한다는 당위성에 그를 묶어 놓았던 것이다. 남편이니까 운전을 해야 하고, 남편이니까 DVD를 설치할 줄 알아야 하고, 남편이니까 아내가 삽질하는 것을 혼자 내버려 두어서는 안 된다고 생각했던 것이다.

알렉스는 로마에 갔을 때 내게 단 한 번도 며느리니까 주방 일을 도우라고 하지 않았다. 며느리니까 시어머니에게 존칭을 써야 한다고도 하지 않았다. 아내니까 요리를 해야 한다고도, 구멍 난 양말을 꿰매야 한다고도 하지 않았다. 그뿐인가. 나는 로마에 가면 시어머니의 이름을 바로 부른다. 처음에는 어려워 존칭을 썼지만 가족 간에는 존칭을 쓰지 않는 게 더 친근하고 좋다고 했다. 막상 시어머니를 호칭이 아닌 이름으로 부르니 시어머니와 며느리라는 관계는 사라지고 오히려 오래 전부터 함께 살았던 가족처럼 느껴졌다. 시댁이 어려워 '시'자가 붙은 모든 것이 싫다고 말하는 한국의 며느리들에 비해 난 운이 좋은 편이다. 대신 '겉보리 서 말만 있어도 하지 않는다'는 처가살이를 알렉스가 하고 있다.

이탈리아 남자에게 거는 기대

08
오, 실바나!

명절이나 제삿날이면 온 식구가 다 모여 큰소리로 얘기도 하고
얘기 끝에 웃기도 하는 것이 보통의 모습이라면
우리 집은 보통은 아닌 것 같다.

직계가족만 모여도 15명이나 되는데 사람 소리가 별로 나지 않는다. 주방 쪽에선 여자들이 모여 앉아 음식을 만들거나 먹거나 하며 낮게 이야기를 하고 텔레비전 앞에는 일렬로 앉은 남자들이 그저 그림만 보고 있다. 이렇게 집안을 침묵의 도가니로 몰아넣는 원인으로는 우리 아버지를 들 수 있겠는데 그 이유는 텔레비전의 정중앙에 앉으셔서 입을 딱 봉하고 있기 때문이다. 무어 대단한 프로그램을 보는 것도 아닌데 채널을 딱 고정해 놓고 무게를 잡고 계신다. 이 질식할 거 같은 분위기에 익숙해지기란 쉽지 않다. 알렉스에게는 더 그렇다.

식탁에서도 다섯 마디 이상을 안 하시는 아버지는 당신이 어떤 영향을 미치는지 전혀 알지 못하신다.

"아버지 맛있게 드셨어요?"

"응."

"아버지 커피 드실래요?"
"응."
"아버지 사과 드세요."
"싫여."
"아버지, 아버지에게 한국말을 배우면 딱 두 마디 밖에 못 배울 거예요."
"뭔데?"
"응, 싫여."
이런 알렉스의 귀여운 투정에 그저 허허 웃기만 하신다. 알렉스는 그런 아버지를 무척 재밌어 하고 밖에 나갔다가 돌아오면 귓가에 대고 이러쿵저러쿵, 귀가 간지러울 만큼 수다를 떨어 대는 알렉스를 아버진 퍽이나 예뻐하신다. 그러다가도 아버지가 가끔씩 질문에 대답을 잘하지 않거나 건성으로 짧게 해 버리면 알렉스는 나에게 상기시킨다.
"선미, 잘 봐 둬. 30년 후의 너의 모습이야."
4남매 중 얼굴이나 성격이 가장 아버지와 비슷하다면서. 나도 문득문득 내 모습에서 아버지의 모습을 본다. 처음에는 적절하게 대응할 수가 없어 잠자코 있었다.
한번은 알렉스와 다투게 되었다. 다음 날 가져 갈 도시락 때문이었는데, 알렉스가 자기에게 소홀한 내게 서운해했다. 그런데 퍼뜩 시어머니가 떠올랐다.
"C'é solo una Silvana nel mondo(세상에 실바나는 단 한 명밖에 없어)."
알렉스는 시어머니와 똑같은 억양으로 말했다. 난 즉시 반격했다.
"너무 그러지 마, 실바나. 나도 하루 종일 바빴다고."
이 말을 듣더니 알렉스가 웃었다. 실바나는 내 시어머니 이름이다. 알렉스는 자기의 엄마를 많이 닮았다. 얼굴형은 물론 성격, 말할 때 억양까지도 똑같다. 화를 잘 내지는 않지만 대신 한번 화를 내면 오래가는 것까지 닮았다고 그는 스스로 말했다. 아버지를 닮은 아내와 엄마를 닮은 남편이니 서로 비긴 것이다.

오, 실바나!

Alex da piccolo

09

아버지 만세!
영복 고맙습니다!

2005년 7월.

홍대 근처의 작은 원룸에 세들어 살 때였다. 알렉스는 그 작은 집을 아센소레*Ascenssore*(엘리베이터)라고 불렀다. 작은 테이블 하나에 침대 하나가 살림의 다였다. 허물없는 친구가 놀러 오면 테이블 위의 물건을 침대 위로 옮겨야 함께 간단한 파스타라도 먹을 수 있었다. 한번은 3명이 한꺼번에 오는 큰 행사가 있던 날이었다. 5명이 식사를 하려면 의자도 부족해서 스툴 하나, 컴퓨터 의자 하나, 안락의자 하나, 여행가방, 침대에 각각 앉아서 겨우 같은 테이블에 앉게 되었다. 모두 앉으니 앉은키가 들쭉날쭉했고 파스타를 먹기 위해 고개를 숙이면 머리가 다 부딪힐 정도였다. 파스타를 먹고 난 후 커피를 마실 때도 잔이 다 제각각이어서 우린 또 웃었다. 가난할 때의 기억은 언제나 즐겁다. 구차함은 다 지워지고 소박한 풍경이 낭만적으로 되살아나기 때문이지 싶다.

그처럼 작고 구차한 살림을 둘이서 하고 있을 때 여름이 닥쳐 왔다. 7월 장마가 지나고 8월에 접어들자 본격적인 무더위가 시작된 것이다. 1월에 처음 도착했을 때에는 영하 14℃까지 내려가 '하아하아' 흰 김을 불어대며 즐겁게 지냈다. 그때에도 알렉스는 그 추운 날씨를 싫어하지 않았다.
"그래도 습하진 않네. 바람이 아주 매워."
그런데 날씨가 더워지면서 피부가 끈적끈적 해지고 땀이 나기 시작하니 견딜 수가 없는 모양이었다. 더운 날 강아지 숨을 몰아쉬듯 그는 헉헉거리기 시작했다. 우리가 살던 원룸에는 창이 하나 출입문이 하나 있는 6평짜리 방이었다. 에어컨도 없었고 창을 열어 두어도 맞바람이 치지를 않아 바람 한 점 들어오질 않았다. 아직 집에서 있는 시간이 더 많았던 알렉스는 더위를 피할 수 있는 시간도 따로 없었다. 퇴근해서 돌아오면 화를 내고는 했다.
"넌 그래도 사무실에 에어컨이라도 있지. 난 하루 종일 여기 있어야 해. 얼마나 더운지 알아?"
"8월 중순만 지나면 곧 서늘해질 거야. 금방이니까 조금만 참자."
왠지 그에게 미안했지만 집세에, 생활비에 빠듯하게 생활했던 나는 다른 것을 생각할 방도가 없었다. 밤이 되면 알렉스는 잠을 이루지 못했다. 온 몸에서 땀이 줄줄 나고 있었는데 몸에 털은 유난히 많은지라 남들보다 훨씬 더위를 타는 것 같았다. 기온은 높지만 건조한 로마의 더위에 익숙한 그의 몸은 갑자기 습하고 더운 아시아 날씨에 빠르게 적응을 못하고 있었던 거다. 급기야 알렉스는 좌절했다. 어느 날 밤, 그는 울기 시작했다. 샤워를 해도 10분 만에 땀이 흘러 끈적거리는 피부로는 잠을 잘 수가 없었기에. 베이비파우더를 잔뜩 뿌려 보송보송한 느낌이 들게 해준 다음 주말에는 엄마 집으로 가자고 우는 그를 달래서 겨우 밤을 보냈다.
부모님이 사시는 영종도는 서울보다 훨씬 시원했다. 창문을 열어 두면 맞바람이 쳐서 밤에도 더위를 느끼지 못했다. 며칠 만에 잠을 푹 잔 알렉스도 기분이 좋아졌다. 다음날 우리는 부모님께 서울에서의 잠 못 드는 더운 밤에 대해 얘기를 했더니 아직 정식으로 사위는 아니지만 물설고 낯선 한국에 와서 고생하는 알렉스가 안 됐던지 아버지가 에어컨을 사라며 돈을 주셨다. 나는 괜찮다는 시늉조차 하지 않고 냉큼 받

아버지 만세! 영복, 고맙습니다!

아 들었다. 그리고는 바로 마트로 달려가 에어컨을 샀다. 알렉스는 다시 한 번 한국의 빠른 서비스에 감탄했다. 에어컨 기사가 바로 달려와 설치를 끝낸 것이다.
작은 방에 에어컨을 켜 두니 금방 시원해졌다. 음식을 해도 냄새가 나지 않고 바닥도 보송보송하고 그렇게 좋을 수가 없었다. 알렉스는 거의 춤을 추다시피 했다. 집에 전화를 걸어 당장 자랑을 해댔다. 아이처럼 좋아하는 알렉스를 보니 덩달아 기분이 좋아졌다. 다음날 퇴근해서 집에 오니 기분이 아직도 매우 좋은 알렉스가 저녁도 준비해 놓고 기다리고 있었다. 덥지 않으니까 요리도 다양해졌다. 먹고 나서 산책을 하러 나가는데 문에 주렁주렁 쪽지가 달려 있었다.
알렉스가 써 둔 쪽지였다.
"아버지 만세!
아버지 오래 사세요.
영복 고맙습니다!"

Un Padre Migliore

10
원주를 아시나요?

영종도, 서울, 강화도 외에는 가본 적 없던 알렉스.

그에게 미안한 마음이 들어 작정하고 둘이 함께 떠난 첫 여행지는 원주였다. 원주에 따로 연고가 있는 것도, 아련한 추억이 있는 것도 아니었는데 우리가 원주를 가게 된 것은 순전히 길을 잘못 들어서였다. 물론 이렇게 말하면 알렉스가 서운해 할지도 모르겠다. 하지만 내비게이션도 없이 나선 길에 영동 고속도로를 달리다 마주치는 원주 이정표는 최선의 선택으로 보였다. 그렇게 해서 한국에 있는 많은 산과 강, 그리고 작고 예쁜 마을을 보고 싶어하던 이탈리아 남자에게 처음으로 보여 준 곳이 원주가 되었다.
알렉스는 아침 일찍 서둘러 길을 떠나는 것을 질색을 할 만큼 싫어한다. 휴일에는 늦게 일어나서 아침을 느긋하게 먹고 산책을 한 다음 제대로 된 점심을 먹은 후에야 어디를 가도 가야 하는 것이다. 로마에서야 그럴 수도 있지만 한국에서는 어림도 없는 소리. 그것을 알렉스에게 이해시키는 데는 한참이 걸렸다. 원주를 가던 날도 늦은 아침을 먹고 그를 설득해서 겨우 점심 전에 집에서 나왔다. 고속도로로 나오자마자 그는 "맘마 미아"를 남발하기 시작했다. 자동차가 줄지어 도로를 가득 메우고 있는 거였다. 여주까지 가기도 전에 길은 이미 자동차로 가득 찼고, 우린 점심 때가 지나서야 겨우 여주휴게소에 도착할 수 있었다. 가벼운 아침을 먹고 출발한 지라 배가 고파왔다. 원주에 가서 점심을 먹을 거라 생각했던 알렉스는 휴게소에서 점심을 먹어야 한다는 생각에 벌써 기분이 상한 눈치였다. 그러나 휴게소에 들어가는 것조차 어렵게 되자 더 이상 불평을 하지는 않았다. 한참을 기다려 휴게소 입구까지는 왔으나 주차를 할 수가 없었다. 두리번 대던 나는 입구에 보이는 빈 곳에 자동차를 밀어 넣었는데 바로 그 순간, 주차요원이 다가왔다. 알렉스는 문을 열고 차에서 내렸다. 그러자 그를 본 주차요원 아저씨는 갑자기 할 말이 목구멍까지 가득 찼지만 참는다는 표정으로 그냥 돌아서서 가 버렸다. 우리 둘은 속으로 쾌재를 부르며 손바닥을 마주쳤다. 외국 사람, 특히 백인에 대해 매우 우호적인 우리나라 사람들의 태도에 우리가 한바탕 사기를 친 것이었다.
'만약 알렉스가 백인이 아니었더라도 그랬을까?'
우여곡절 끝에 도착한 원주에서는 치악산 입구까지만 산책을 하고 근처 식당에서 더덕구이를 먹고는 바로 돌아와야 했다. 여행을 마치고 돌아온 이후, 알렉스는 만나는 사람마다 질문을 던졌다.
"원주 가 봤어요? 더덕구이 좋아해요?"
원주 여행을 다녀온 후 우리는 조금 더 용기가 생겨 안동에 가기로 했다. 하회마을에 가서 하루를 묵고 오면 알렉스에게도 설명하지 못했던 우리 문화에 대해 말하기가 좀 더 쉬울 것 같다는 내 생각에서였다. 그러나 막상 안동에 도착했을 때에는 너무 늦은 시간이 되어서 하회마을까지 갈 수가 없었다. 우린 어쩔 수 없이 안동 시내에서 잠을 자고 다음날 아침, 아침을 먹으러 서둘러 시내로 나왔다. 알렉스는 아침에 따뜻한 우유에 약간의 커피를 넣은 카페라테에 버터가 들어가지 않은 비스킷을 적셔 먹는다. 하지만 안타깝게도 안동 시내 어디에도 카페라테를 파는 곳은 없었다. 할 수 원주를 아시나요?

없이 그는 자판기 커피에 다이제스티브 비스킷을 적셔 먹고 하회마을에 가야 했다. 옛날 시골마을의 풍경을 고스란히 간직하고 있는 하회마을에 알렉스는 한없는 애정과 칭찬을 해대기 시작했다. 마을 앞을 휘돌아 가는 작은 강과 오순도순 모여 있는 정감 있는 작은 집, 그리고 집과 집 사이를 이어 주는 좁고 굽은 길, 대가 집 뒤란에 있는 소박한 정원들을 그는 사랑했다. 우리는 나중에 알렉스의 가족이나 친구가 오면 꼭 데리고 오자는 약속을 한 다음 파전과 고등어구이로 점심을 해결하고 영주 부석사 밑에서 사과를 한아름 사서 돌아왔다. 안동에 다녀온 후 알렉스는 로마에 있는 가족들에게 전화를 했다. 한없이 예쁘고 한국적인 작은 마을을 설명하고, 칭찬하고, 꼭 데려갈 것을 약속하는 말로 한 시간을 얘기했다.

또다시 우리가 강릉을 가게 된 것은 바다 때문이었다. 영종도에서 살다 보니 가까운 을왕리나 왕산리의 해변은 자주 가게 된다. 자동차를 타면 15분 안에 닿는 그곳은 가기에 편하긴 하지만 우리나라의 바다가 다 그렇지는 않다는 것을 난 그에게 알려 주고 싶었다. 그렇지 않으면 모든 대한민국 국민은 200만 명이 넘는 인파가 한꺼번에 몰리는 해운대나 시커먼 흙물이 넘쳐나는 을왕리에서만 해수욕을 한다고 알고 있을 것 같아 우린 동해바다를 보러 가기로 했다. 11월 초였다. 이미 서해바다 쪽의 저녁은 제법 쌀쌀할 때였다. 이번에는 베개까지 싸들고 가는 제법 준비된 여행이었다. 가방에는 내일 아침 먹을거리도 들어 있었다. 고속도로를 타고 가는 내내 알렉스는 원주에 갔을 때 이야기를 했다. 처음 했던 여행이라서인지 그의 모든 여행 이야기는 원주로 시작되었다. 그렇게 도란도란 이야기를 나누며 떠난 여행길은 오후 4시쯤이 되어 목적지인 경포대에 도착할 수 있었다. 맑은 물이 출렁대고 얼굴을 스치는 바람이 실크처럼 부드러운 경포대 바닷가 앞에 서있으니 고등학교 때 수학여행으로 왔던 기억이 났다. 그런데 알렉스의 뜬금없는 얘기가 나를 고등학교에서 끌어냈다.

"블라디보스톡까지는 얼마나 걸려? 북한까지는?"

북한에 가 보고 싶다는 말을 농담처럼 잘하던 알렉스는 여기서도 북한 이야기였다. 유럽 사람들에게 북한은 하나의 나라일 뿐 그 이상도 그 이하도 아닌 것이 난 늘 신기했다. 이때마다 난 내 남편이 유럽인이라는 생각을 다시 하게 된다.
"북한에 가거든 나랑 결혼했다는 얘기는 절대로 하지 마."
농담을 했지만 속으로는 은근히 걱정이 되기도 했다.
바다에 별로 재미가 없어진 우리는 율곡 이이의 생가를 찾았다. 검은 대나무와 수백 년은 됐음직한 붉은 소나무가 있는 그곳은 생각보다 고졸했다.
'작은방과 주방, 나무와 흙으로 지어진 조그만 집을 보면서 알렉스는 무엇을 생각했을까? 커다란 빌라와 석조 건축물, 조각, 연못을 보며 살아온 그가 소박하고 작은 한국의 집과 정원을 보며 느끼는 것은 무엇일까?'
소박하지만 조촐한 맛이 있는 율곡 이이의 생가를 둘러 본 후 우린 경포대 옆에 있는 조그만 식당에 들어갔다.
신기하게도 한국의 토착음식을 무척이나 좋아하는 알렉스는 역시나 감자전을 주문했다. 알렉스가 좋아하는 한국 음식은 할머니들이 자주 만들어 먹던 음식들이다. 감자를 갈아서 부친 감자전, 수제비, 두부, 된장, 고구마맛탕, 고구마 줄기볶음, 박고지볶음, 우거지나물 등등.
저녁을 먹고 옆에 있는 새로 지은 듯 깔끔해 보이는 펜션에 방을 하나 얻었다. 그러나 열쇠를 받아 들고 방으로 들어갔을 때 아연실색하지 않을 수 없었다. 베게에는 누군가의 머리칼이 잔뜩 묻어 있었고 화장실은 묵은 때가 끼어 있으며 천정에서는 물이 샜다. 이것뿐이 아니다. 방 한쪽 구석에 있는 싱크대에는 기름때가 묻어 끈적거리고 있었고 냉장고에서는 악취가 코를 찔렀다. 그렇게 더러운 방은 처음 보았다. 나는 그 이후에도 아주 오랫동안 그 방에서 바로 나오지 않은 것을 후회했다. 경포대가 보이는 방에서 아침을 맞으며 준비해 온 아침 식사를 하려던 우리의 계획은 원주를 아시나요?

그렇게 해서 바로 삭제되었고 우리는 경포대를 한 바퀴 돌고 나서 바닷가에서 발견한 점집에서 점을 보았다. 점치는 아저씨는 알렉스에게 한참을 기다려야 좋은 결실을 맺겠다고 했다.

한국에 온지 사 년이 지났고, 알렉스는 점점 힘들어 했다. 문화적인 차이에서 오는 불편함과 괴리감 때문에, 하고 싶은 일이 아닌 일을 계속 해야 하는 부담감 때문에, 그리고 그 일에서 오는 소모되어 가는 느낌 때문에. 나는 알렉스가 이 엉터리 점쟁이 아저씨가 하는 말에 귀를 기울이는 것을 보며 가슴 한구석이 찡해졌다. 몇 년 사이에 그는 낯선 문화에서 느끼는 소외감, 빛의 속도로 지어지는 건물과 풍경에서 받는 낯섦, 편의에 따라서 친구에서 남으로 남에서 친구로 바뀌는 사람들로 상처받고 외로워하고 있었다. 그에게 무척이나 미안한 마음이 들었다.

'얼마나 힘이 들었으면 점쟁이가 하는 말에 의지하고 싶었을까?'

비슷한 것이라고는 하나도 없이 모든 것이 다른 한국에 단 한 사람만을 의지하고 온 그가 아닌가. 그리고 그 한 사람은 바로 나였으니 말이다.

11

창문을 열지 말라고?

다섯 달에 한 번씩은 로마에 다녀와야 하는 알렉스가
인천공항에 도착하던 날이었다.

평소 사위가 있어 농담도 하고 웃기도 하시던 아버지는 오랜만에 돌아오는 사위를 맞으러 공항에 가시겠다고 고집을 피우셨다. 운전을 늦게 배운 아버지가 운전을 하신다고 하면 늘 불안해 하는 나와 엄마는 그때마다 한사코 아버지를 말렸지만 소용이 없었다.
내가 아버지의 차를 타기를 꺼리는 데에는 아버지의 거친 운전 습관 때문도 있지만 또 다른 이유도 있다. 아버지의 자동차는 트로트와 뽕짝이 난무하기 때문이다. 열쇠를 꽂자마자 곧바로 쏟아져 나오는 늘 같은 음악은 귀청이 떨어질 듯이 시끄러워도 아버지는 전혀 개의치 않으신다. 한번은 변화를 가지시라고 패티 김의 음반을 사드렸다. 단 한 번 들어 보고는 바로 치우셨다. 아, 도대체… 왜?
오늘도 트로트 뽕짝이 난무하는 공항까지의 불안한 드라이브를 해야 하는 것이다. 8월 한낮에 지상주차장에 차를 주차해 놓고 알렉스를 맞으러 갔다. 몇십 분이 지났을까. 알렉스를 태우고 떠나려는데 그 사이 자동차는 8월 한낮의 뜨거운 태양에 한껏

달구어진 상태. 아버지는 출발도 하기 전부터 "아이 더워! " 를 연발하셨다. 겨울철에도 코트를 모르고 사실 만큼 건강하시지만 더위에는 아주 약하시다. 출발하자마자 에어컨을 켰으나 작동이 되지 않았다. 하필 이렇게 더울 때 고장이 난 것이다. 바로 자동차 창문을 내리는데 알렉스가 손사래를 치고 나선 것이다.
"악! 아버지 안 됩니다. 창문을 열면 안 됩니다."
"왜? 창문을 열지 말라고? 안 돼! 더워!"
"아, 아버지 안 됩니다."
알렉스는 택시를 절대로 타지 않는다. 시내버스도 타지 않는다. 식구가 아닌 사람의 차도 잘 타려고 하지 않는다. 이유는 창문 때문인데 창문을 열고 달릴 때 들어오는 바람 때문이라고 말하는 게 더 정확하겠다. 이탈리아 사람들은 아무리 더운 여름날이라도 기차의 창문을 열지 못하게 한다. 이유는 다시 창문을 통해 들어오는 한줄기 싸늘한 바람 때문이다. 이 바람이 몸의 어느 부위를 스치면서 한기를 들게 하는데 그들은 이것을 몹시 꺼려한다. 태풍처럼 강한 바람도 괜찮고 겨울철 차가운 북풍도 괜찮은데 자동차 창문으로 들어오는 바람은 절대로 쏘일 수가 없는 것이다.
지금 창문을 닫지 못하면 앞으로 며칠간 알렉스에게 시달려야 할지 계산이 뻔한 나와 알렉스의 너무나도 강력한 요구에 아버지는 창문을 다시 올렸다. 앞에 앉으신 아버지는 땀을 뻘뻘 흘리시는데 뒤에 앉은 우리는 이 상황이 너무나 우스워 죽을 지경이었다.
인천공항에서 집까지는 8분도 걸리지 않는 짧은 거리였지만 아버지가 느낀 거리는 그보다 열 배는 더 멀었으리라. 더워서 숨을 헉헉대는 늙은 아버지와 한줄기 바람도 양보를 못하는 젊은 신랑 사이에서 나는 미안함과 우스움때문에 집으로 가는 길이 더욱 멀게 느껴졌다. 다음날 당장 아버지는 에어컨을 고치셨다.
처음에는 어처구니가 없게 느껴지던 알렉스의 생활습관이 이젠 조금씩 익숙해진다.

창문을 열지 말라고?

"저 창문 좀 올려 주시겠어요?
후추는 넣지 말아 주세요.
비빔밥 하나에는 고추장을 넣지 말아 주세요.
냉면에 얼음은 빼고요~.
얼음물 말고 냉장되지 않은 물로 주세요."
상대방의 괴로움에 진심으로 공감하는 법을 배울 수만 있다면 함께 사는 게 훨씬 쉬울 것 같다.

12

침 맞으러 갑시다

"*알로라*Allora*, 선미. 두 가지만 잘 지켜 줘.
내가 축구 볼 때하고 밥을 먹을 때는
심각한 얘기를 하지 않는다고 약속해 줘."

로마에서도 당한 적이 있다. 2003년까지만 해도 2002년 월드컵에서 한국에게 당한 패배가 명치끝에 걸려 있던 이탈리아 사람들은 짬만 나면 환기시켜 나를 곤혹스럽게 하고는 했었는데 이제는 집에서조차 축구를 조심스럽게 대해야 하는 것이다. 축구를 하나의 스포츠가 아닌 삶의 한 부분으로 생각하는 것처럼 보이는 이 이탈리아 남자는 유럽 축구를 업데이트해 주는 모든 채널을 꿰고 있다. 그래서 가끔씩은 아버지와 채널 쟁탈전을 벌이기도 하는데 칠순 장인을 이길 수 있는 사위는 어디에도 없다.
우리가 살고 있는 도시의 한가운데에는 축구장이 있다. 이 축구장은 3월부터 11월까지 언제나 축구를 하는 사람들로 북적댄다. 온갖 종류의 축구팀이 축구를 하지만 알렉스가 함께 뛸 곳은 없다. 5월 초였다. 한 번은 혼자 축구공을 들고 축구장에 다녀오더니 다리를 절면서 돌아왔다. 혼자 공차기 연습을 하다가 다리를 다친 것이다.

---

* 알로라 *Allora* 이탈리아에서 흔히 사용하는 감탄사로 말을 시작하거나 시간을 벌 때 사용하는 단어다. '자', '그러면'과 같은 의미로 사용한다.

나보다 더 사위를 걱정하시는 엄마는 걱정이 이만저만이 아니었다. 당장 병원에 가자고 생난리가 났다. 병원까지 갈 일은 아니어서 가만히 있자 하니 밖에서 돌아오신 아버지가 한술 더 뜨셨다.
"침 맞아야지. 침 맞으면 금방 돌아가."
"침? 그게 뭐야?"
설명을 해주자 알렉스는 고개를 홰홰 젓는다. 알렉스는 익숙하지 않은 것에는 좀 인색한 편이다. 음식도 먹어 본 것이거나 남이 먹는 것을 본 적이 있는 것이 아니면 손을 잘 대지 않는다. 새로운 것을 먹어 보라고 하면 언제나 피해 왔다.
"다음에요. 다음에 먹어요."
처음 한국에 와서는 초밥도 먹지 않았다. 먹어 본 적이 없었기 때문이었는데 일본 여행을 가기 전까지는 시도도 해보지 않았다.
"넌 여기서 먹어. 너 다 먹고 나면 난 저 옆집에서 우동이나 먹을래."
하지만 막상 초밥을 앞에 놓고 먹기 시작하자 결심한 듯 참치초밥을 집어 먹었다. 거의 14접시나 되는 참치 초밥을 먹고 나서야 우리는 식당에서 나올 수 있었다. 그 다음부터는 슈퍼마켓에만 가도 잊지 않고 집어오는 것이 초밥이었다.
알렉스가 다리를 다친 다음날 엄마는 고구마를 심기 시작했다. 엄마는 해마다 고구마를 제법 많이 심어 남는 것은 팔기도 하신다. 고양이 손까지도 빌리고 싶을 만큼 농사일이 바빠졌을 무렵 알렉스는 고맙게도 엄마를 돕겠다고 나섰다. 선글라스에 몸에 딱 달라붙는 셔츠를 입고 슬리퍼를 신은 알렉스와 머리끝부터 발끝까지 완전 무장한 시골 할머니가 한조가 되어 밭으로 나섰다. 둘이 함께 밭으로 간지 오래지 않아 엄마가 알렉스를 앞세우고 돌아오셨다.
"침 맞으러 가자니까!"

침 맞으러 갑시다

거의 반 강제로 끌려온 것이다. 그렇지 않아도 난 일이 서툴러 사고나 치지 않으면 그 게 도와주는 거지 하는 생각을 하고 있었는데…. 엄마의 일을 돕던 그는 살짝 다리를 다쳤고 다리를 질질 끌며 서성대는 걸 엄마는 더 이상 두고 볼 수가 없었던 거였다.
"아니요. 괜찮습니다. 선미 어떻게 좀 말려 줘."
"앞장 서!"
알렉스의 얼굴이 회색이 되었다. 나는 너무나 결연한 엄마를 말릴 수가 없었다. 알렉스가 앞서고 엄마가 뒤서서 둘이 한의원에 갔다. 엄마 앞에 절뚝거리며 가는 알렉스가 조금은 애처롭기도 했지만 또 무척이나 우습기도 해서 나는 몰래 몰래 웃고만 있었다.
한 시간 조금 더 지나서 알렉스가 돌아왔다. 그런데 갈 때와는 딴판이었다. 걸음걸이도 편안해 보이고 얼굴도 훨씬 편안해졌다.
"알렉스 울지 않았어요?"
"아니요. 조금 아팠어요. 울지 않았어요."
"다리는 어때요? 아직도 아파요?"
"조금 덜 아파요. 마사지 했어요. 내일도 갈 거예요."
갑자기 다리가 덜 아프니 무척 좋았나 보다. 다음날도 가겠다고 선선히 말을 했다. 먹어 보지 않고 맛을 모르듯 침도 맞아 보기 전까지는 효능을 알지 못하는 법. 의외로 빠른 치료 효과에 놀라워하는 눈치였다. 알렉스 뒤에서 웃음을 참던 엄마가 드디어 털어놓았다.
"알렉스 아까 아파서 울었지?"
"아니요. 안 울었어요."
"뭘 안 울어. 아까 보니까 눈물이 그렁그렁 하던데."

"아닙니다. 눈물이 아니었어요."

손사래를 치긴 했지만 어딘가 석연치 않는 손사래였다. 다리도 다 낫고 침에 대해 호감이 마구 생긴 알렉스는 누가 아프다고 하면 권할 정도가 되었다.

"침 맞으세요. 아프지 않아요. 마사지도 해 줘요."

이듬해 겨울에 로마에 가자 시아버지는 허리가 아프다고 했다.

"한국에 오세요. 침 맞으면 금방 나을 수 있어요."

마치 만병통치약이라도 발견한 사람처럼 알렉스의 침 예찬이 이어졌다.

침 맞으러 갑시다 o

13
그녀들의 내숭

알렉스는 한국의 지하철에 아주 후한 점수를 준다.

낙서도 없이 깨끗하고 시간에 맞춰 운행도 잘하며 냉난방도 좋다고 입에 침이 마르도록 칭찬한다. 그의 말에 따르면 로마의 지하철과 비교해 볼 때 한국의 지하철은 천국이란다. 알렉스와 내가 홍대 근처에서 살 때였다. 우리는 시내로 나갈 때 항상 지하철을 이용했다. 굳이 자동차를 가져갈 이유가 있겠느냐고 늘 말하기 때문이었다. 알렉스는 마치 서울에서 줄곧 생활했던 사람인 양 서울 시내의 지하철 노선도를 꿰듯이 잘 알고 있다. 매달 사용하는 지하철 이용료도 남들보다 훨씬 더 많았다.
그러던 어느 날, 한국의 지하철을 타고 다니다 보면 민망할 때가 많아 힘이 든다고 하소연을 해왔다. 얘기인즉, 지하철을 타면 미니스커트를 입은 여자들이 많은데 맞은편 자리에 앉아 있는 사람이 미니스커트를 입고 있을 때가 문제였다. 자리에 앉게 되면 더욱 짧아지는 스커트 때문에 다리가 거의 다 드러나기 마련인데 마주보고 앉게 된 의자라서 얼굴을 바라보고 웃으면 치한이 되고, 눈을 내리깔면 성도착증 환자 같기 때문이란다. 그래서 지하철에서는 자리가 생겨도 앉지 못한다고 했다. 또한 역에서 내려 에스컬레이터를 타면 또 미니스커트와 만나게 된다고 했다. 각도가 거의 수직인 에스컬레이터에 서있다 보면 위에 서있는 여자가 자기의 짧은 치마가 불안해지는지 가방을 치마 뒤로 가져 가 치마를 가리거나 이미 짧은 치마를 끌어 내리느라 바쁘다는 것이었다. 그런데 어쩌다가 바로 뒤에라도 설라치면 마치 엉뚱한 속셈을 가지고 따라가는 사람처럼 보이기 십상이어서 더욱 신경이 쓰인다고 했다. 그리고는 자기는 외국 사람이라서 쉽게 눈이 뜨이기 때문에 특히 더 조심해야 한다며 볼멘소리를 했다.

"도대체 왜 미니스커트를 입는 거야? 보여 주려고 짧은 치마를 입는 거 아냐? 그런데 왜 가리는 거니?"

그로서는 이해하기 힘든 모습들이었다. 지하철에서 만나는 사람들 중에는 화장을 고치거나 아예 차근차근 화장을 하는 사람들도 많이 있다. 거울을 꺼내 들고 익숙한 솜씨로 눈썹을 말아 올리고, 눈 화장을 하고, 마스카라도 칠한다. 주변을 거의 의식하지 않고 마치 자기 집 안방인 양 느긋하기도 한데 이때마다 알렉스는 나에게 소리 낮춰 물었다.

"왜 화장을 지하철에서 해?"

"집에서 할 시간이 없었나 보지."

"그럼 하지를 말던가. 좀 이상하지 않아? 우리나라에서는 직장에 다니는 여자들은 화장도 잘 안 해. 거리에서 화장하는 여자들은… 알지?"

알렉스의 말을 듣고 나도 생각하게 된다. 언제부터 한 사람의 비밀스런 행위를 지하철 안에서 하게 되었는지.

하루는 좀 늦은 시간까지 아이스크림을 먹으며 홍대 주변을 어슬렁대고 있었다. 주말 저녁이면 다양한 차림새의 에너제틱한 사람들로 가득한 홍대는 그야말로 더 이상 예전의 대한민국이 아니었다. 우리도 그 흥겨운 분위기에 조금씩 녹아들고 있었는데 다시 미니스커트 족을 만났다. 남에게 뒷모습이 보일까 봐 가방으로 가리면서 다니

그녀들의 내숭

던, 웃을 땐 조신하게 손으로 입을 가리고 내숭스럽게 웃던 그녀들이 아니었던가.
알렉스가 너무 웃어 눈물을 흘리기 시작했다. 한 여자가 길바닥에 길게 쓰러져 있고 친구인 듯한 2명의 남자가 그녀의 머리와 다리를 따로 들어 옮기고 있었던 것이다. 술에 취해 인사불성이 되어버린 그녀의 미니스커트는 이제 부끄러움도 내숭스러움도 없이 온갖 토사물이 쏟아져 있는 거리를 쓸면서 지나가고 있었다.

"오, 디오 미오 *Dio mio*! 내 생애 처음이자 다시 볼 수 없는 풍경이야. 내일이 되면 저 여자는 자기의 남자 친구를 만날 수 있을까? 로마에선 상상도 못할 일이야. 우리 속담에 술을 좋아하는 여자는 일 푼 어치도 안 된다는 말도 있어. 여긴 정말 신기한 곳인 것 같아."

아직 우리의 문화를 모르는 그의 이야기였다. 미니스커트에 대해서는 모르지만 술에 대해서는 무척 관대하다고. 의외로 우리보다 훨씬 보수적인 음주 문화를 가지고 있는 서양에서는 상상도 못할 풍경이었던 것이다.

홍콩에서 일할 때였다. 고등학교 때 친구 3명이 홍콩에 놀러 왔다. 영화 〈중경삼림〉의 배경이 되었던 홍콩 섬의 어느 식당가에서 저녁을 먹고 있을 때다. 한 남자가 지나가며 거침없이 물어왔다.

"당신들은 한국 사람들인가요?"

"네. 그런데 어떻게 아셨지요?"

"한국 여자들은 매우 현명하다죠? 오랜 세월을 억압받으며 살았기 때문에 스스로 현명해진 거죠. 불평등 속에서 살아남아야 했으니까요. 전 프랑스 사람이에요."

그는 말을 끝내더니 손을 흔들며 가 버렸다. 우리는 갑작스런 그의 말에 기분이 얼떨떨했었다. 그래도 그가 던진 한 마디는 많은 생각을 하게 해주었다.

14
외국 사람 바꿔 주세요

*"선미, 누군가 너에게 전화를 할 겁니다.
내 아내라고 얘기해. 그럼 될 거야."*

저녁에 들어온 그가 말했다. 누구냐고 물어도 모른다고 했다.
"그 사람이 어떻게 나에게 전화를 해? 내 전화번호를 알려 줬어요? 왜요?"
"어떻게 할 수가 없어요. 나는 아무리 설명해도 안 돼요. 전화로 얘기해요."
도대체 무슨 일인지 자초지종을 몰랐다.
다음날 정말 전화가 왔다. 차분한 목소리의 여자가 '외국 사람'을 바꿔 달라고 했다.
"외국 사람 있어요?"
"누구세요?"
"아, 전 외국 사람 친구인데요. 외국 사람하고 통화하고 싶어요."
"외국 사람 누구 말이세요?"
"외국 사람… 크고 금발머리예요. 어제 만났어요."
"그런데 왜 찾으세요?"

"저는 그 외국 사람하고 커피라도 한잔 하면서 얘기하고 싶어요."
나는 좀 재미있기도 했고 골려 주고도 싶었다.
"그 사람 이름이 외국 사람이에요?"
"아, 이름은 몰라요. 외국 사람이에요. 바꿔 주세요."
"외국 사람은 그 사람 이름이 아니고요. 그 사람 이름은 알렉스고, 저는 그 사람 아내예요. 저한테 얘기하세요."
"……뚜뚜뚜."
전화가 끊겼다. 나는 갑자기 키 크고 금발인 외국 사람의 심술보가 덕지덕지 붙은 고약한 아내가 되었다.
알렉스가 돌아왔을 때 얘기를 해 주었더니 그는 깔깔 웃으면서 전날 있었던 일을 말해 주었다. 신촌에서 거리를 걷고 있었는데 어떤 여자가 자기 옆에 섰다고 했다. 가게 안으로 들어가면 따라 들어오고 나가면 따라 나가고 다른 가게까지 따라오더라는 것이었다. 할 수 없이 인사를 하게 되었고 몇 마디 이야기도 하게 되었단다. 이 참하게 생긴 여자는 알렉스에게 차나 한잔 하자고 했고 약간 불편해진 알렉스는 완곡하게(?) 거절을 했단다. 집요해진 여자는 인사를 하고 돌아서는 알렉스를 붙잡고 얘기를 하자고 늘어졌고 할 수 없이 알렉스는 내 전화번호를 남겨 주고 연락하라고 했다는 것이다. 그러면서 참 이상했다고 말했다. 나는 그 사람이 알렉스를 외국 사람으로 불렀다고 말해 주었다.
지하철을 타건 수영장에 가건 슈퍼마켓에서건 아이들은 알렉스를 보면 한결같이 '하이'하고 인사를 건넨다. 물론 그 이상의 대화는 이어지지 않는다. 가끔씩 엄마들이 뒤에서 아이들을 부추기기도 한다.
"저기 외국 사람 있다. 가서 인사해 봐!"
아이들은 한결같이 미국 사람이라고 생각하고 인사를 하는 것이다. 아이들이 학원에

외국 사람 바꿔 주세요

서 갈고닦았을 영어 실력을 확인하기 위해.

"Hi. How are you?"

"How are you?"

"You American?"

처음에는 재미있어 하던 알렉스는 이제 좀 귀찮아 한다. 한결같이 미국 사람이냐고 물어오는 질문에 답하는 것도 지치는 모양이었다.

"왜 모두 나 보고 미국 사람이냐고 물어?"

"영어학원에 미국에서 온 선생님이 많은가 보지."

"영어선생은 미국에서만 와? 캐나다에서도 오고 호주에서도 오잖아."

"왜 스페인 사람입니까? 네덜란드 사람입니까? 묻지 않는 거야? 네덜란드 사람들도 영어를 얼마나 잘하는데."

가끔은 드라마를 함께 볼 때도 있다. 드라마 속에 나오는 외국 사람들은 대부분 미국에서 온다. 한국에서 외국으로 나갈 때도 미국으로 갔다. 어렸을 때에는 미국말고 다른 나라가 있다고 배웠지만 못 가는 곳인 줄 알았다. 한국 사람이 아니면 외국 사람인 건 맞는 말이다. 그렇지만 외국 사람이 미국 사람인 건 아니지 않나.

15
아다지오 펜션입니까?

비앤비 아다지오는 알렉스와 나의 인생의
베이스 캠프이자 실험실이다.

처음 비앤비(베드앤브랙퍼스트*Bed&breakfast*)를 제안한 사람은 나였다. 유럽에서는 이미 보편화된 숙박시설로, 아침 식사를 제공하는 객실 일곱 개 미만의 소박한 형태의 호텔이라고 보면 된다. 도시의 주거지역, 기차역 주변이나 관광지 주변이면 어디서나 쉽게 찾을 수 있으며 주로 가족단위로 운영이 되는 경우가 많다. 이탈리아에서 여행을 할 때 찾아갔던 비앤비는 호텔보다는 친근하고 가정적이어서 편안하고 좋았다. 방에 조그만 주방과 화장실을 갖추고 있는 우리나라의 일괄적인 펜션을 다니다 보면 일상을 떠나 하루를 쉬러 오는 게 아니라 또 다른 일상을 만나러 오는 듯한 느낌을 자주 받았었다. 슈퍼마켓에서 잔뜩 사가지고 온 음식, 바비큐, 와인, 사진으로 획일화되는 여행이 누군가에게는 식상할지도 모르겠다는 생각으로, 과식과 과음으로 피곤한 하루 밤이 아닌 쾌적한 곳에서의 단정한 하룻밤을 추억하는 휴식처 같은 곳을 제공하고 싶었다. 그리고 누군가에게는 저녁과 아침 식탁을 차리지 않아도 되는 온전한 휴식을 제공받는 그런 곳이 필요할 것 같았다. 그래서 생각한 게 비앤비 아다지오다. 하루나 이틀 정도는 느리게 살아 보는 연습을 할 수 있는 곳. 아무것도 하지 않고 하루를 보낼 수 있는 곳. 그런 의미에서 아다지오는 실험실과 같다. 또 한편으로는 장차 이탈리아에 정착하고 살기 위한 발판으로 비앤비 아다지오를 계획했다.

이제 사 년이 되어 가는 비앤비 아다지오에 그동안 제법 많은 사람들이 다녀갔다. 기분 좋게 쉬다 간 사람들도 있고 불편한 기억을 가지고 간 사람들도 있다. 마찬가지로 나에게도 기분 좋게 기억에 남는 사람들도 있지만 다시는 찾아오지 않았으면 하는 사람들도 있다.

요리를 배우러 온 부부가 있었다. 부인은 파스타를 좋아하는데 남편이 싫어해서 먹으러 갈 수 없어 직접 배우겠다고 오신 분이었다. 결혼 십 년차에 기다리던 첫 아기를 갖게 되었다고 했다. 파스타를 아주 좋아하지만 남편이 한국 음식을 너무 사랑하는 편이라 함께 파스타를 먹은 적이 단 한 번도 없었다고 했다. 둘 다 일을 하는 처지라서 집에서도 파스타를 만들 경황도 없었다고 했다. 아기를 가지게 되니 먹고 싶은 음식에 대한 욕구가 더 커졌나 보다. 부인은 많은 것을 배우고자 했다. 토마토 소스와 카르보나라, 피자를 모두 만들기로 했다. 남편은 부인이 수업을 시작하자 바로 자동차로 돌아가서 쉬고 있었다. 1시간30분이 지났을까. 혼자 있기 지루해진 남편이 슬며시 주방으로 들어왔다. 그러더니 옆에 서서 이것저것 참견을 하기 시작했다. 완성된 토마토 소스 스파게티를 맛보더니 한 그릇을 다 비웠다. 다음은 카르보나라였는데 이번엔 아예 본격적으로 참견을 시작했다. 달걀노른자와 베이컨, 치즈로만 만든 카르보나라도 한 그릇 다 비웠다. 마지막으로 피자를 구워서 남은 것은 싸가지고 돌아갔다. 요리 수업을 하면서 부인은 내내 즐거워 했다. 남편하고 함께 요리를 해보는 것도 좋았고 남편과 파스타도 먹으러 갈 수 있게 되어 아주 흡족해 했다. 요리를 하면서 느끼는 즐거움 중에 하나는 이런 데에 있다. 그렇다고 이렇게 즐거운 추억만을 만들고 가는 사람만 있는 것은 아니다.

아다지오 펜션입니까? ●

2008년 5월 초였다. 은행에서 함께 근무하는 동료이자 연인 4명이 방문을 했다. 3명이 정원인 방에 넷이 머물겠다고 떼를 쓰다시피 해서 방을 잡았다. 알렉스와 나도 처음 하는 일이라 요령이 없을 때였던 지라 그들의 요구를 들어 주었던 것 같다. 다음 날 아침 식사를 준비하러 가서 보니 조금 이상했다. 다른 방의 문을 잠가 놓지 않았는데 4명이서 한방을 쓰자니 화장실이 부족했었던지 다른 방 화장실을 쓴 것이었다. 게다가 잠자리가 편안하지 않았던지 아예 옆방에 들어가서 침대를 쓰고는 안 쓴 것처럼 덮어 놓았다. 물론 화장실도 함께 사용을 했다. 결과적으로 방 하나 값을 치르고 방 3개를 다 쓴 셈이었다. 어처구니가 없어진 우리는 망연자실했다. 예약을 했던 사람을 불러서 이야기하니 아무도 쓰는 사람이 없어서 좀 썼기로서니 무엇이 문제냐는 식이었다. 알렉스는 화가 머리끝까지 났다. 손님과 이야기를 하더니 고개를 절레절레 흔들며 내려왔다. 방을 잡을 때에는 방 요금을 깎으면서 정원 이상의 사람이 쓰게 해달라고 하더니 자기가 한 행위에 대해서는 일말의 미안한 마음도 없더라는 것이었다. 부끄러움을 모르는 사람들이었다. 이들은 마지막 순간까지 남아 있다가 갔다. 지금 생각해 봐도 정말 다시는 만나고 싶지 않은 부류의 사람들이다.

비앤비 아다지오를 열고 얼마 되지 않았던 어느 일요일 아침이었는데 갑자기 물이 나오지 않았다. 집에서 가까운 길에서 송수관이 터져 난데없는 홍수가 생긴 것이었다. 주말이라서 손님이 5명 정도 있었다. 숙박업소에 물이 안 나온다는 건 상상할 수 없는 일이었다. 갑작스런 일이라 우리도 어떻게 할 수 있는 방법이 없었다. 아침을 겨우겨우 준비해 식사를 하고 사실대로 말을 했다. 아직 세수도 하지 않은 손님이 더 많았다.

"원래 놀러 오면 씻는 게 아니래요. 오랜만에 씻지 않아도 되니 완벽한 휴식이네요."

그 누군들 아침 식사를 하고 나서 집을 나서기 전에 씻고 싶지 않은 사람이 있겠는가. 순간 참 고마웠다. 같은 일을 대하는 태도도 모두 제각각이다. 똑같은 일이 다시 생겼을 때 이때는 저녁시간이었는데-갑자기 송수관이 터지는 일이 그 때는 종종 있었고 그럴 때마다 난 초고속으로 늙어 가는 것 같았다-이 손님은 견딜 수가 없다며 집으로 돌아갔다. 누구의 잘못으로 송수관이 터진 것은 아니었지만 영업을 하는 사람의 입장에서는 곤란하기가 이루 말을 할 수가 없었다. 늦은 밤에 돌아가야만 했던 그 손님께는 지금도 미안한 마음 뿐이다.
비앤비 아다지오에는 지금도 종종 문의전화가 온다.
"거기 펜션이죠? 바비큐 되나요?"
"거기가 어디에 있나요? 지금 점심 먹으러 가려고 하는데요."
"집 앞에 와 있어요. 커피 한잔 하려고요."
알렉스는 언제나 나에게 물어본다.
"선미, 홈페이지를 한국어로 바꾸세요. 사람들이 잘 모르잖아요. 한국어로 써 놓았다면 읽어보면 금방 알 텐데."
물론 비앤비 아다지오 홈페이지는 한국어로 잘 정리되어 있다. 누구든지 관심이 있어서 찾아본다면 정말로 많고 정확한 정보를 얻을 수 있다. 베드앤브랙퍼스트란 단어조차 낯선 우리나라에서 나는 왜 '펜션'이라는 쉬운 형태의 일을 하지 않고 굳이 '비앤비'를 하게 되었을까 가끔씩 곰곰이 생각하게 된다.

아다지오 펜션입니까?

16
당신을 위한 따뜻한 식사

이탈리아 요리를 배우기 전에는 모든 게 참 쉬웠다.

"요리를 배워서 뭐하겠느냐"는 질문에 난 태연하게 "작은 레스토랑을 열고 싶다"고 말하고는 했었다. "왜 이탈리아 요리냐"는 질문에는 "소박하고 대중적이어서"라고 말했다. "요리하는 게 왜 좋으냐"는 질문에는 "가장 기본적인 욕구를 충족시켜서 행복감을 주고 싶다"고 답해 주었다.
이런 명쾌하고 쉬웠던 답변이 막상 요리를 배우고 돌아오자 더 이상 명쾌하지도, 쉽지도 않게 다가왔다. 레스토랑을 연다는 생각은 엄두가 나지 않았다. 이탈리아 요리는 대중적이지만 한국에서는 결코 소박하지 않았기 때문이다. 그래도 최소한 음식으로 남을 즐겁게 할 수 있을 것 같았다. 비앤비 아다지오를 열면서 요리를 프로그램에 넣은 이유도 여기에 있었다. 진정한 휴식에는 정성껏 준비된 식사가 반드시 있어야 했고, 정통 이탈리아 요리를 배워 왔지만 단가와 시간을 맞추느라 그렇게 하지 못하는 게 레스토랑의 현실이기 때문이다. 난 이곳에서 진정한 이탈리아 요리와 비슷한 음식을 대접하고 싶었다. 그렇게 해서 시작한 프로그램이 이탈리안 디너다. 여느 레스토랑처럼 수백 명의 사람들이 주문하지는 않았지만 용기가 있는 몇 명은 그

프로그램을 무척이나 즐거워했다.

멀리 대전에서 올라온 S씨는 기억에 남는 손님이다. 비앤비 아다지오가 문을 연 첫해의 비가 많이 쏟아지던 여름날, 디너와 방을 예약하고 왔던 그 모습도 선명히 기억난다. 저녁 식사 시간이 되자 환타색 시폰 블라우스를 입고 내려왔었다. 나를 위해 입은 옷은 아니었겠지만 괜히 요리하는 사람도 제대로 존중을 받고 있다는 생각이 들어서 기분이 좋았다. S씨는 오래 사귄 남자 친구와 함께 왔는데 무척 다정해 보였다. 마침 텃밭에 심어 둔 가지가 잘 자라서 가지와 토마토, 치즈를 넣고 만든 안티파스토를 냈을 때 정말로 맛있게 먹어 주어서 고마웠다. 그 후, 그들은 다시 한 번 이곳을 찾아 주었다. 이번엔 남자 친구가 예약을 했는데 그는 프로포즈를 계획하고 있었다. 나는 생딸기를 곁들인 화이트 초콜릿 수플레를 준비해 두었다. 안타깝게도 그 날 저녁에는 날씨가 좋지 않아 테라스에서 하는 프로포즈는 할 수가 없었지만 결혼을 계획하는 두 사람이 무척이나 아름답게 느껴졌다. S씨는 결혼식 후 신혼여행을 가기 전에 다시 한 번 이곳에 들렀다. 이곳이 누군가에게는 평생 기억될 저녁 식사를 경험했던 행복한 장소라는 것이 새삼 뿌듯하고 행복해진다.

당신을 위한 따뜻한 식사

17
카르보나라 쿠킹 클래스

알렉스의 카르보나라는 그 담백함과 단순함 때문에
온 가족이 좋아하는 요리가 되었다.

날씨가 추워지면 은근히 기다려지기도 한다. 알렉스도 집안 분위기가 처져 있거나 속상한 일이 있을 때면 스스로 카르보나라를 해서 함께 먹자고 하며 분위기를 돋우기도 한다.
어느 날이었다. 비앤비 아다지오에 온 손님들과 쿠킹 클래스를 진행하고 있었다. 마침 메뉴가 카르보나라 스파게티였다.
비앤비 아다지오에서는 두 가지의 카르보나라 소스를 만든다. 손님들은 선택을 할 수 있는데 정통식으로 생크림이 들어가지 않는 카르보나라와 생크림을 넣어 고소한 맛을 내는 퓨전식 카르보나라 중에서 선택할 수 있다. 학생으로 요리를 할 때에는 이름도 생소한 낯선 음식을 배우면서 더 즐거웠는데 막상 가르치는 사람이 되니 요리의 수준을 정하기가 쉽지 않다. 쿠킹 클래스 메뉴는 손님들이 요청해서 정해지는 경우도 있지만 보통은 내가 정한다. 요리를 공부할 때에는 생각하지 않았던 이후의 활용도, 요리하는 데 걸리는 시간, 재료 구매, 요리 비용 등을 두루 생각해야 하기 때문이다.
이날의 메뉴는 생크림을 넣는 카르보나라였는데 수업이 진행되자 옆에서 지켜보던 알렉스가 한마디 했다.
"정통 카르보나라에는 생크림을 넣지 않아요."
내가 여러 번 말을 하는 것보다 알렉스가 한마디를 하는 것이 훨씬 효과가 좋았다.
"알렉스는 카르보나라 스파게티를 몇 번이나 먹었어요?"
"30년도 더 넘게 먹었어요. 몇 그릇을 먹었는지는 몰라요."
나는 바로 알렉스에게 제안을 했다.
"그렇다면 여기에 있는 그 누구보다 카르보나라를 잘 아는 사람이 바로 알렉스네요. 카르보나라 스파게티의 쿠킹 클래스를 진행해 볼래요?"
"하지만 한국말 아직 못합니다."
언어만 가능하다면 하고 싶다는 의미였다. 나는 바로 알렉스의 카르보나라 쿠킹 클래스를 알리기 시작했다. 드디어 로마 사람이 진행하는 쿠킹 클래스가 열리던 날 알렉스는 자기가 가장 좋아하는 셔츠를 꺼내 입고 미리 레시피를 살펴보고 카르보나라의 유래에 대해 다시 점검을 하는 등 첫 강의에 대한 열의를 보였다.
그 날은 젊고 발랄한 4명의 학생들과 하게 된 쿠킹 클래스가 기다리고 있었다. 학생들은 이탈리아 사람이 진행하는 요리 수업이 어떨지 무척 궁금해 하고 있었다.
"안녕하세요? 알렉스입니다."
"안녕하세요~."
"오늘은 카르보나라 스파게티 요리합니다. 파스타 좋아하세요?"
"네."
"어떤 파스타 좋아하세요? 토마토 소스, 라구 소스…."
"프레스코."

카르보나라 쿠킹 클래스

누군가 말했다.

"아, 안됩니다. 크리스티나 똑똑합니다. 하지만 요리 못합니다."

"깔깔깔."

웃음소리가 끊이질 않는 쿠킹 클래스가 시작되었다.

"자, 제일 먼저 베이컨을 잘게 썰어 주세요."

선생님은 학생들보다 손이 더 느렸다.

"다 잘랐는데요. 그 다음에는요?"

짓궂은 학생이 물었다.

"아, 기다릴게요."

"하하하!"

"빨간 달걀하고 치즈하고…."

"빨간 달걀이요?"

"에, 선미~."

이때가 내가 출연해야 하는 순간이다.

"달걀노른자요."

"네, 맞아요. 달걀노른자하고 치즈하고 이렇게 합니다."

말이 잘 되지 않자 동작으로 바로 보여 주었다.

"자, 이제 파스타를 물에 넣습니다. 소금 넣습니다. 소금은 이렇게."

진지한 학생들은 열심히 따라서 했다. 파스타가 거의 익어 가고 알렉스는 건져서 먹어 보지 않고도 파스타가 익었는지를 알 수 있는 방법도 보너스로 알려 주었다. 파스타가 다 익어서 소스에 파스타를 넣어야 할 차례.

"이제 중요합니다. 잘 보세요. 여기에 이 물을 넣으세요. 이만큼."

파스타 삶던 물을 달걀 물에 넣어 주었다.

"어? 텔레비전에서 보니까 그렇게 하지 않던데요. 파스타를 팬에 넣고 기다란 젓가락으로 막 젓던데요?"
"선미!"
그는 다시 날 찾는다. 난 그에게 텔레비전 드라마에서 보여 주던 파스타 만드는 법에 대해 말해 주었다.
"텔레비전 보지 마세요. 이게 맞습니다. 로마에서 이렇게 먹었어요."
이보다 더 정확하고 정통한 파스타가 어디에 있단 말인가. 순간 조용해지고 모두가 열심히 따라 한다. 알렉스의 어머니가 지난 삼십 년간 해주었을 스파게티 카르보나라는 이렇게 만들어졌다. 텔레비전에서 보여 주는 것보다는 덜 멋있고 더 소박하게.
"검은 후추 뿌리세요. 자, 이제 요리 다 되었습니다. 맛있게 드세요."
알렉스의 수업이 끝났다. 한 시간이 약간 더 걸린 즐거운 요리시간이었다. 학생들은 본인이 직접 만든 생애 처음 스파게티 카르보나라를 먹어 보더니 환성을 질렀다.
"와, 담백해요."
"생크림이 없어도 아주 맛있어요."
"집에서도 할 수 있을 것 같아요. 아주 쉬운데요?"
비앤비 아다지오에서 추구하는 요리다. 쉽고 간단하지만 집에서도 맛있게 해먹을 수 있는 파스타. 라면 끓이는 시간에 스파게티 알라 카르보나라를 만들 수 있게 되는 그 날까지, Go go! 스파게티 알라 카르보나라!

카르보나라 쿠킹 클래스

레몬 나무와 탱자 열매

정말로 레몬 나무가 자랄 줄은 몰랐다.

이제 삼 년째 자라고 있는 레몬 나무 두 그루는 고양이 비코와 함께 비앤비 아다지오의 상징이 되었다.
레몬은 알렉스에게 아주 중요한 과일이다. 타향에서 살면서 목이 아프거나, 손톱 밑에 작은 염증이 생길 때, 또는 잇몸이 붓거나 하면 우선 자기만의 민간치료 요법으로 해결하려 드는 알렉스에게 레몬은 아주 유용한 과일이기 때문이다. 물론 감기에 걸려도 레몬즙으로 가글한다거나 레몬과 꿀을 넣어 만든 따끈한 차를 마신다. 나 또한 음식을 준비하는데 레몬을 자주 쓴다. 가령 푹 삶은 근대를 푹 삶아서 먹는 걸 좋아하는데 여기에 레몬즙을 한두 방울 떨어뜨리고 올리브유를 조금 뿌리면 더 이상 양념은 하지 않아도 될 만큼 맛있다. 삶은 채소 뿐만이 아니라 얇게 썬 쇠고기를 팬에 익혀 먹거나 스테이크를 구워 먹을 때에도 레몬즙을 짜 넣으면 고기의 느끼한 맛을 줄일 수 있다. 알렉스가 레몬을 즐겨 찾는 이유 중 가장 큰 것은 무엇보다도 레몬이 소독 효과가 있다고 믿기 때문이다. 그는 배탈이 나면 레몬즙을 내서 약간의 물과 함께 마시고는 한다.

이 소박한 민간요법은 고양이 비코가 어렸을 때에도 사용했다. 처음 우리 집에 왔을 때 비코는 배앓이를 했다. 먹은 것을 소화하지 못해 냉장고 뒤에서 토하고 싸고를 반복했는데 이때도 알렉스는 레몬즙을 짜서 먹였다. 레몬즙 덕분인지 고양이는 기운을 차리고 지금까지 잘 자라고 있다. 어쨌거나 레몬에 대한 알렉스의 기대와 애정은 남달랐다. 하지만 레몬 값을 보고는 깜짝 놀랐다. 한 개에 거의 천 원씩이나 하는 한국의 레몬을 로마에서 쓰듯이 쓸 수는 없었다. 알렉스는 로마에서 여기저기서 흔하게 자라는 레몬 나무를 아쉬워했다.

2008년 6월, 알렉스는 다시 로마로 돌아갔다. 장마가 막 시작하려고 할 때였다. 로마로 가기 전에 쓰고 남은 레몬을 꾹 눌러서 씨를 뺀 다음 흙을 담은 토분에 묻어 두고 떠났다.

"레몬 씨를 묻어 두었어. 싹이 나올 거예요. 싹이 나오면 알려 줘요."

마침 날씨는 덥고 습해서 흙이 마르지는 않았지만 집에 남은 그 누구도 레몬 씨앗을 기억하지는 못했다. 하지만 이게 웬일인가! 비가 오고 해가 나고를 반복한 끝에 토분 안에서 어린 싹이 삐죽이 나 온 것이다. 잎이 두 개에서 네 개로, 키가 자라고 줄기에 살이 오르고. 레몬 나무가 자라기 시작했다.

로마에서 하루가 멀다 하고 전화를 해대는 알렉스에게 내가 먼저 전화를 했다.

"알렉스, 레몬 싹이 나왔어. 모두 열 그루도 더 돼."

"*오 케 벨라 *Oh che bella* 정말이야? 오호!"

그 다음부터는 통화를 할 때마다 맨 처음 그가 건네는 말은 언제나 레몬 나무에 대한 안부다. 얼마나 자랐느냐, 잎사귀는 몇 개냐, 물을 너무 자주 주지 말라 등으로 시작되는 대륙 간을 넘나드는 레몬 나무 재배 코치가 이어졌다. 다행이도 어린 레몬 나무

---

* 오 케 벨라 *Oh che bella* '참 멋지네요', '근사해'라는 의미의 이탈리아어. 대상이 여성일 때 사용하는 감탄사다.

레몬 나무와 탱자 열매

는 별 탈 없이 잘 자랐다. 잎사귀가 열 개 정도 되자 알렉스가 돌아왔다. 공항에서 처음 물었던 안부도 레몬 나무의 근황이었다. 아침저녁으로 레몬 나무를 들여다 보며 기뻐하는 그를 보자 나도 마음이 뿌듯해지며 마치 레몬 나무가 우리의 희망이라도 되는 듯이 비앤비 아다지오를 찾는 사람에게 레몬 나무를 보여 주었다.

레몬 나무를 갖고 싶어 하는 사람들에게 기쁜 마음으로 선물을 했다. 남아 있는 나무도 마치 아기를 돌보듯 하루도 거르지 않고 사랑했다. 이제 우리에게는 두 그루의 레몬 나무가 남았다. 알렉스와 나는 지금도 날씨가 추워지면 제일 먼저 레몬 나무를 집안으로 들여 놓고, 다시 따뜻해져도 레몬 나무를 제일 나중에 내어 놓는다. 8월이면 해가 너무 뜨거울까 그늘 안으로 들여 놓고, 장마철에 너무 비가 오면 처마 밑으로 들여 놓고 하면서 애지중지 어쩔 줄을 몰라 하며 키우고 있다. 마치 처음 아기를 어떻게 보살펴야 할지 모르는 새내기 부모들 같다.

일 년 전이었다. 11월 하순에 갑자기 온도가 뚝 떨어진 날이 있었다. 저녁이 되면서 갑자기 바람이 불기 시작하더니 밤이 되자 온도가 시시각각으로 떨어지기 시작한 것이다. 이미 자정이 지났다. 바람소리가 심상치 않다고 느끼던 알렉스도 밖을 내다 보더니 갑자기 옷을 주섬주섬 챙겨 입기 시작했다. 레몬 나무가 걱정이 되었던 것이다. 우리는 손을 호호 불어 가며 도둑들처럼 레몬 나무를 집안으로 옮겨 놓아야 했.

이렇게 우리 기후에 맞지 않는 나무를 키우다 보니 전에 텔레비전에서 보았던 아프리카로 보내진 소가 생각났다. 한 국제기구에서는 기근으로 고생하는 아프리카의 어떤 마을에 식량 원조를 하기로 하고 수십 마리의 소를 보내 주었다. 우유와 치즈, 고기를 생산할 수 있으니 더 큰 도움이 될 거라 믿었기 때문이었다. 하지만 처음의 깊은 배려와는 상관없이 그 마을 사람들에게는 더 큰 고통을 초래하게 되었다. 그 마을에는 일 년 내내 소에게 먹일 풀이 자라지 않았던 거였다. 짧은 우기와 긴 건기가 반복되는 아프리카에서 날마다 소에게 먹일 풀을 구해 오는 게 여간 고역이지 않았다.

건기가 시작되자 소들은 말라서 등뼈가 드러나게 되었다. 이렇게 되자 동네사람들은 굶는 소를 먹이기 위해 물풀을 뜯으러 조를 짜서 강물 속으로 들어가야 했으니 결과적으로 식품을 생산해야 할 소가 오히려 마을 사람들의 노동력을 착취하고 있었던 것이다.

다시 우리 집의 레몬 나무 이야기로 돌아와서, 아무튼 우리 집의 레몬 나무들은 제법 자라서 이제 키가 50cm정도에 이르렀다. 줄기에 가시도 돋치고 제법 두꺼워졌다. 우리는 아직도 레몬 나무를 잘 모른다. 어떤 병에 걸릴 수 있는지. 습도는 어느 정도가 가장 좋은지, 건조하고 혹독하게 추운 겨울과 한꺼번에 내리는 많은 비와 그로 인한 습기로 무더운 여름이 좋은 기후일지 모른다. 지중해성 기후인 이탈리아에서 레몬은 특별히 돌보지 않아도 잘 자라고 과일도 잘 맺지만 모든 것이 다른 우리 나라에서 과연 레몬이 열릴까?

알렉스가 한국에 들어온 지도 어느새 다섯 해가 지났다. 그 사이에 한국말도 배우고, 한국 음식도 먹고, 좋아하는 한국 가요도 생겼다. 이제는 한국 사람처럼 밥도 빨리 먹고 한번 거절은 예의상 하는 몸짓에 불과하다는 한국식 인사도 할 줄 알게 되었지만 그래도 그는 나에게는 여전히 아프리카에 보내진 소 같고 비앤비 아다지오의 레몬 나무 같다.

그렇다면 그 레몬 나무에 레몬이 아니라 탱자가 열린다고 한들 어찌 예쁘지 않겠는가?

레몬 나무와 탱자 열매

19
가장 이탈리아적이고
한국적인 파티

파티를 했다.

2009년 6월 중순이었다. 해가 길어지면서 저녁이 되면 노을이 장관을 이루고 좁으나마 연잎이 손바닥만 하게 솟아오르는 연못도 제법 볼만해졌다.
비앤비 아다지오를 열고 일 년이 지나면서도 한 번도 나와 내 친구들을 위해 마음껏 사용해 보지 못한 게 늘 아쉬웠고 결국 남편과 파티를 위한 의논을 시작했다. 나만큼이나 비앤비 아다지오를 사랑하는 남편도 대찬성이었다. 파티 이주일 전, 수많은 전화와 문자메세지 후에 정확한 인원과 시간이 정해졌다. 메뉴도 미리 생각해 두어야 했다. 가장 이탈리아적이면서 만들기도 쉽고 먹기도 편한 음식들로.
알렉스가 부르면 내가 답하는 식으로 메뉴를 정했다.
"부르스케타!"
"그렇지요."
"파스타."
"뭐라구? 어떻게 서빙할 건데?"
"차갑게! 콜드 파스타."

"콜!"
"바비큐~."
"어디서 구워?"
"*마체도니아*Macedonia*."
"아, 그거 좋아요!"
음식은 정해졌지만 접시와 잔이 또 문제였다. 비앤비 아다지오에 있는 모든 접시와 잔을 꺼내 놓아 봤자 개수도 맞질 않을 뿐더러 공간이며 설거지가 큰 문제였다. 우리는 슈퍼마켓에 가서 얇은 플라스틱 접시와 잔, 그리고 디저트 컵을 샀다. 파티를 하는 것보다 준비하는 과정이 훨씬 더 즐겁고 신이 났다. 며칠에 걸쳐 고민하고 준비한 끝에 드디어 파티 시간이 다 되었다.
집안에 있는 여분의 의자란 의자는 다 정원으로 내어지고 고양이 비코마저 신이 나서 이리저리 뛰어다닌다. 초를 밝히고 마지막 음식 준비에 손길이 바빠질 무렵 알렉스가 급하게 부른다.
"선미, 니콜라가 오는데 마중 나가야겠어."
"바쁜데, 걸어오라고 하면 안돼요?"
니콜라는 오늘의 파티에서 중요한 손님이라 반드시 와야 했던 알렉스의 친구였다. 여기서 중요하다는 말은 그에게 기대하는 나의 역할이 있어서였다. 한국말이 아직 서툰 알렉스에 비해 니콜라는 한국어도 아주 유창하게 잘한다. 알렉스를 파티 내내 상대할 만한 사람은 이 니콜라밖에 없으니 그가 없다면 나는 파티 내내 알렉스 곁에 남아 있어야 할지도 몰랐다. 다행히 기차역까지 도착한 모양이었다.

---

* 마체도니아 *Macedonia* 여러 가지 과일을 잘게 잘라서 달콤한 와인이나 설탕, 레몬즙에 재워 둔 디저트. 아이스크림을 곁들이기도 한다.

가장 이탈리아적이고 한국적인 파티

"알렉스, 이제 바비큐 그릴에 불을 지펴야 할 것 같아."
가장 아끼는 셔츠를 입고 선글라스를 끼고는 여기저기 바쁘게 움직이던 알렉스가 멈췄다.
"숯은 어디에 있어? 바비큐 그릴은 어디에 있어? 어떻게 불을 붙여야 해?"
"아 숯을 잊었네. 숯이 없어."
언제나 생기는 일이지만 왜 숯이어야 했는지. 강화에서 오고 있는 오빠에게 전화를 해서 숯을 부탁했다. 숯이 도착하자 불을 붙여야 했는데 불을 붙이다 말고 알렉스가 슬쩍 주방으로 들어온다.
"선미, 내가 여기에서 마저 음식을 준비할게. 네가 바비큐 그릴에 불을 붙이면 안 될까."
옆에서 일을 도와 주던 세현과 엠마가 깔깔 웃기 시작했다. 앞치마에 장갑에 선글라스까지 끼고 뭐든지 해낼 것 같아 보이는 알렉스가 숙제를 안 해온 어린아이처럼 곤란한 표정으로 서있는 것이었다. 이럴 땐 정말 난감하다. 남편이 모든 걸 다 잘할 수는 없겠지만 내가 잘 못하는 걸 남편이 잘한다면 얼마나 좋을까? 마침 근처에 살고 있는 미성이 한국에서 산지 제법 오래된 잘생긴 파일럿 남편 제리와 함께 도착했다. 제리는 오빠와 함께 익숙하게 바비큐 그릴에 불을 붙였다.
아다지오에 오기 전에 이미 을왕리 바닷가에서 신나게 놀다가 온 꼬마는 이제 배가 고프다고 엄마 옷자락을 잡아당기기 시작했다. 사람이 많이 모이다 보면 일찍 오는 사람 늦게 오는 사람, 시간을 잘못 알고 있는 사람, 장소를 잘못 알고 있는 사람들이 꼭 있게 마련이다. 오후 5시30분이 되자 이미 도착한 사람들이 주방으로 고개를 들이밀기 시작했다. 고기가 익어 가는 냄새도 한몫을 했다.
"땡땡땡! 자, 시작할까요."
살짝 구운 빵 위에 토마토와 버섯크림을 올린 부르스케타, 참치, 케이퍼, 안초비, 참

211

치마요네즈로 속을 채운 파프리카 참치말이, 모차렐라, 토마토, 올리브, 햄을 넣어 만든 차가운 푸실리, 오븐에서 막 나온 가지 라자냐, 바비큐 그릴에서 익힌 쇠고기스테이크, 스시와 광어회, 달콤한 화이트와인에 재워 둔 제철 과일과 아이스크림, 그리고 각종 와인이 이야기와 한데 어우러졌다. 그리고 비앤비 아다지오는 금세 안팎이 사람들과 말소리와 웃음소리, 쨍그랑거리는 소리로 가득해졌다.

거실에는 이십 년 만에 만난 대학 동기들과 그들의 아이들이 모여 있었다. 주방 앞 테라스에는 이탈리아 유학 시절에 만난 친구들이 앉아서 이탈리아어가 섞인 농담을 주고받았다. 을왕리에서 오후를 보내다 온 운동권 출신 내 친구들은 연못가에서 이야기꽃을 피운다.

주방에서는 니콜라와 알렉스가 30cm 이상 멀어지면 큰일 날 것처럼 필사적으로 가까이 서서 이야기에 열을 올렸다. 주방의 테이블에는 니콜라에게서 눈을 떼지 않는 그의 여자 친구와 오랜 친구 광식과 그의 아내, 한 시간 늦게 일러줘 음식이 거의 사라졌을 때 투덜대며 온 동네 친구 시뇨레리와 그의 착한 아내, 서로를 너무 사랑하는 미성과 제리, 옆집에서 오신 영복과 은금, 그리고 오빠 내외와 조카까지 커플이 다정하게 앉아 있었다.

테이블 위의 조명이 점점 더 밝아지고 이탈리아어, 영어, 한국어로 이어지는 유니버설한 저녁이 깊어 가고 있었다. 사람들에게는 추억이 필요하다. 나는 지금도 그때의 친구들과 통화를 하게 되면 그날 있었던 파티를 기준으로 시간을 되돌린다. 파티 때 만나고 아직 못 만났구나. 벌써 일 년 하고도 반이 흘렀다.

가장 이탈리아적이고 한국적인 파티 ○

장소 : 비앤비 아다지오의 주방, 거실, 정원, 집 뒤의 놀이터
명분 : 6월의 저녁 날씨가 좋아서
방법 : 스탠딩 뷔페
이유 : 첫째 테이블이 작음, 둘째 설거지를 최소화하기에 좋음
시간 : 저녁 6시부터
초대인원 : 30명 내외. 친구들과 그들의 동반자들

plus story

로마 남자의 한국 생활

로마에서 태어난 금발의 남자가 한국인 아내를 만나 한국에서의 삶을 시작했다. 그렇게 시작된 한국의 일상은 모든 것이 낯설고 신기하며 가끔씩 이해하기 힘든 일도 벌어진다. 하지만 점차 한국의 가을을 사랑하게 되었고 처음 맛보는 식혜의 맛에 빠져들었으며 로마에서조차 집에 들어갈 때면 현관에 신발을 벗어 놓게 되었다. 한국에 첫발을 내딛었을 때부터 지금까지 겪었던 이야기들을 말한다.

글 _ 알렉스

episode 1
아내와 처갓집 말뚝

비앤비 아다지오에 많은 사람들이 다녀갔다.
잡지사에서 취재를 했고 방송사에서도 왔다.
그때마다 사람들은 나에게 혹은 아내에게 묻는다.
"어떻게 한국에 오게 되었나요?"
"아내 때문에 왔습니다."

사람들은 내가 아내 때문에 한국에 왔다는 것을 몹시 신기해 했다. 하지만 내게는 너무나 당연하고 자연스러운 일이다. 유럽 사람들이 동양을 생각할 때 제일 먼저 떠올리는 것은 언제나 중국이다. 중국은 거대하고 역사가 길며 신비로운 이미지를 가지고 있기 때문이다. 그 다음이 현대적인 일본이다.

나는 어렸을 때부터 이탈리아 여자들보다는 동양 여자들의 아름다움에 매력을 느꼈다. 이탈리아 여자들은 아름답고 지적이지만 내게는 탄력 있는 피부와 둥근 얼굴, 그리고 무엇보다도 아몬드 모양의 긴 눈을 가지고 있는 동양 여자들이 훨씬 더 아름답게 느껴졌다. 길고 아름다운 눈에 나이를 알 수 없는 얼굴을 가진 동양 여자들의 미소는 참 아름다웠다. 키도 크고 발도 큰 이탈리아 여자보다는 아담하고 섬세해 보이는 동양 여자들이 신체적인 기본 조건도 더 매력적으로 보였다.

2003년 1월에 지금은 아내가 된 선미를 만났다. 내가 만난 여자 중 가장 아름다운 그녀를 만나면서 나는 선미의 장점, 그리고 그보다 더 그녀의 단점과 사랑에 빠졌다. 한번은 냉동고 문을 열어 두어 냉동식품을 녹인 적이 있었는데 집에 돌아가서 다 녹은 아이스크림을 보며 어쩔 줄 몰라 하는 그녀의 모습이 무척이나 사랑스러웠다. 그런 그녀의 작은 불완전성이 나를 그녀에게 이끌어 갔다.

그녀는 아주 느리다. 로마의 가족들과 그녀의 가족들, 그리고 친구들도 여기에 동감한다. 말도 느리게 할 뿐 아니라 무엇을 물어도 금방 대답하지 않는다. 어떨 때에는 달팽이 같이 느리다. 그뿐만이 아니라 그녀는 세금 내기, 세탁물 찾기 등 종종 꼭 해야 할 일들을 잊어 버린다. 하지만 그녀의 꾸밈없는 소탈함이 날마다 내 마음속에서 애정이 자라도록 했다. 선미는 나의 침묵의 의미를 이해하고 내 눈과 표정을 읽을 줄 안다. 함께 지낸 지 벌써 여덟 해, 지금은 그녀가 좋아하는 것을 나도 좋아하게 되었다. 나는 선미를 만나기 전까지 고양이에게 관심을 가져 본 적이 없었다. 사춘기 시절에 고양이 때문에 피부병을 얻은 적도 있어서 오히려 피하던 동물이었다. 하지만 그녀 때문에 나도 고양이들을 더 관심 있게 보게 되었고, 이제는 브리티시 그레이나 체르토시노종의 고양이를 입양할까도 생각하게 되었다.
내 생애 처음으로 아기를 가지고 싶다고 생각하게 된 것도 그녀를 만나면서였다. 그 이유는 그녀가 좋은 엄마가 될 거라고 생각되어서다. 하지만 가끔씩 그녀는 돈을 너무 많이 쓴다. 그리고는 늘 그렇듯이 돈이 떨어졌다고 볼멘소리를 한다. 또 가끔씩은 너무 고집이 세다.
나는 지금 아내와 장인·장모와 함께 살고 있으며 처갓집 식구들과는 사이가 좋다. 장인은 나에게 두 번째 아버지와도 같다. 비록 언어의 벽이 가로막고 있지만 그것이 그다지 중요하다고 생각하지 않는다. 언어와 문화의 차이는 애정과 사랑으로 얼마든지 극복할 수 있으니까. 장인·장모를 만날 때면 나는 두 분을 껴안는다. 소탈함과 악의라고는 찾아볼 수 없는 두 분의 천진함이 나로 하여금 그분들에게 가까이 가도록 만든다. 물론 서로 이해할 수 없는 것들도 있고 생각이 다른 경우도 있지만 그렇다고 해서 함께 살기가 그다지 힘들지는 않다. 장인은 항상 우리가 성당에 가지 않는다고 걱정이시다. 반면 장모는 우리가 돈을 헤프게 쓴다고 걱정이시다. 하지만 진정한 관계와 사랑은 옆에 있는 사람의 작은 결점들을 사랑하게 되면서 더욱 커져 간다고 생각한다. 가끔씩은 장모가 우리가 어디에 가는지, 무엇을 하고 있는지, 왜 밤 11시(장모에게 밤 11시는 매우 늦은 시간이다)에 귀가하는지 등의 수많은 질문을 쏟아낼 때면 난 힘이 들기도 한다. 우리를 어린아이 취급할 때는 짜증이 나기도 하지만 한편으로는 이해가 간다. 나에게는 짜증스럽지만 그게 엄마로서의 애정표현이자 걱정이고 관심이라고 생각하기 때문이다.
반면 장인은 비슷한 연배의 다른 한국 사람보다는 말수가 적다. 나는 장인에게 언제나 수많은 질문을 퍼붓는데 그러면 장인은 대답을 하면서 무척이나 피곤해 하신다. 장인은 소파, 그리고 TV와 사랑에 빠졌다. 가끔은 아내와 내기를 하고 싶다. 만약 장모가 한나절 동안 보이지 않으면 그녀가 없는지 모를 테지만 소파와 텔레비전이 없어진다면 바로 걱정하고 슬퍼할 것에 100유로를 걸 것이다.
나는 장인과 많은 말을 하고 싶다. 그가 살아

온 삶이 궁금하고 인디애나 존스보다 더 흥미진진할 것 같은 수많은 일화를 듣고 싶어서다. 하지만 장인은 절대로 30분 이상 말하는 법이 없다.

어쨌든 장인·장모가 나를 사랑하신다는 것을 난 충분히 느끼고 있다. 당신들은 사랑을 표현하고 싶어 하지만 어떻게 해야 할지를 모를 뿐이다. 그리고 나는 그런 장인·장모를 이해한다. 한국 속담에 아내가 예쁘면 처갓집 말뚝에게도 절을 한다고 하는데…. 나는 장인·장모와 오랫동안 잘 지내고 싶다.

episode 2
한국 초년생의 일상 1

몇 년 전, 그러니까 2005년 1월 30일이였다.
그날 나는 내 생애에 있어 커다란 결정을 내리려 하고 있었다.

태어나서부터 지금껏 내 삶의 근원이었던 이 탈리아의 음식과 온화한 기후, 도시 곳곳의 아름다움과 그때까지는 몰랐던 일상의 편리함으로부터 아주 멀리 떨어진 곳에서 새로운 삶을 살아 보기로 마음을 먹었던 것이다. 로마의 고질적인 관료주의, 수많은 공허한 약속과 헛된 희망으로부터 벗어나 지금까지 살아온 환경과 관습, 그리고 삶의 방식이 180도 다른 낯선 나라에서 나의 운을 시험해 보기로 했던 것이다.

그렇다면 무엇이 나를 이 멀고 낯선 곳까지 오게 했을까? 그 물음에는 두 가지 이유가 있다. 첫 번째는 로마에서 만난 한국인 여자 친구(지금은 아내)가 한국에 있었고, 두 번째는 조금 더 나은 미래를 약속할 만한 기회를 한국에서 찾고 싶어서였다. 그런데 한국에 와 보니 한국에서 살고 있는 외국 사람들은 실질적으로 군대 파병 혹은 한국인 아내 아니면 여자 친구 때문에, 그렇지 않으면 영어를 가르치러 오는 경우가 대부분인 것처럼 보였다. 막상 한국에 도착하자 난 전에는 눈곱만큼도 상상하지 못했던 낯선 세상에 놓인 나를 발견하게 되었다. 그때만 해도 나와 같은 생김새의 외국인을 거리에서 찾아보기가 쉽지 않았는데 거리로 나가면 내가 단지 피부나 얼굴 생김새처럼 겉만 다른 것이 아닌 안과 밖으로 확연히 다른, 완벽하게 낯선 존재가 된 것 같은 느낌을 받았다. 그 당시 한국의 거리에서 유럽 쪽에서 온 외국인을 만난다는 건 흰색 파리를 보는 것만큼이나 드문 일이었다. 그도 그럴 것이 *AIRE의 통계에 따르면 당시 한국에 체류하고 있던 이탈리아 사람들의 숫자는 약 200명 정도였는데 그나마도 절반은 신부님들이거나 수녀님들이라고 했다.

서울에서 보낸 첫 주에는 거리 어디나 밤낮으로 환하게 불이 밝혀져 있고 카페테리아나 레스토랑에는 사람들로 늘 북적대고 있어 나는 아주 고무된 기분이었다. 하지만 시간이 지나고 익숙해지자 그런 모습들이 조금씩 달라 보이기 시작했다. 관광객이 아닌 이곳에서 살아

---

* AIRE Anagrafe Italiani Residenti All'estero의 약자. 호적상에 기재되어 있는 외국에 거주하는 이탈리아인.

야 하고 일을 해야 하는 입장이 되자 보이지 않던 차이가 피부로 느껴지기 시작했다.

처음 거리에 나섰을 때는 한국 사람들의 무례함에 놀라기도 했고 기분이 나빠지기도 했다. 내가 만난 한국 사람들은 마음을 열지 않는 민족주의자들처럼 보였고 또 외국 사람들은 위험하다는 생각을 저변에 깔고 있어 이방인과 말을 섞기를 두려워하는 것 같아 보였다. 하지만 그것보다 나를 힘들게 하는 건 따로 있었다. 바로 사생활이 없다는 사실이다.

한국에서는 사생활이 없다. 서울과 같은 대도시에 살고 있는데도 주변의 모든 사람들이 나의 모든 것을 알아야만 할 때에는 정말 숨통을 조여 오는 것처럼 힘들었다. 나의 개인적인 버릇이나 습관처럼 지극히 사적인 것조차 가족이나 남들과 공유해야 할 때는 정말로 적응하기 어려웠다. 이런 습관들은 너무나도 개인적이고 이기적이라고까지 할 수 있는 내가 살던 유럽과 정반대였기 때문이다. 또 한국 사람들은 아침, 점심, 저녁 식사에는 늘 밥과 김치를 먹는다. 항상 똑같은 음식을 먹어야 하는 것은 나에겐 익숙하지 않는 일이었다. 이탈리아에서는 점심과 저녁 메뉴를 항상 다르게 먹었다. 나는 과일을 즐겨 먹는데 서울에서는 로마에서처럼 마음껏 먹을 수가 없어 남모를 고충을 겪기도 한다. 과일의 종류도 종류지만 가격이 너무 비싸기 때문이다.

서울에서의 삶은 항상 바쁘고 항상 무엇인가를 하고 있어야 했으며 아무것도 하지 않는 일종의 휴식 시간이 없는 것 같았다. 때문에 서울에서 할 일이 없는 사람은 패배자, 수상한 사람처럼 보였다. 내가 살던 유럽에서는 쉬는 시간을 많이 가진 사람들이 오히려 부러움의 대상이고 운이 매우 좋은 사람으로 여겨지는데 말이다.

사생활에 관한 것 말고도 한국에 체류하고 있는 거의 모든 외국 사람들이 이해하기 힘들어 하는 것은 종종 한국 사람들이 생각을 쉽게 바꾸는 것이다. 이탈리아어 과외를 할 때였다. 수업을 정해진 날, 정해진 시간에 해 본 적이 별로 없었다. 번번이 전화를 해서 갑자기 회사에 일이 생겼다고 시간을 바꾸고 다시 전화해서 날짜를 바꾸기를 반복한다. 나는 정말 궁금하다. 한국 사람들은 왜 2분마다 생각이 달라지는 걸까.

episode 3
한국 초년생의 일상 2

한국에서 살면서 알게 된 것 중에 정말로 흥미로운 것이 하나 있다.
그것은 길을 건널 때 보행자가 신호를 위반하고
길을 건너면 벌금을 내야 한다는 것이다.
또한 보행자는 보행 금지인 길을 가로질러 건널 수 없다고 한다.

나는 수없이 많은 시내버스와 시외버스가 신호등에 빨간 불이 들어와 있을 때에도 빠르게 운전해서 건너가는 것을 보았다. 내 생각에 이는 보행자가 길을 가로질러 건너는 것보다 훨씬 더 위험한 데도 경찰은 그런 버스들을 단속하지 않는다. 신호등과 횡단보도는 보행자를 보호하기 위한 장치가 아닌가. 그런 모습을 볼 때마다 난 한국에서는 보행자들의 안전보다는 버스 회사의 수익을 더 중요하게 여기는 것 같은 생각이 든다.

이탈리아에 가면 사람들이 종종 내게 묻는다.

"한국 사람들이 개를 먹는다는 게 사실이야?"

"먹어 봤어? 어때?"

그때마다 나는 먹는 사람들도 있고 또 먹는 개의 종류도 차이가 있다고 말한다. 이것은 문화의 차이임을 설명해야만 한다. 그리고 이렇게 묻는 사람들은 본인이 무지하다는 것을 모르는 사람들이다. 그리고 나는 유럽 사람들이 돼지를 먹지만 무슬림 국가에서는 돼지를 먹지 않는다는 것을, 또 인도에서는 흰 소를 숭상해서 먹지 않는다고 함께 설명한다. 그렇다면 누가 맞는 것인가? 그 누구도 절대로 옳지 않다. 단지 자기가 살고 있는 사회가 더 발달한 사회라고 믿고 있는 사람들의 잘못이다. 나의 장인은 여름이면 종종 개고기를 드시는데 난 그런 장인이 전혀 이상하지 않다. 물론 나는 개고기를 먹지 않는다. 그 이유는 개고기 요리의 냄새가 싫기 때문이다. 어쨌든 나는 지금까지 개고기를 먹지 않았고 앞으로도 먹어볼 요량은 없다. 하지만 언젠가는 꼭 산낙지를 먹어 보고 싶다.

한국에서 가장 신기하고 의아했던 경험이 하나 있다. 어느 겨울, 일요일이었는데 날씨가 몹시 추웠다. 그날 내 인생에 처음이자 마지막일 경험을 했다. 처음으로 불가마 찜질방에 간 것이다. 강화도에 있는 아내의 오빠 집에 놀러 갔다가 무심코 따라갔던 것이었다. 불가마 찜질방은 아주 흥미로운 곳이었지만 나는 그 안에서 1분 이상 견디지 못하고 도망쳤다. 지금도 기억하는 그곳은 무척 조그만 방이었는데 마치 오븐 속에 들어간 것처럼 뜨거웠고 5분만 있으면 나는 그 안에서 마르게리타피자가 될 것만 같았다. 내 주변에는 온통 한국 사람들이 불가마 속에 있는 나를 놀라움과 궁금함이 가득한 표정으로 쳐다보고 있었다. 뜨거운 열이 피부를 따갑게 하고 숨이 턱턱 막혀 나는 바로 그 방에서 도망쳐서 밖으로 나갔다.

5분쯤 지났을까. 친절한 아저씨 한 분이 나를 다른 방으로 초대했다. 거기 있으면 시원해진다는 말에 따라가 보니 막상 그 방은 아까보다 더 뜨거운 것이 아닌가. 벌써 절반도 더 익은 피자가 되어서 도망을 나왔는데 그 아저씨가 말한 방에 들어갔다가는 통닭이 될게 뻔하지 않나. 그렇게 뜨겁고 좁은 방에서 한국 사람들은 누워서 잠을 잘 수 있다니 난 너무나 신기하고 궁금했다. 누군가 내게 찜질방에서 잠을 자라고 하면 나는 차라리 개고기를 먹겠다고 할지도 모르겠다.

또 하나, 한국에 와서 놀란 것 중 하나는 자연의 아름다움이었다. 오기 전에는 몰랐지만 한국의 자연은 놀랍도록 아름답다. 특히 빨강, 노랑으로 물든 단풍을 볼 수 있는 한국의 가을을 제일 좋아한다. 산은 낮지만 나무로 가득해서 그 무성한 숲에 들어가면 한없는 평화를 느끼게 해 준다. 나는 그 숲의 가장자리를 따라 걷는 걸 좋아하고 송진 냄새 맡기를 좋아한다. 하지만 한국의 빠른 변화 속에 이 아름다운 자연이 얼마나 지속될 수 있을지 모르겠다. 자연이라는 이 아름다운 선물을 잘 지켜 나갔으면 좋겠다.

episode 4
지하철에서 스승을 만나다

나는 한국에서 지하철을 자주 이용하고, 좋아한다.
한국의 지하철은 나에게 아주 많은 것을 가르쳐 주는 스승이다.

지하철을 타고 다니다 보면 저녁 9시가 넘은 늦은 시간에 노인들이 차 칸마다 남겨진 신문을 주워 모으는 것을 자주 보게 된다. 패지를 팔아서 약이나 쌀을 사기 위해서라고 한다. 나는 노인들에게서 대단한 투지와 위엄과 용기를 발견한다. 얼마나 위풍당당한 사람들인가. 한국의 노인들은!

한국에서 신기한 것을 참 많이도 보았지만 무임 승차표만큼 신기한 것도 별로 없는 듯하다. 지하철역 검표대 옆에 무임 승차표가 쌓여 있지만 사람들은 그것을 가져가지 않았다. 유심히 살펴보니 할아버지나 할머니들이 지하철에 승차할 표를 한 장씩 가지고 가는 것이었다. 젊은 사람들은 절대로 가져가는 법이 없었다. 만약 로마의 지하철역에 무임 승차표를 쌓아 둔다면 어떤 일이 벌어질까 상상해 보았다. 로마에서는 지하철 검표대를 지날 때면 표를 내고 가는 사람의 뒤에 바짝 붙어서 표 없이 검표대를 통과하는 사람들을 가끔 볼 수 있다. 그러고 보면 한국 사람들은 법을 참 잘 지키는 것 같다.

로마에서는 지하철이 늦게 도착하는 일이 흔하지만 한국에서는 흔한 일이 아니기에 그것에 익숙해진 나는 로마에서 지하철이 늦게 도착할 때면 옆에 있는 사람들에게 매번 말한다.

"기차는 정시에 도착하는 게 맞지 않나요?"

그러면 사람들은 어깨를 으쓱할 뿐이다. 지하철을 무임 승차했으니 할 말이 없다는 걸까?

이탈리아의 사정은 조금 다르다. 혹시라도 로마를 방문하고자 한다면 몇 가지 팁을 주고 싶다. 로마는 절대로 위험한 곳이 아니지만 그렇다고 해도 사람들로 붐비는 중심가나 승객으로 가득 찬 지하철 안에서는 가방이나 지갑을 조심하는 게 좋다. 그것을 빼면 로마는 기분이 좋아지는 도시니 두려움이나 거부감 없이 방문해도 좋다.

어찌됐든 한국 사람들은 정직하고 내면이 건강하며 악의적이지 않고 소박하다는 것이 내 생각이다. 나는 어깨를 치고 지나가면서도 미안해하지 않는, 아무렇지도 않게 가래를 끓어 모아 침을 뱉는 일부 한국 사람들이 맘에 들지 않지만 또 내 것이 아니면 탐내지 않는 정직한 한국 사람들의 모습에 정감이 간다.

episode 5
세상이 둥근 이유

처음 한국에 와서 살았던 곳은 홍대 근처였다.
상수역 바로 옆이였는데 그곳은 늘 지나다니는 사람들이 많았다.

어느 겨울날이었다. 연일 영하로 내려가는 추운 날씨 때문에 길바닥이 얼어 있었는데 길을 걷다 한 젊은 여자가 빙판길에서 넘어지는 것을 보게 되었다. 응급처치가 필요할 것 같아 나도 모르게 가까이 다가가서 괜찮은지 물었다. 그런데 함께 있던 남자 친구는 오히려 나를 이상하게 쳐다보았다. 무엇보다 젊은 여자는 무척이나 부끄러워했고 당황스러워했다. 내 의도와는 무관하게 이상한 사람이 된 것 같은 기분이 들었다. 아마도 서양 사람이 도와주러 온 것에 대해 놀란 모양이었다. 두 사람은 도움을 거절하기는 했지만 고맙다고 말했다. 어려움에 처한 사람을 돕는다는 것은 나에게 당연한 일이다. 물론 로마에서도 최근 수 년 사이에 풍속이 바뀌고 있긴 하지만 말이다.

그날 말고도 거리에서 가끔씩은 몸이 안 좋은 사람들을 보게 되었다. 그런데 대부분의 한국 사람들은 그들에게 다가가지 않고 마치 아무 것도 보지 못한 것처럼 가 버렸다. 내게는 그런 풍경이 이상했다. 또 한국 사람들은 길을 걷다가 넘어지면 무척이나 창피해 하면서 급하게 일어나서 아무렇지도 않은 척하고 가려고 한다. 하지만 내 생각으로는 창피하다고 생각하기 전에 다친 곳을 확인하고 치료를 받는 것이 더 중요한 것 같다. 아픈 사람을 도와주고, 아플 때 도움을 받고 하는 것이 왜 창피한 일이고 피해야 하는 일인지 나는 지금도 모르겠다.

한국에서는 공공의 것이라는 인식이 부족한 것 같다. 한번은 한국에서 살고 있는 미국 사람, 캐나다 사람과 함께 이야기를 하다가 한국의 지하철에 관해 이야기를 하게 되었다. 그들은 지하철이나 엘리베이터를 탈 때 이미 사람들로 가득 찼음에도 마구 밀어 대면서 그 안으로 들어오는 사람들 때문에 힘들다고 말했다. 캐나다 사람은 도시의 인구밀도가 높아서 그럴 거라고 말했지만 나는 그와 조금 다른 생각이다. 세상에는 서울만큼 인구밀도가 높은 도시들은 많다. 그렇다고 해서 그 도시의 사람들이 지하철이나 엘리베이터를 탈 때마다 타인을 마구 밀어대며 타지는 않으니까.

뿐만 아니라 한국에서는 모든 것에 비용을 지불해야 한다. 로마에서는 웬만한 거리와 광장에는 누구든 마실 수 있는 물이 있다. 하지만 서울에서는 은행이나 우체국에 가서 마셔야 한다. 또한 거리 어디서건 주차를 하려면 주차비를 내야만 한다. 하지만 로마에서는 주차비 없이 주차를 할 수 있는 곳이 많다.

물도 사 마셔야 하고 주차비도 꼭 내야 하는 한국이지만 축구 경기만큼은 로마보다 훨씬 싼 가격으로 볼 수 있다. 세상은 그래서 둥근지도 모르겠다. 아내와 함께 인천 유나이티드팀의 경기를 몇 번 보러 간 적이 있는데 나에게는 정말로 즐거웠던 기억이다. 경기장에는 팬, 가족, 어른, 아이가 아무런 경계 없이 편안한 분위기에서 경기를 보고 있었다. 한국의 경기장에는 논쟁도, 소요도, 각 팀 팬끼리 다툼이 없으니 관중을 통제할 경찰도 없었다. 축구 경기가 이탈리아만큼 흥미롭진 않았지만 정말로 기분 좋게 축구 경기를 볼 수 있었다.

이탈리아에서는 벌써 이십 년째 경기장을 찾아가지 않고 있다. 만약 이탈리아의 축구장도 스포츠와 여가와 문화와 건강한 경쟁이 이루어지는 장소로 돌아갈 수 있다면 정말로 좋을 텐데….

episode 6
한국이 그리울 때

일 년에 한 번은 로마에서 지내게 된다.
로마에 있다 보면 한국 음식이 그리워진다.

한국 음식은 정말 맛이 있다. 특히 된장찌개, 불고기, 장조림, 보쌈과 목살구이는 언제라도 먹을 수 있을 만큼 좋아한다. 어느 여름날 인사동 전통 찻집에서 마셨던 식혜는 정말 잊을 수가 없다. 나는 된장찌개나 식혜 같은 전통적인 한국 음식을 사랑한다. 아주 오래전 할아버지 할머니들이 만들어 먹던 음식과 전통은 정말 사랑스럽기 때문이다. 나는 한국 사람들이 그들의 정체성을 잊지 않았으면 좋겠다. 로마에 있을 때도 한국 음식이 먹고 싶어지는 것을 보니 이제 한국 음식은 내 몸이 찾는 것 중에 하나가 되었나 보다.

한국을 떠나 이탈리아에서 지내다 보면 한국 음식이 생각날 때가 많지만, 로마에 있는 한국 식당은 좀 비싼 편이라 쉽게 가게 되지 않는다. 이렇게 한국 음식에 대한 생각을 하다 보니 지금 내 머릿속에는 김밥 두 줄이 떠오른다. 가을 햇살이 가득 퍼진 스페인 광장 계단에 좋아하는 책을 들고 앉아 김밥을 먹으면 얼마나 좋을까. 지금, 모든 게 있지만 김밥이 없어 아쉬울 따름이다.

로마에서 지내다 보면 한국에서 하던 습관대로 행동할 때가 있는데 그중 하나가 신발을 벗는 것이다. 한국에서 내가 좋아하는 것 중에 하나는 현관에 나란히 놓인 신발들을 보는 것이다. 현관을 들어갈 때 벗어 둔 신발을 보면 그 사람을 만나는 것처럼 반갑다. 내가 사는 집에는 현관문이 투명한 유리로 되어 있다. 그래서 아침에 나올 때면 벗어 둔 신발에 햇볕이 들어 따뜻할 때가 있다. 따뜻한 신발을 신는 건 정말 기분이 좋은 일이다. 이탈리아의 집에서도 집안에 들어가기 전에 신발을 벗으면 좋을 것 같다. 하지만 대부분의 이탈리아 사람들은 그렇게 하기가 어려울 것 같다. 그러고 보니 나도 점점 한국 사람이 되어가는 것일까? 로마 집에 가서도 집 안에서는 신발을 벗어 두고 늘 슬리퍼를 신는다.

하루 종일 기차역, 시장 등 지저분한 곳을 돌아다닌 신발을 신고 집안에 들어오는 게 위생적인 일은 아닐 것이다. 종종 유럽 사람들은 유럽의 생활방식이 가장 세련되었다고 믿고 있지만 꼭 그렇지만은 않은 것 같다. 유럽 사람들은 세제로 집안 청소를 열심히 하고 있지만 그렇게 위생적인 것 같지는 않으니 말이다.

로마에서 우체국을 가거나 은행을 가야 할 때면 나는 정말 여기가 한국이었으면 할 때가 있다. 한국에 살면서 항상 멋지다고 생각하던 것 중에 하나는 은행과 우체국, 동사무소에서 송금하기, 소포 부치기, 서류 떼기 등을 한나절 안에 다 할 수 있다는 것이다. 이는 정말 놀랍고 환상적인 일이다. 로마에서는 하루에 소포만 부쳐도 운이 좋다고 할 수 있기 때문에. 한국에서 혼인신고를 하던 날이었다. 모든 것을 끝내기까지 10분도 채 걸리지 않았는데 나는 그 사실을 믿을 수가 없었다. 아마도 '나중에 다시 돌아와야 하겠지'라고 생각했었는데 정말로 그것이 끝이었다. 로마에서 이 같은 효율성을 어디서 찾아볼 수 있단 말인가. 로마에서는 보통 증명서 하나를 만들기 위해 여러 번 동사무소를 찾아가야 하고 따라서 귀중한 시간을 소비하게 된다. 내가 하는 말이 이탈리아어인데도 불구하고 이탈리아 사람들보다는 한국 사람들이 내 말을 더 잘 이해하는 것 같다.

로마에서 그리운 것 중 또 하나는 바로 한국의 수영장이다. 한국에서는 바다에서 수영을 해 본 적은 없지만 수영장에는 자주 갔고 덕분에 나온 배도 줄일 수 있었다. 가끔은 아내와 함께 가기도 했다. 한국 수영장은 최고라고 말하고 싶다. 서비스의 질도 좋고 요금도 저렴해서 만족스럽고 수영장에서 만나는 사람들과도 항상 이야기를 나눌 수 있어 수영장 가는 것이 좋다. 로마에서 수영장에 가려면 한 번 이용하는데 7유로(한화 1만 500원 정도)를 내고 헤어드라이기를 사용할 때 따로 20센트(300원 정도), 샤워하는 데 또 20센트를 내야 하니 결국은 7.5유로를 내는 셈이다. 반면 한국에서는 사우나, 수압 맛사지, 헤어드라이어, 사물함, 수영장, 샤워실 안의 비누까지 단돈 3천 원이면 되니 그야말로 환상적이다. 로마에서 수영장을 갈 때마다 나는 슬퍼진다. 한국이 그립기 때문이다.

episode 7
로마가 그리울 때

나는 로마에서 태어났다.

부모님도 로마에서 태어나서 자랐고 조부모님도 로마에서 사셨다.
나는 로마의 거리, 하루하루의 풍경을
내 얼굴보다 더 자세하게 설명할 수 있다.

쟈니콜로의 저녁, 핀초에서 내려다 보는 포폴로 광장, 오렌지 정원, 보르게제 공원, 빌라 아다, 여름날의 분수들, 친구들과 축구를 하던 팜필리 공원, 이솔라티베리나, 게토의 빵, 아이스크림 가게, 해질 무렵의 장밋빛 하늘…. 그렇다고 내가 늘 향수병에 시달리는 것은 아니다.

아내를 만나 알아 가기 시작할 때 나는 그녀에게 로마의 구석구석을 보여 주고 싶었다. 관광지가 아닌 진짜 로마를…. 우리는 참으로 많은 거리를 걸어 다녔다. 가끔씩은 버스도 타고 지하철도 탔지만 로마의 아름다움은 걸으면서, 매번 다른 사람을 만나면서 느껴야 더 아름답다.

서울이건, 인천이건, 영종도건, 한국의 밤풍경은 어디나 똑같다. 번쩍거리는 네온사인이 항상 켜져 있고 하늘은 온통 전선 덩굴로 뒤덮여지만 그래도 나는 가끔씩 로마의 밤거리가 그립다. 로마는 태양 아래서 가장 빛이 나지만 나는 해가 질 무렵 거의 수평으로 비추어 오는 햇살에 물든 로마를 보는 것이 가장 좋았다. 하늘이 장밋빛으로 물들고 거리의 불이 하나씩 들어올 때를 가장 사랑한다. 로마는 밤이면 좀 어두운 편이다. 현란한 조명도 네온도 사용하지 않는다. 파리나 런던의 밤도 로마의 밤보다는 환하다. 하지만 나는 마음을 누그러뜨리고 집으로 돌아가는 발걸음을 재촉하게 하는 로마의 조금은 어두운, 그리고 조금은 퇴색한 듯한 그 모습이 좋다.

한국에서 살면서 난 가끔씩 로마의 거리를 걷는 상상을 한다. 아니 상상을 해야 한다고 하는 것이 더 정확할 것 같다. 그 이유는 로마의 친구들이 그리울 때가 많아서다. 로마에서 거리를 걷다보면 언제나 어느 골목어귀에서 친구나 아는 사람을 만나곤 했다. 막역한 사이의 오랜 친구가 아니더라도 어떤 때에는 처음 보는 사람이더라고 길가 한켠에 서서 많은 이야기를 나누기도 했다. 관광객이 쉴 새 없이 지나가는 비아델코르소에서도, 베네치아 광장 앞에 있는 바 브라질 앞에서도 친구를 만나 한참 동안 이야기하고 함께 웃을 수 있었다. 아내는 그런 날 지금도 잘 이해하지 못하는 것 같지만 나는 문득문득 그 거리의 온기가 그립다. 누구와도 거리에 서서 이야기를 할 수 있고 그가 낯선 사람일지라도 함께 순간순간의 감정을 나눌 수 있으며, 친구가 되는, 그것을 가능하게 하는 로마의 거리가 한국에 있는 지금 무척이나 그립다.

한국 사람들은 초등학교, 중학교, 대학교처럼 학교에서 혹은 직장에서 친구를 많이 사귄다. 그리고 학교 밖이나 직장 밖에서 친구를 사귄다는 것에 대해 의아해하기도 한다. 그리고 한국에서는 서너 번 만나면 친구가 되었다가 또 금방 다시 만나지 않기도 한다. 나에게는 십여 년간 친구로 지내는 일본인 친구들이 있다. 나는 그들과 지금도 전화를 하고 편지를 쓰고 가끔씩 만나기도 하는데 일본 사람들 뿐 만이 아니라 중국 사람들도 있고 다른 나라 친구들도 있다. 하지만 한국에서는 친했다고 생각했던 친구를 몇 달 만에 잃어버리는 일이 많다. 한국에서 친구 사귀기가 참 어렵다고 느껴질 때 난 로마에 있는 내 친구들이 더욱 더 보고 싶어진다.

Part 3
이탈리아 요리를 맛보다
Kusto Italiano

이탈리아 가정식은 하나의 접시에 고기, 채소, 면류 등을
한 번에 올려 먹지 않는 것이 원칙이다.
그렇다고 해서 음식이 거창하거나 만들기 복잡한 것도 아니다.
간단한 조리법으로 재료가 가진 맛과 질감을 최대로 살리면서
조화를 잘 맞추는 것이 바로 이탈리아 요리의 특징이다.
이탈리아 요리에 숨겨진 작은 비밀을 알게 되면 누구든
에피타이저와 디저트까지 완벽하게 근사한 코스 요리를 만들 수 있다.

이탈리아 음식 문화

01

아침, 점심, 저녁까지 가장 기본이 되는 이탈리아 가정 요리를 소개한다.
또한 지역마다 분위기가 다른 이탈리아 음식 문화의 특징을 짚어 준다.

이탈리아 음식 문화

지역마다 다른 음식 문화가 특징

이탈리아는 3면이 바다에 둘러싸여 어떻게 보면 우리나라와 비슷하게 보일 수도 있다. 총 길이 7천km가 넘는 해안선을 가지고 있어 알프스 밑에 있는 북쪽을 제외하면 거의 모든 국토가 지중해와 접하고 있는 셈이다. 대부분 바다와 인접해 겨울에는 습하고 여름에는 덥고 건조한 날씨를 유지하며 거의 모든 지역에서 올리브, 포도, 레몬류와 코르크 등이 잘 자란다. 또한 바다가재 등의 갑각류와 정어리와 같은 등 푸른 생선이 풍부하다. 특히 이탈리아의 여름은 무척 덥지만 습하지 않아 음식이 잘 상하지 않는다. 바로 이것이 치즈나 생 햄 등의 저장식품이 발달할 수 있었던 이유다.

이탈리아는 크게 북부·중부·남부로 나뉘는데 북부는 아오스타에서 에밀리아 로마냐, 중부는 토스카나에서 라지오, 남부는 아부르조에서 칼라브리아까지를 포함한다. 지역마다 도시마다 생산되는 농산물과 품질이 확연하게 다르기 때문에 그에 따라 음식이 다르게 발달한 것도 이탈리아만의 특징이다. 작게는 50km 떨어진 도시마다 서로 다른 음식 문화를 가지고 있다. 지형조건이 다양해 좁은 지역 내에서도 날씨의 변화가 포도주, 올리브유, 채소, 과일 등의 생산량과 맛에 큰 영향을 주기 때문이다.

남부지방의 음식은 소박하지만 단순해 쉽게 질리지 않는 요리가 많다. 그렇지만 북부지방으로 가면 사정은 달라진다. 알프스산 바로 밑에 있는 트렌티노 알토아디제, 아오스타, 피에몬테에서는 올리브 나무가 잘 자라지 않는다. 북부지방은 겨울이 길고 춥기 때문에 더 많은 지방의 섭취가 필요하게 되는데 버터나 돼지 비계 등을 사용하거나 호두씨, 호박씨 등 씨앗에서 얻는 기름을 많이 사용했다고 한다. 요즘에야 올리브유가 생산되지 않더라도 구매하는데 문제가 없지만 불과 수십 년 전까지만 해도 사정은 달랐다. 북부의 요리는 조금 더 공정이 복잡하며 많은 요리에 버터나 동물성 지방을 사용하는 경우가 많다.

지역별 요리의 차이를 만드는 요인 중 또 하나는 생산되는 밀에 있다. 이탈리아 전역에서 밀이 재배되고 있지만 그 종류는 다르다. 중부 북쪽에서는 부드러운 질감의 연질밀이 재배가 되고 남부지방에서는 단단한 질감의 경질밀이 재배가 된다. 이 재배

되는 밀의 차이는 빵과 파스타에서 알 수 있는데 중부 북쪽 지방에서는 연질밀을 사용하는 라자냐, 라비올리 등의 생파스타가 발달했고, 남쪽에서는 경질밀로 생산하는 스파게티, 펜네 등의 건조 파스타가 더 발달했다고 한다. 실제로 스파게티는 시칠리아에서 가장 많이 먹고 에밀리아로마냐 지방에서는 생파스타로 만든 라자냐, 칸넬로니 등이 발달했다. 빵에서도 차이가 보이는데 풀리아의 알타무라 *Altamura* 지역에서 만들어지는 빵은 경질밀만으로 만들어진다. 반면 피에몬테의 토리노에 가면 기다란 막대기 모양의 바삭한 그리시니 *Grissini* 를 자주 보게 되는데 이는 연질밀을 이용해 만든 빵이다.

이탈리아 가정식의 기본

일 년에 두 번 정도 로마에 있는 시댁을 방문하는데 갈 때마다 시어머니로부터 여러 가지 음식을 배운다. 시어머니는 점심 식사를 가장 정성껏 준비한다. 점심 식사 때가 되면 긴 테이블에 식탁보를 깔고 식구 수대로 세팅을 한다. 물과 와인, 빵이 놓이고 보통은 식전 요리인 안티파스토 *Antipasto*, 파스타를 주로 하는 프리모 *Primo*, 고기나 생선 요리인 세콘도 *Secondo*, 곁들임 요리인 콘토르노 *Contorno*, 과일, 디저트, 커피 순으로 이어진다. 물론 이중 한두 가지를 빼는 경우도 있다. 요리는 계절에 따라 달라지는데 겨울에 가면 따뜻한 국물이 있고 오래 푹 끓여 먹는 미네스트라가 자주 나오고 여름철에는 닭고기 샐러드처럼 기름기가 적고 조리시간이 빠른 음식들이 자주 나온다. 기본적으로 가정에서 먹는 음식과 레스토랑에서 먹는 음식 순서나 조리방법에 큰 차이는 없다. 가정에서 준비하는 음식과 레스토랑에서 준비하는 음식은 준비하는 재료의 양이 많고 적음에 차이가 있을 뿐이다.

이탈리아 사람들은 집에서 먹는 가정 요리를 좋아한다. 때문에 레스토랑의 음식이라고 해서 특별히 다른 재료를 쓴다거나 제철이 아닌 재료를 써서 특별함을 강조하지 않는다. 학교에서 요리를 배울 때도 어떤 지방의 전통요리를 재현하는 것을 중시해 모든 과정을 비록 실용적이지 않더라도 예전 방식을 최대한 따르는 것을 원칙으로 한다.

이탈리아, 특히 로마의 많은 가정에서는 아침 식사를 아주 간단하게 준비한다. 케이크나 비스킷, 우유와 커피 정도가 전부인 경우가 대부분이다. 물론 오전 11시에서 정오 사이에 간식 시간인 스푼티노에 피자 한 조각이나 파니니를 먹는다. 이렇다 보니 점심 시간이 중요하다. 이탈리아 영화를 보면 일하러 나간 아버지가 점심 시간에 식사하러 돌아오는 걸 자주 보았다. 그때마다 일부러 집으로 점심을 먹으러 온다는 게 특이하게 느껴졌다. 이탈리아 사람들에게 점심 식사는 하루 끼니 중 가장 중요하다. 지금도 집으로 점심을 먹으러 오는 사람들이 있다고 한다. 일요일의 점심 식사는 결혼한 자녀들도 함께 하는 거창한 식사 시간을 갖기도 하는데 오후 1시부터 시작하는 점심 식사는 보통 파스타, 고기 요리, 채소 요리, 과일, 디저트, 커피로 이루어진다.

이탈리아 음식 문화

같은 재료로 두세 가지 요리를 하거나 재료에서 나오는 국물로 다른 요리에 넣는 활용을 하여 시간과 수고를 줄이는 것이 비법이다.

이탈리아도 겨울이면 제법 습하고 춥다. 시어머니는 햄을 넣어 만든 아주 작은 만두인 토르텔리니 *Tortellini*를 맑은 고기 육수에 끓여 내는데 고기 덩어리를 삶은 육수는 토르텔리니를 조리하고 건져 낸 삶은 고기는 세콘도로 내놓는다. 이렇게 한 가지 재료로 한 가지 이상의 상차림을 하는 것이 이탈리아 가정식 요리의 특징이다. 시댁에 갈 때면 이탈리아 가정식 요리를 자연스럽게 익히니 새삼 이탈리아 요리가 더 가까이 다가오는 것 같아 마음이 따뜻해지고는 한다.

RISTORANTE
Al Barone
PIZZERIA

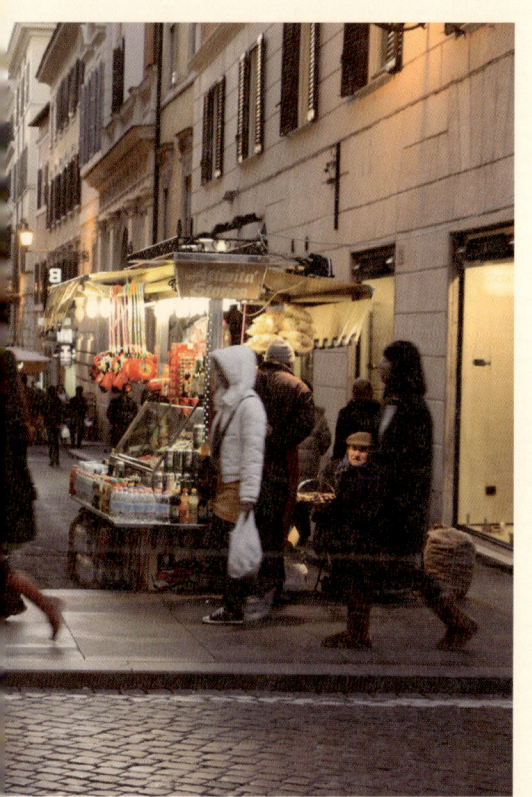

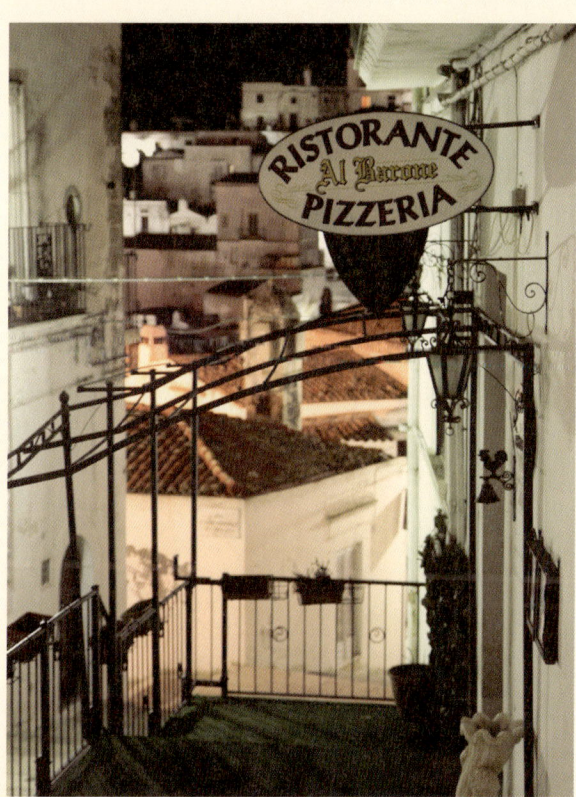

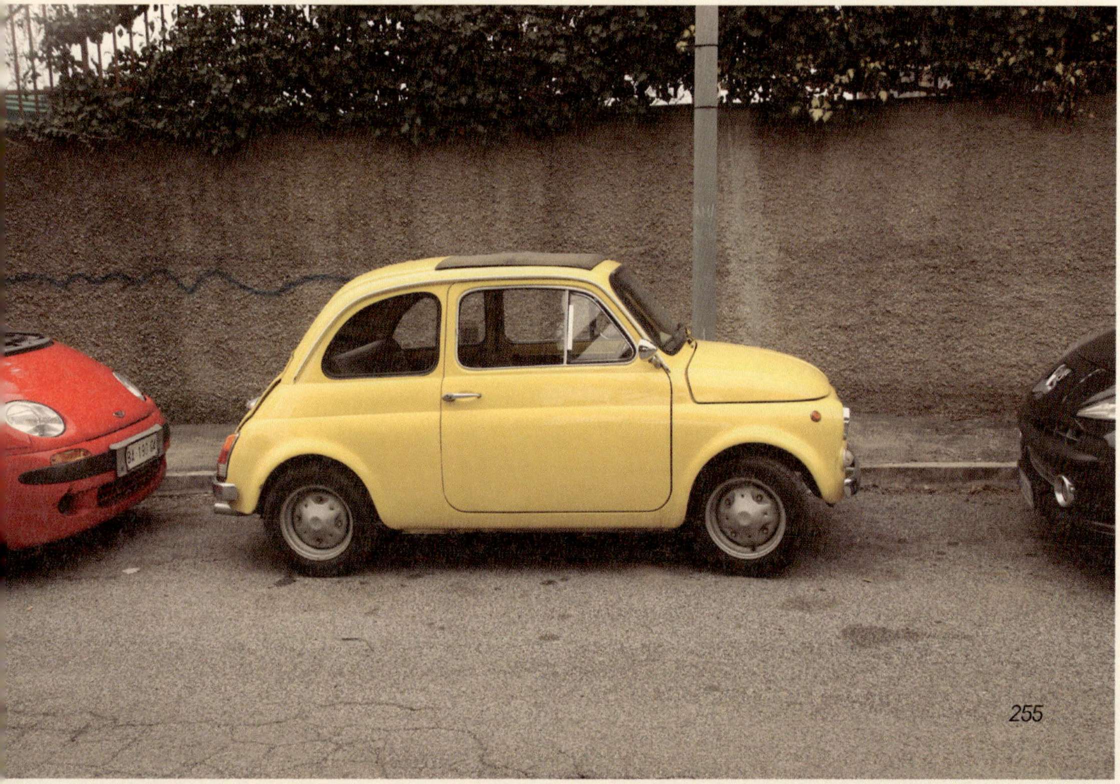

파스타의 종류

02

우리의 주식인 밥처럼 이탈리아 요리의 가장 기본이 되는
파스타 종류와 맛있게 삶는 방법을 알려 준다.

이탈리아 음식의 기본, 파스타

파스타를 맛있게 만들기 위해서는 소스를 잘 만드는 것이 중요하다. 그러나 그것만큼이나 중요한 것이 바로 면을 맛있게 삶는 것이다. 파스타를 먹을 때 질리지 않고 맛있게 먹으려면 소스와 면의 짠맛이 균형을 이루어야 한다. 탱글탱글 잘 삶아진 파스타는 그냥 먹어도 고소하고 달콤해 맛이 좋은데 파스타를 맛있게 삶기 위해서는 물의 양, 소금의 양, 불의 조절이 가장 중요하다.

파스타를 삶을 때에는 물을 많이 넣는 것이 좋다. 직접 반죽해서 만든 파스타라면 2분이면 다 익지만 건조 파스타의 익히는 시간은 보통 8~12분이 걸리며 더 오래 익혀야 하는 것도 있다. 이렇게 파스타를 오래 삶게 될 때 물의 양을 너무 적게 잡으면 익히는 과정에서 물이 많이 줄게 되어 면의 짠맛이 강해질 수 있기 때문이다.

다음으로는 소금의 양인데 파스타를 삶는 물이 너무 싱거우면 면도 싱겁게 삶아져 나중에 소스에 볶아도 간이 잘 맞지 않게 된다. 파스타를 삶을 때 적당한 소금의 양은 삶는 물 1리터 당 8~10g 정도.

파스타를 삶을 때는 센 불에서 익혀 주어야 한다. 면을 삶을 때 불이 약해지면 면 속의 전분이 빠져 나와 물이 걸쭉해지기 쉽다. 이렇게 전분이 빠져 나오면 면이 끈적거리고 탄력이 적어져 식감이 떨어진다. 면을 완전히 익히지 않고 살짝 덜 익힌 것을 알 덴테 *Al dente*라고 하는데 대부분의 파스타를 조리할 때는 알 덴테로 익힌다. 이렇게 익히면 많이 씹게 되어 오히려 소화가 잘 되기 때문이다.

파스타의 종류

1. 스파게티 Spaghetti

스파게티는 실, 끈을 뜻하는 이탈리아어 스파고Spago에서 유래되었으며 피자, 파스타와 함께 이탈리아 요리의 대명사가 되었다. 둥근 단면에 길고 가늘게 생긴 스파게티는 굵기에 따라 스파게티와 스파게티니로 구분되며 지역에 따라 베르미첼리 Vermicelli로 불리기도 한다. 가장 잘 어울리는 것은 토마토 소스로, 바질과 파마산 치즈를 곁들여 먹는다. 대표적인 요리로는 스파게티 알라 카르보나라Spaghetti alla carbonara, 스파게티 알로 스콜리오Spaghetti allo acoglio 등이 있다. 삶는 시간은 제조사마다 차이가 나지만 보통은 8~12분이 적당하다.

2. 펜네 Penne

원통형이며 단면은 사선으로 잘렸다. 깃털을 의미하는 라틴어 펜나Penna에서 유래되었다. 줄무늬가 없는 리샤Liscia와 줄무늬가 있는 리가테Rigate가 있으며 지티Zitti로 불리기도 한다. 이탈리아 가정에서 가장 많이 사용하는 대표적인 파스타 중 하나로 거의 모든 소스와 잘 어울릴 뿐만 아니라 차갑게 먹는 샐러드 요리나 오븐구이 요리에도 자주 사용된다. 이외에도 치즈나 리코타를 이용하는 크림 소스나 채소 소스와도 잘 어울린다. 대표적인 요리로는 펜네 알 노르마Penne al norma, 펜네 알 아라비아타Penne al arabbiata 등이 있다. 익히는 시간 8~12분.

3. 링귀네 *Liguine*

납작하고 긴 모양의 링귀네는 혀를 의미하는 이탈리아어 Lingua에서 유래되었다. 리구리아 지역에서 기원한 파스타로 지역에 따라 바베테*Bavette*, 트렌네테*Trenette*로도 불린다. 링귀네는 특히 해산물 소스와 잘 어울려 봉골레나 새우 같은 해산물을 이용해 조리한 파스타를 만들기에 좋다. 대표적인 요리로는 링귀네 알 페스토*Linguine al pesto*, 링귀네 알레 봉골레*Linguine alle vongole*가 있다. 익히는 시간은 8~14분이 기본이다.

4. 푸실리 *Fusilli*

소용돌이 모양의 파스타로 긴 면과 짧은 면이 있다. 이름은 장총을 의미하는 사투리인 푸실레*Fusile*에서 기원했다고 한다. 세 가닥 소용돌이 모양이 예쁜 푸실리는 시금치, 루트, 오징어 먹물 등으로 색깔을 내 장식성이 좋은 파스타를 만들기도 한다. 특히 샐러드 요리에 많이 쓰이며 채소를 기본으로 하는 소스와 잘 어울린다. 익히는 시간은 8~12분.

5. 페투치네 *Fettuccine*

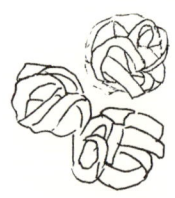

얇게 민 반죽을 5~7mm 넓이로 썬 파스타다. 밀가루에 달걀 노른자를 넣어 반죽해서 만든 페투치네는 볼로냐 지방의 탈리아텔레*Tagliatelle*면과 매우 흡사하다. 보통은 건조되지 않은 생파스타로 먹지만 시중에서 판매되는 건조 페투치네도 많이 팔린다. 면이 넓기 때문에 특히 진한 맛의 치즈 소스와 잘 어울린다. 대표적인 요리로는 페투치네 알라 파팔리나*Fettuccine alla papalina*, 페투치네 알프레도*Fettuccine alfredo*가 있다. 익히는 시간은 생파스타인 경우 2분, 건조 파스타인 경우는 6~12분이다.

6. 라자냐 *Lasagna*

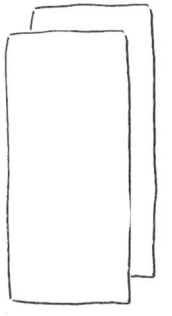

얇게 민 밀가루 반죽을 넓은 직사각형 모양으로 자른 면인 라자냐는 로마시대에 요리용 냄비를 뜻하는 라틴어 라자눔*Lasanum*에서 유래되었나. 이탈리아 사람들이 라자냐를 서빙하던 그릇을 라자눔이라 부르기 시작해서 지금의 라자냐라는 이름을 갖게 되었던 것. 밀가루와 달걀만으로 반죽해 만들기도 하지만 최근에는 건조된 라자냐 면과 물에 미리 삶지 않고 바로 요리할 수 있는 라자냐 면도 팔고 있다. 라자냐는 면, 고기 소스, 베샤멜라를 번갈아 쌓아올려 오븐에 구워 내는 요리로 이탈리아 중북부지방에서 많이 먹는다. 삶는 시간은 페투치네와 비슷하지만 면을 삶는 물에 약간의 올리브유를 넣고 삶으면 면끼리 붙는 것을 피할 수 있다. 생파스타인 경우 2분, 건조 파스타인 경우 6~12분이 적당하다.

스파게티 맛있게 삶기

- 재료 스파게티 320g, 물 5 *l*, 소금 2큰술

만드는 법(4인분)

1. 깊이가 있는 냄비에 물을 붓고 끓이다가 물이 끓기 시작하면 소금을 넣는다.
2. 물이 팔팔 끓으면 스파게티 면을 넣고 면이 물에 잠기면 나무주걱으로 바닥에 달라붙지 않게 젓는다.
3. ②가 알맞게 익으면 면을 건진다.

   tip 포장용기에 제안된 시간보다 1분 정도 적게 익히면 소스에 볶아 낸 다음에도 면의 알 덴테 상태가 유지된다.

기본 소스 6

03

재료의 맛과 조화를 중요하게 여기는 이탈리아 요리에 쓰이는 소스는 그리 다양하지 않다. 물론 작은 단위의 지역에는 그곳에서만 먹는 소스가 있지만 전체 요리에 쓰이는 경우는 적다. 지역적인 특색이 매우 강한 이탈리아 요리에서 비교적 대중화되고 기본적인 재료의 맛을 그대로 살린 6가지 소스를 소개한다.

Pesto genovese
페스토 제노베제

- **재료** 엑스트라 버진 올리브유 100g, 바질 잎 50g, 그라나 파다노 치즈 30g, 잣 15g, 호두 10g, 마늘 1쪽, 소금·후추 약간씩

어린 바질 잎과 섬세한 향의 올리브유, 잣, 마늘로 만들어지는 소스로 리구 구리아 지방의 전통음식이다. 선명한 초록색을 띠며 감자나 껍질 콩을 함께 넣고 익혀 넣어 먹기도 하며, 바질의 독특하고 신선한 향과 알싸한 올리브유와 고소한 잣이 만나서 잊지 못할 맛을 만들어 낸다. 하지만 페스토의 색깔이 쉽게 변하므로 조리 시 믹서에 재빨리 갈아야 한다. 페스토는 파스타뿐만 아니라 생선 요리에도 잘 어울리는데 이때에는 잣을 빼고 갈아서 담백하게 요리한 생선과 곁들여 내는 것이 좋다.

만드는 법(4인분)
1. 바질은 여린 잎으로만 준비해서 흐르는 물에 재빨리 씻은 뒤 물기를 턴다.
2. 믹서에 올리브유, 호두, 잣, 마늘, 그라나 파다노 치즈, 바질 잎을 넣고 재빨리 간다.
    tip 믹서에 갈 때 작은 얼음 1조각을 넣고 갈면 갈변 현상을 조금 늦출 수 있다.
3. ②에 소금, 후추로 간한다.

Fondo bruno
폰도 부르노

- **재료** 소 잡뼈 1kg, 레드와인 50g, 차가운 물 5ℓ, 당근·양파 1개씩, 월계수 잎·세이지 잎 2장씩, 타임·로즈마리·셀러리 2줄기씩, 마늘 2쪽, 통후추 5알, 토마토 페이스트 1큰술, 소금·정향 약간씩

이탈리아어로 폰도 *Fondo*는 '깊은, 바닥'이란 뜻이고 부르노 *Bruno*는 '암갈색의, 어두운'을 의미하는데 소스의 색깔 때문에 이런 이름이 붙었다고 한다. 보통 붉은색 고기 요리에 자주 곁들여지는 소스로, 고기를 마르지 않게 해 맛의 깊이를 더해 준다. 고기를 손질하고 나면 잔뼈와 자투리 고기가 많이 나오게 되는데 이를 모아서 당근, 셀러리, 양파 등의 채소와 후추, 월계수 잎, 로즈마리, 세이지 잎 등 각종 향신재를 더해 소스를 만든다.

폰도 부르노에 녹인 버터와 밀가루를 볶아서 만든 루를 넣으면 걸쭉한 갈색 소스가 만들어지는데 이를 데미글라스라고 부른다. 일반적으로 레스토랑에서는 이렇게 만든 소스를 요리에 자주 사용한다. 고기의 종류에 따라 쓰이는 폰도 부르노도 달라지는데, 쇠고기 요리라면 소뼈와 자투리 쇠고기를 이용한 폰도 부르노를, 양고기 요리에는 양뼈와 자투리 양고기로 만든 폰도 부르노를 사용하는 것이 정석이다. 루를 넣지 않은 폰도 부르노는 맛이 담백하고 깊기 때문에 스테이크 소스뿐만 아니라 고기 소스를 이용하는 파스타와 고기 요리, 소스 요리 등에 다양하게 사용되기도 한다.

만드는 법(4인분)

1. 잘게 자른 소 잡뼈는 흐르는 찬물에 깨끗이 씻은 뒤 200℃로 예열한 오븐에서 갈색이 날 때까지 익힌 다음 뼈에서 녹아내린 기름을 따라 낸다.

   tip 공기와 접촉되어 이미 산화된 기름은 누린내가 나게 하므로 반드시 버려야 한다.

2. 당근, 양파, 셀러리는 잘게 썰어 뼈와 함께 200℃로 예열한 오븐에서 색깔이 날 때까지 익힌다.

3. ②의 뼈와 채소를 깊은 냄비로 옮기고 레드와인을 넣어 센 불에서 증발시킨 뒤 차가운 물을 내용물이 잠길 정도까지 부어 끓이다가 약한 불로 줄인다.

   tip 반드시 차가운 물을 넣어서 끓여 주어야 한다. 끓기 시작하면 낮은 불에서 뭉근하게 끓여야 깊은 맛이 우러난다.

4. ③에 토마토 페이스트, 월계수 잎, 통후추, 타임, 정향, 로즈마리, 세이지 잎을 넣고 거품을 걷어 가면서 한나절 정도 푹 끓인다.

5. ④를 불에서 내린 다음 체에 거른 뒤 다시 한 번 센 불에서 분량의 1/2이 될 때까지 조린 뒤 소금으로 간한다.

Lo zabaglione
로 자바이오네

- **재료** 모스카토 다스티(화이트와인)125g, 설탕 75g, 달걀노른자 4개

달걀과 설탕을 이용해 만드는 소스로 설탕 대신 달콤한 와인을 넣어서도 많이 만든다. 끓는 물 위에서 달걀과 설탕을 힘차게 저으면서 거품이 있게 익히는 방법으로 만들기가 쉽고 빨라 급하게 조리할 때 유용하다. 이 상태로 먹기도 하지만 세미프레도, 타르트, 티라미수 등 많은 디저트를 만들 때 다양하게 쓰인다.

만드는 법(4인분)
1. 달걀노른자에 설탕을 조금씩 넣어 가며 거품기로 젓는다.
2. 냄비에 물을 담고 불에 올려 물이 끓기 시작하면 ①이 담긴 볼을 냄비 위에 얹고 모스카토 다스티를 넣는다.
   tip 끓는 물과 볼이 반드시 맞닿지 않도록 주의한다.
3. ②를 거품기로 쉬지 않고 저어 거품을 낸 뒤 달걀노른자에 농도가 생기면 불에서 내린다.

Salsa di pomodoro
살사 디 포모도로

- **재료** 완숙 토마토 500g, 마늘 1쪽, 바질 잎 4장, 엑스트라 버진 올리브유 2큰술, 물 또는 채소 스톡 약간

잘 익은 토마토, 엑스트라 버진 올리브유, 신선한 바질 잎만으로 만들어 내는 가장 이탈리아적인 소스다. 간단하게 파스타에 넣어 먹는 것은 물론 라구, 미네스트레, 피자 등 붉은색이 보이는 이태리 요리에 거의 다 쓰인다. 이탈리아에서는 이십 여종의 토마토가 재배되는데 그중 토마토 소스로 즐겨 사용되는 종은 과육이 많고 과즙이 적으며 씨가 적은 길쭉하게 생긴 산 마르자노 *San marzano* 종이다.

만드는 법(4인분)
1. 완숙 토마토는 끓는 물에 데쳐 껍질과 씨를 제거한 뒤 작게 썬다.
2. 팬에 올리브유를 넉넉히 두르고 마늘을 넣어 향이 배도록 익힌다.
3. ②에 토마토를 넣고 끓기 시작하면 불을 낮춰 뭉근한 불에서 10분간 푹 끓이다가 중간에 채소 스톡을 넣어 농도를 조절한다.
4. ③에 소금으로 간한 뒤 바질 잎을 넣고 살짝 끓인 다음 불에서 내린다.

La besciamella
라 베샤멜라

- 재료 우유 500g, 버터·밀가루 40g씩, 넛맥·소금 약간씩

우유, 버터, 밀가루, 넛맥으로 만드는 베샤멜라는 라자냐와 칸넬로니 등을 요리할 때 쓰이는 흰색의 소스다. 프랑스와 이탈리아 요리에 두루 쓰이며, 루이 14세의 집사였던 베샤멜 *Bechemel*의 이름에서 유래되었다. 이탈리아에서는 특히 에밀리아 로마냐 지방에서 쉽게 접할 수 있다. 우유의 약 1/10만큼씩 버터와 밀가루를 팬에서 볶아 루를 만든 다음 따끈하게 데운 우유를 넣고 끓여서 만든다. 넛맥을 갈아 넣으면 우유와 버터에서 나는 냄새를 없애 깔끔한 맛이 난다. 루에 들어가는 밀가루의 양을 조절하면 원하는 농도로 소스를 만들 수 있다.

만드는 법(4인분)

1. 달군 냄비에 버터를 녹인 뒤 밀가루를 체에 쳐서 넣고 거품기로 밀가루가 덩어리지지 않게 저어 가면서 볶는다.
2. 우유를 따뜻하게 데운 뒤 ①의 볶은 밀가루에 넣고 거품기로 젓는다.
3. ②에 공기방울이 생기고 밀가루가 익으면 넛맥을 넣고 1~2분 정도 끓인 다음 소금으로 간한 뒤 불에서 내린다.

Ragù di carne
라구 디 카르네

- 재료 토마토 400g, 쇠고기 200g, 돼지고기 100g, 양파 120g, 당근 60g, 셀러리 30g, 버터·그라나 파다노 치즈 20g씩, 프레체몰로·로즈마리 2줄기씩, 바질 잎 2개, 레드와인 50ml, 엑스트라 버진 올리브유·소금·후추 약간씩

미트 소스라고 부르는 대표적인 파스타 소스. 다진 쇠고기와 돼지고기, 채소, 토마토를 기본으로 만든다. 우리나라에서는 스파게티와 함께 먹지만 이탈리아에서는 라자냐 등의 생면과 함께 먹는다. 라구는 낮은 불에서 최소 2시간은 뭉근하게 끓여 주어야 제대로 된 맛을 내며 완숙 토마토를 껍질과 씨를 제거한 다음 넣거나, 캔 제품을 써도 무방하다.

만드는 법(4인분)

1. 토마토는 껍질을 벗기고 양파와 당근, 셀러리는 깨끗이 손질한 후 모두 잘게 다진다.
2. 냄비에 버터와 올리브유를 두르고 토마토를 뺀 ①의 채소를 넣고 볶는다.
3. ②에 쇠고기, 돼지고기, 로즈마리를 넣고 센 불에서 고기를 익혀 소금, 후추로 밑간한다.
4. ③의 고기가 다 익으면 레드와인을 넣어 증발시킨 뒤 로즈마리를 건진다.
5. ④에 물을 넣고 끓기 시작하면 ①의 토마토를 넣은 뒤 물이 너무 졸지 않도록 살펴보면서 약한 불에서 약 2시간 정도 끓인다.
6. ⑤에 *프레체몰로 Prezzemolo와 바질 잎, 그라나 파다노 치즈를 잘게 다져 넣고 소금으로 간한다.

---

* 프레체몰로 Prezzemolo 이탈리아 파슬리로 프레체몰로가 없을 때는 대체 재료로 파슬리를 사용해도 된다.

대표 디저트와 음료
04

이탈리아 음식에서 디저트는 아주 중요하다. 식전 요리인 안티파스토로 입맛을 돋우기 위해 화사하고 자극적인 맛을 냈다면 마지막 디저트는 입안을 마무리 하는 역할로 맛과 향, 질감 모두가 중요하다. 가정에서는 보통 식사 후에 과일을 많이 먹는데 여러 종류의 과일이 담긴 바구니를 테이블 중앙에 두고 각자 먹고 싶은 과일을 골라 먹는다. 과일은 통째로 들고 입으로 베어 먹는 것이 아니라 칼로 작게 잘라서 먹으며 껍질을 벗긴 과일은 나누어 먹지 않는다. 또한 상에 낼 때도 과일을 자르거나 껍질을 깎아서 내지 않는다.

이탈리아에는 다양한 디저트를 파는 가게가 많은데 작은 크기의 디저트는 종이 접시에 담아 무게를 달아서 판매된다. 이탈리아의 디저트는 아주 달콤한데 그 어디에서도 절대 "너무 달지 않은 것으로 주세요"라고 말해서는 안 된다. 왜냐하면 디저트는 '달다'는 뜻이니까. 만약 이탈리안 가정에 초대받았을 때 상대방이 좋아하는 디저트를 사 간다면 집주인은 정말로 기뻐할 것이다.

달콤한 디저트 다음으로는 커피를 마시게 되는데 이때 커피는 에스프레소를 말한다. 배가 너무 부르기 때문에 우유가 들어간 커피나 양이 많은 아메리카노는 마시지 않는다. 커피를 낼 때는 초콜릿이나 작은 과자를 함께 곁들이기도 한다. 가정집에는 각각 크기가 다른 카페 티에라(모카 포트)가 서너 개씩은 있어 커피를 마시는 사람 수에 따라 골라서 쓰게 된다. 가정집에서 만드는 커피에는 바에서 파는 커피처럼 커피 위에 생기는 갈색 거품인 크레마가 생기지 않는데 약간의 커피에 설탕을 녹이면서 숟가락으로 힘차게 저어 주면 갈색의 고운 거품이 만들어진다. 이 크레마를 에스프레소에 넣어 마시면 부드러우면서 달콤한 맛을 느낄 수 있다. 커피까지 마셨다면 마지막으로 그라파, 레몬첼로 등의 알코올 도수가 매우 높은 술을 마셔 소화를 돕기도 한다.

식사를 할 때의 기본 음료는 물이다. 물과 함께 와인도 자주 마시므로 점심 식사에 와인을 마시게 되는 경우도 많다.

Cappuccino
카푸치노

- 재료 우유 300ml, 물 200ml, 커피 40g, 소금·시나몬가루 약간씩

만드는 법(4인분)

1. 모카 포트에 물을 필터에 닿을 듯 말듯 채운다. 혹은 안쪽 선까지 채운다.
2. 커피를 필터에 가득 채운다. 이때 굵은 소금 알갱이 하나를 함께 넣으면 맛이 더욱 좋아진다.
3. 모카 포트 상단부를 하단부 위에 올려 단단히 돌려 닫고 약한 불에서 3~5분 정도 지나 커피가 올라오는 소리가 들리면 불에서 내린다.
   tip 불꽃이 모카 포트보다 바깥으로 나가면 안 된다.
4. 우유를 따뜻하게 데워 거품기에 넣고 거품을 만든 뒤 커피와 데운 우유 거품을 1:5 비율로 넣은 다음 시나몬가루를 얹어 낸다.
   tip 그냥 먹으면 에스프레소, 커피와 우유를 1:8로 섞으면 이탈리안들이 아침에 즐겨 마시는 카페라테가 만들어진다.

Meringa
메링가

- 재료 달걀흰자·설탕 200g씩

이탈리아에서는 핑크, 그린 등 다양한 색이 들어간 아이 주먹만한 과자를 쉽게 볼 수 있다. 머랭으로 만든 과자를 메링가라고 하는데, 생크림과 과일 등을 올려 케이크의 일종인 메링가타를 만들기도 하고 작게 만들어 커피와 함께 디저트로 내기도 한다.

만드는 법(4인분)

1. 볼에 달걀흰자를 넣고 설탕을 조금씩 넣어 가면서 거품기로 힘차게 저어 단단해질 때까지 휘핑한다.
2. ①을 짤주머니에 담아 유산지를 깐 오븐 팬 위에 일정한 간격으로 짠 뒤 100℃로 예열한 오븐에 넣어 90분간 굽는다.

Brutti ma buoni
부루티 마 부오니

- **재료** 헤이즐넛 300g, 달걀흰자·설탕 200g씩

만드는 법(8인분)

1. 볼에 달걀흰자를 넣고 설탕을 조금씩 넣어 가면서 거품기로 힘차게 저어 단단해질 때까지 휘핑한다.
2. 헤이즐넛은 믹서에 넣고 잘게 간다.
3. 냄비에 물을 붓고 불에 올린 뒤 ①의 반죽과 ②의 헤이즐넛을 볼에 담아 그 위에 올린 뒤 저어 가면서 연한 갈색이 날 때까지 15분 정도 익힌다.
4. 오븐 팬에 유산지를 깔고 숟가락으로 동그랗게 떠 올린 뒤 100℃로 예열한 오븐에 넣고 90분간 말린다.

Castagnole
카스타뇰레

- **재료** 강력분 200g, 달걀 2개, 레몬 껍질 1/2개분, 설탕 50g, 버터 40g, 아니스 주(혹은 럼) 10g, 베이킹파우더·바닐라파우더 5g씩, 소금 2g, 튀김기름 적당량, 슈가파우더·밀가루 약간씩

만드는 법(4인분)

1. 볼에 강력분, 달걀, 설탕, 버터, 바닐라파우더, 베이킹파우더, 소금, 아니스 주를 넣고 여기에 레몬 껍질을 강판에 갈아 넣어 섞는다.
2. 도마에 약간의 밀가루를 뿌리고 반죽이 균일해지고 찰기가 생길 때까지 치댄 뒤 랩으로 싸서 냉장고에서 20분간 휴지시킨다.
3. 반죽을 길게 민 다음 1.5~2cm의 균일한 크기로 잘라 낸 뒤 손바닥으로 굴려 동그랗게 모양을 잡는다.
4. 180~200℃의 튀김기름에 갈색이 날 때까지 뒤집어 가며 튀겨 슈가파우더를 뿌린다.

tip 튀기자마자 먹으면 약간 퍽퍽할 수 있으니 3~4시간 정도 식힌 뒤 먹는 것이 보다 부드럽다.

Tortino di cioccolato
토르티노 디 초콜라토

- **재료** 다크초콜릿 150g, 슈가파우더 90g, 버터 80g, 강력분 20g, 달걀 2개, 달걀노른자 1개, 바닐라 빈 1/3개, 코코아파우더 10g, 소금 약간

여름보다 겨울에 먹으면 더 좋은 디저트로 케이크를 잘랐을 때 초콜릿이 주르르 흘러내려야 제대로 된 토르티노 디 초콜라토다. 바닐라 아이스크림, 산딸기 소스, 바닐라 소스 등과 곁들이면 잘 어울린다.

만드는 법(지름 3.5cm, 20개)

1. 초콜릿은 잘게 부수어 스테인리스 볼에 담아 뜨거운 물 위에서 중탕으로 녹인다.
2. 녹은 초콜릿에 잘게 자른 버터를 넣고 고루 섞은 뒤 불을 끄고 살짝 식힌다.
3. 볼에 달걀과 달걀노른자, 슈가파우더, 바닐라 빈의 씨만 넣고 부드러운 거품이 생길 때까지 힘차게 젓는다.
4. ③에 ②를 넣은 뒤 체에 내린 강력분과 코코아파우더, 소금을 넣고 주걱으로 고루 섞는다.
5. 컵 안에 버터를 바르고 코코아파우더를 묻힌 다음 ④를 컵의 3/4까지 채워 넣는다.
6. 180℃로 예열한 오븐에 ⑤를 넣고 15분간 익힌 뒤 잠깐 식혔다가 다음 틀에서 빼낸다.

Tip 오븐에 굽는 시간을 정확히 지켜야 촉촉한 초콜라토를 만들 수 있다.

코스로 먹는 가정 요리 레슨 12

set 1
성탄절 전야의 식사

set 2
소풍 도시락

set 3
익스프레스 브런치

set 4
소박하지만 특별한 만찬

set 5
스피드 주말 디너

set 6
정통 이탈리안 디너

set 7
여자들을 위한 요리

set 8
아이가 좋아하는 채소 메뉴

set 9
어색한 사람들끼리의 파티

set 10
봄에서 여름까지 먹는 별미

set 11
금요일 밤, 싱글들의 저녁 식사

set 12
생일 파티

set 1
성탄절 전야의 식사

요리를 할 때 너무 다양한 재료를 쓰면 번거롭고 부담스러울 수 있다. 전채요리의 메뉴를 정했다면 다음 메뉴에도 같은 재료를 이용하는 요리를 해 보자. 이탈리아에서는 성탄절 전야에 고기를 먹지 않기 때문에 생선이나 해산물을 이용하는 요리가 자주 등장한다. 크리스마스이브에는 스테이크 대신 이탈리안처럼 홍합과 새우, 바지락 등 신선한 해산물로 식탁을 차린다면 조금 더 특별한 디너가 될 것이다.

코체 그라티나티는 풀리아*Puglia* 지방의 요리로 풀리아는 바다를 접하고 있어 해산물이 풍부하고 올리브유, 와인, 밀 등이 많이 생산되는 곳이다. 홍합은 일정한 굵기를 사서 오븐에 아주 살짝만 익히는 것이 좋다. 스파게티 알로 스콜리오는 새우, 오징어, 홍합, 바지락 등의 해산물을 이용한 파스타로 새콤한 토마토 소스와 달콤 짭짜름한 해산물 소스가 잘 어울리는 요리다.

크렘불레는 차갑게 먹기도 하지만 오븐에서 막 나왔을 때도 맛이 그만이다. 홍합을 오븐에서 꺼내면서 익히기 시작하면 파스타를 다 먹었을 때쯤 크렘불레가 먹기 좋게 익어서 향긋하고 따뜻한 디저트가 기분을 좋게 해 줄 것이다.

Cozze gratinati
홍합구이

Spaghetti allo scoglio
해산물스파게티

Crème brulee
크렘블레

Cozze gratinati
코체 그라티나티

홍합구이

- **재료** 홍합 800g, 레몬 껍질 1/2개분, 프레체몰로(또는 파슬리) 5~6줄기, 마늘 2쪽, 빵가루 4큰술, 올리브유 3과 1/2큰술, 모차렐라 치즈·후추·샐러드용 채소 약간씩

만드는 법(4인분)

1. 홍합은 흐르는 물에서 깨끗이 씻은 뒤 껍질에 붙어 있는 불순물을 칼등을 이용해 제거한다.
2. 마늘 1쪽을 반 갈라 약간의 올리브유를 두른 냄비에 넣어 살짝 익힌 뒤 ①을 넣어 뚜껑을 덮고 홍합이 입이 벌어지면 불을 끈다.
3. ②를 고운체에 걸러 육수는 따로 두고 홍합은 윗 껍질을 떼어낸다.
4. ③의 홍합을 오븐 팬에 올려두고 레몬즙을 뿌린다.
5. 프레체몰로는 잎만 따서 마늘 1쪽과 함께 곱게 다진다.
6. 레몬 껍질은 노란 부분만 얇게 칼로 도려내 곱게 다진다.
7. 볼에 빵가루와 ⑤, ⑥, 그리고 ③의 홍합 육수 6큰술, 올리브유 2큰술을 넣어 고루 섞는다.

   tip 너무 되직하다면 홍합 육수를 더 넣어 조절한다.
8. 홍합 위에 ⑦을 채워 넣은 뒤 약간의 모차렐라 치즈를 얹고 후추를 뿌린 뒤 180~200℃로 예열된 오븐에서 10분 정도 익힌다. 접시에 샐러드용 채소를 담고 홍합구이를 올린다.

Spaghetti allo scoglio
스파게티 알로 스콜리오

해산물스파게티

- **재료** 홀 토마토 400g, 스파게티 320g, 바지락 40개, 홍합 24개, 중새우 12마리, 마늘 2쪽, 페페로치니 2개, 화이트와인 2큰술, 소금 적당량, 흰 후추·프레체몰로·올리브유 약간씩

만드는 법(4인분)

1. 홀 토마토는 체에 담고 숟가락으로 눌러 내린다.
2. 새우는 껍질을 벗기고 머리와 내장을 제거한 다음 씻어 잘게 썰고 홍합과 바지락도 흐르는 물에 깨끗이 씻는다.
3. 달군 팬에 약간의 올리브유를 두르고 살짝 눌러 으깬 마늘 1/2쪽과 페페로치니를 넣어 약한 불에서 익힌다.
4. ③의 팬에 바지락을 넣고 몇 번 흔들다가 화이트와인을 넣은 후 뚜껑을 덮은 뒤 바지락이 입을 벌리면 바로 불을 끈다.
5. 바지락과 같은 방법으로 홍합을 익힌 뒤 불에서 내리고 살만 발라 내 육수는 고운 체에 거른다.
6. 달군 팬에 1쪽의 마늘을 넣고 향이 배이게 한 후 새우를 넣고 익힌다.
7. ⑥의 팬에 화이트와인을 넣어서 증발시킨 후 ⑤의 조갯살을 넣고 섞다가 다시 ①의 토마토를 넣고 익힌 후 소금, 후추로 간한다.
8. 냄비에 물을 넉넉히 부어 끓이다가 약간의 소금을 넣고, 스파게티 면을 넣어 8분간 익힌다.
9. 스파게티 면을 건져 물기를 뺀 뒤 달군 팬에 익힌 면과 ⑦의 소스를 넣고 팬을 흔들어 가면서 소스가 배이도록 볶은 뒤 다진 프레체몰로를 뿌린다.

Crème brulee
크렘불레

크렘불레

- **재료** 생크림 250g, 설탕 50g, 우유 40g, 달걀노른자 30g, 달걀 25g, 바닐라 빈 1/8개, 소금·황설탕 약간씩

만드는 법(4인분)

1. 냄비에 우유와 생크림을 함께 넣고 섞은 후 바닐라 빈을 넣어 중간 불에서 따뜻하게 데운다.
   tip 바닐라 빈의 향이 우유에 베일 정도로 살짝만 끓인다.
2. 볼에 달걀, 달걀노른자, 소금, 설탕을 넣고 거품기로 고루 섞는다.
3. ①에 ②의 달걀 물을 거품이 나지 않도록 조금씩 천천히 넣는다.
4. ③을 체에 내린 후 용기에 담아 160℃로 예열한 오븐에서 중탕으로 45분간 익힌다.
5. ④의 크렘블레 위에 황설탕을 뿌리고 토치로 표면을 살짝 태워 갈색이 나게 한다.

set 2
소풍 도시락

여름철, 소풍을 계획한다면 이 세 가지 요리를 추천하고 싶다. 차갑게 먹기 좋고 작은 접시와 플라스틱 컵과 포크, 그리고 숟가락만 있으면 어디서든 편하게 먹을 수 있기 때문이다. 익히지 않아도 되는 것이라 신선하고, 치즈나 올리브유가 적게 사용되어 담백하다.

부르스케타는 아주 소박한 식전 요리로 이탈리아의 많은 피체리아나 트라토리아에서 쉽게 찾아볼 수 있다. 여름에 먹기도 안성맞춤인데 빵 위에 제철에 나오는 다양한 재료를 올리면 된다. 가지를 살짝 볶아서 올리거나, 버섯을 익혀 올려도 좋다. 해산물을 좋아한다면 새우를 살짝 익혀 올려도 근사하다. 모양이 흐트러질 것이 염려된다면 다 익힌 재료를 믹서에 곱게 갈아 페이스트처럼 발라도 좋다.

푸실리는 나사처럼 생긴 파스타로, 다른 재료와 섞어서 최소 두 시간을 재워 두는 것이 포인트다. 마체도니아의 과일은 다양하게 준비될 수 있는데 기억해야 할 것은 바나나와 같이 차갑지 않은 과일이 반드시 포함되어야 한다는 것이다. 수박, 배, 사과는 마체도니아에 썩 어울리지는 않는 과일이니 피하는 것이 좋다.

Bruschetta caprese
카프리식 부르스케타

Insalata di fusili freddi
푸실리샐러드

Macedonia di frutta con gelato
아이스크림을 곁들인 과일절임

Bruschetta caprese
부르스케타 카프레제

카프리식 부르스케타

- **재료** 바게트빵 400g, 생모차렐라 치즈 250g, 방울토마토 20개, 블랙올리브 12개, 바질 잎 8장, 마늘 1쪽, 엑스트라 버진 올리브유 1큰술, 건조 오레가노·소금 약간씩

만드는 법(4인분)

1. 바게트빵은 10cm 길이, 2cm 두께로 자른다.
2. 기름을 두르지 않고 달군 팬에 빵을 넣어 표면이 노릇해 질 때까지 양면을 굽는다.
3. ②의 빵 한쪽 면에 반 가른 마늘을 문질러 향이 배도록 한다.
4. 모차렐라 치즈는 사방 1cm로 썰어 체에 밭친 뒤 물기를 뺀다.
5. 방울토마토는 4등분하고, 블랙올리브는 눌러서 씨를 뺀다.
6. 볼에 ④와 ⑤를 넣고 바질 잎을 손으로 뜯어 넣은 뒤 오레가노, 엑스트라 버진 올리브유, 소금을 넣고 섞는다.
7. ③의 빵을 위에 올리브유를 뿌린 뒤 ⑥을 소복하게 올린다.

tip 빵 위에 올라가는 재료는 믹서에 갈아 페이스트처럼 만들어 먹기 직전에 올린다.

Insalata di fusili freddi
인살라타 디 푸실리 프레디

푸실리샐러드

재료 푸실리 280g, 생모차렐라 치즈·스모크햄 120g씩, 방울토마토 20개, 블랙올리브 16개, 바질 잎 4장, 프랑크 소시지 1개, 올리브유·소금·후추 약간씩

만드는 법(4인분)

1. 끓는 물에 소금을 넣고 푸실리를 넣어 약 14분간 알 덴테로 익힌 뒤 체에 받쳐 물기를 뺀 다음 접시에 담아 올리브유를 뿌린다.

   tip 올리브유를 뿌려 두면 금방 붙지 않아 보다 쫄깃한 푸실리를 맛볼 수 있다.

2. 스모크햄은 사방 1cm 크기로 자르고 프랑크 소시지는 0.2cm 두께로 슬라이스한다.
3. 방울토마토는 4등분한 뒤 체에 받쳐 놓고 블랙올리브는 세로로 길게 2등분해 씨를 뺀다.
4. 모차렐라 치즈는 사방 1.5cm 크기로 잘라 체에 받쳐 물기를 뺀다.
5. 볼에 ②, ③, ④를 넣고 올리브유를 뿌려 가며 섞은 뒤 ①의 파스타를 넣고 소금, 후추로 간한다.
6. 바질 잎을 잘게 썰어 ⑤에 넣고 섞은 뒤 1시간 정도 휴지시킨 다음 접시에 담는다.

Macedonia di frutta con gelato
마체도니아 콘 젤라토

과일절임

- **재료** 청포도 200g, 딸기 10개, 바나나 2개, 자몽 1개, 파인애플 1/4개, 모스카토 다스티(화이트와인) 300ml, 바닐라 아이스크림 적당량, 민트 잎 약간

만드는 법(4인분)

1. 바나나, 청포도, 파인애플, 자몽, 딸기는 먹기 좋은 크기로 자른다.
2. ①의 과일을 볼에 담고 모스카토 다스티 와인을 뿌려 냉장고에서 최소 2시간 정도 재운다.

    tip 모스카토 다스티 같이 달콤한 와인이 없다면 화이트와인을 설탕과 함께 넣어도 좋다.

3. 그릇에 ②의 과일을 담고 위에 바닐라 아이스크림을 얹는다.
4. ③의 아이스크림 위에 민트 잎으로 장식한다.

set 3
익스프레스 브런치

빨강, 노랑, 분홍, 초록… 화사한 색이 가득한 익스프레스 브런치 메뉴는 채소를 위주로 하는 가벼운 요리들로 구성되어 브런치로 즐기기 제격이다. 페페로니 리피에니(참치 파프리카말이)는 바로 랑게*Langhe* 지방의 전통 식전 요리다. 알프스 산자락에 위치한 랑게 지방은 헤이즐넛과 레드와인으로 유명한 곳인데 이것 못지않게 살이 두툼하고 단맛이 많이 나는 파프리카도 유명하다. 이곳은 산 아래 지방이라 해산물을 신선한 채로 쓰기가 어려워 저장된 해산물을 많이 사용했는데. 올리브유에 담아 저장한 참치와 근처의 리구리아*Liguria* 지방에서 온 소금에 절인 안초비, 그리고 살이 토실토실 오른 파프리카로 만든 것이 바로 페페로니 리피에니다.
빨강, 노랑, 초록, 분홍색이 마치 봄날의 들판을 연상하게 하는 파스타는 재료의 친근함과 화사함에, 그리고 먹었을 때 맛의 어우러짐에 놀라게 된다. 디저트로 즐기는 참벨로네는 도넛 모양의 케이크를 말하는데 이탈리아 아이들이 아침에 학교에 가기 전에 먹는 것으로 이탈리안이라면 누구나 사랑하는 디저트다. 참벨로네는 단순하고 소박하지만 바닐라 소스를 곁들인다면 더욱 풍부한 맛을 즐길 수 있다.

Peperoni ripieni
참치 파프리카말이

Spaghetti di ragù di gamberi, pepperoni e zucchine
라구스파게티

Ciambellone con salsa alla vaniglia
바닐라 소스의 챰벨로네

Peperoni ripieni
페페로니 리피에니

참치 파프리카말이

- **재료** 참치 200g, 파프리카 2개, 마요네즈 50g, 사과 식초·케이퍼 10g씩, 안초비 1마리, 베이비 채소 적당량, 발사믹 식초·올리브유·프레체몰로·소금, 후추 약간씩

만드는 법(4인분)

1. 파프리카는 물에 씻어 물기를 제거하고 올리브유를 골고루 발라서 소금, 후추를 뿌려 180℃로 예열한 오븐에 20분 정도 익힌다.

   tip 구운 파프리카를 오븐에서 꺼내어 알루미늄 호일에 싸 두면 껍질이 더욱 잘 벗겨진다.

2. 파프리카가 식으면 껍질을 벗기고 씨를 없앤 다음 4등분한다.
3. 참치는 체에 받쳐 기름기를 빼내어 안초비와 함께 칼로 곱게 다지고 케이퍼는 잘게 썬다.
4. ③에 다진 프레체몰로를 넣고 잘 섞은 후 마요네즈와 사과 식초를 넣고 고루 섞은 후 소금, 후추로 간한다.
5. ②의 파프리카에 참치를 얹고 돌돌 말아서 모양을 잡아 냉장고에 2시간 정도 넣는다.
6. 올리브유와 발사믹 식초, 소금, 후추를 모두 함께 볼에 넣고 고루 섞어 소스를 만든다.
7. 접시에 베이비 채소를 올리고 그 위에 ⑤의 파프리카를 올린 뒤 준비해 둔 ⑥의 소스를 뿌린다.

299

Spaghetti di rag'u di gamberi, peperoni e zucchine

스파게티 디 라구 디 감베리, 페페로니 에 주키네

라구스파게티

재료 스파게티 320g, 중새우 12마리, 방울토마토 10개, 애호박 1/2개, 노란 파프리카·붉은 파프리카 1/2개씩, 바질 잎 4장, 마늘 1쪽, 올리브유 5큰술, 화이트와인 2큰술, 페페로치노·소금·후추·으깬 마늘 약간씩

만드는 법(4인분)

1. 새우의 머리를 떼고 껍질과 내장을 제거한 뒤 작게 자른다.
2. 방울토마토는 껍질을 벗기고 씨를 제거한 다음 4등분하고 마늘은 편으로 자른다.
3. 파프리카는 올리브유를 바르고 약간의 소금을 뿌려 180℃로 예열한 오븐에서 약 20분 정도 익힌 뒤 껍질을 벗기고 씨를 제거한 다음 가늘게 썬다.
4. 애호박은 돌려 깎기 한 다음 초록 부분만 가늘게 채 썰어 서 약간의 올리브유와 으깬 마늘을 넣고 볶는다.

   tip 애호박은 살짝만 익혀야 푸른색이 유지되어 요리를 완성했을 때 색이 예쁘다.

5. 팬에 올리브유를 두르고 ②의 마늘, 페페로치노를 손으로 잘라 넣고 볶다가 새우를 넣어 재빨리 볶은 뒤 화이트와인과 약간의 물을 넣고 소금, 후추로 간한다.
6. ⑤의 팬에 ③의 파프리카와 ④의 애호박을 순서대로 넣어서 잠깐 동안 익힌다.
7. 끓는 물에 소금을 넣고 스파게티 면을 알 덴테로 삶아 건져 ⑥의 팬에 넣고 1~2분 정도 맛이 배도록 볶는다.

   tip 면이 마르지 않도록 파스타 삶은 물을 조금 넣어 주면서 볶는다.

8. 면에 맛이 배었으면 올리브유를 넣고 잘 섞어 준 다음 바질 잎을 잘게 채 썰어 넣은 뒤 접시에 담아 약간의 올리브유를 두른다.

Ciambellone con salsa alla vaniglia 참벨로네 콘 살사 알라 바닐리아
바닐라 소스의 참벨로네

재료 밀가루 250g, 설탕 150g, 버터 100g, 우유 100ml, 달걀 2개, 베이킹파우더 1g, 레몬 껍질·소금 약간씩, 바닐라 소스(우유 250ml, 설탕 65g, 달걀노른자 2개, 레몬 1/2개, 바닐라 빈 1/4개)

만드는 법(4인분)

1. 참벨라 틀 안에 비터를 얇게 펴 바른 뒤 밀가루를 묻힌다.

   tip 틀 안에 밀가루를 미리 묻혀 두면 모양이 흐트러지지 않고 잘 떨어진다.

2. 밀가루는 약간의 소금과 베이킹파우더를 넣고 고루 섞어 체에 내린다.

3. ②에 상온에 둔 버터를 넣고 설탕을 조금씩 넣어 가며 섞다가 달걀을 하나씩 넣어 섞는다.

4. ③에 우유와 레몬 껍질을 강판에 갈아 약간만 넣어 반죽한 뒤 ①의 참벨라 틀에 3/4 정도 채워 담는다.

5. 180℃로 예열한 오븐에서 ④를 넣고 50분간 구워 오븐을 끈 뒤 약 5분간 오븐 안에 그대로 둔다.

6. 볼에 달걀노른자와 설탕을 넣고 거품기로 힘차게 저어서 부드럽게 만든다.

7. 냄비에 우유를 담고 바닐라 빈을 절반으로 갈라서 넣고 따뜻하게 데운 뒤 ⑥에 넣고 섞는다.

8. ⑦을 다시 냄비에 담고 약한 불에 올려 농도가 생길 때까지 주걱으로 젓다가 끓기 전에 불에서 내려 체에 내린 뒤 냉장고 안에 넣고 차갑게 식혀 ⑤에 뿌린다.

set 4
소박하지만 특별한 만찬

가끔은 집에서 가족들에게 색다른 요리를 선보이자. 풀코스로 내는 요리는 재료가 모두 다르기 때문에 손이 많이 가서 특별한 경우가 아니라면 동시에 만들기 쉽지 않다. 하지만 가족을 위해 이색적인 이탈리아 음식을 대접하고 싶다면 다음 메뉴를 추천하고 싶다.

페스토*Pesto*는 리구리아 지방의 음식으로 사용하는 재료는 간단하지만 쉽지 않은 이탈리아 요리다. 페스토는 선명한 초록색을 띠어야 제대로 만든 것인데 예쁜 초록색을 내려면 소스를 가열하지 않는 것이 포인트다. 자바이오네*Zabaglione*는 이탈리아에서 할머니가 학교에서 돌아오는 손자에게 바로 원기를 줄 수 있도록 즉석에서 만드는 전통 이탈리아 디저트다. 옛날에는 집에서 만든 와인과 달걀로 쉽게 만들어 먹을 수 있었는데 불 위에서 계속 저어 주어야 해 특히 정성과 수고가 필요하다.

나에게 먹는 것은 살아가면서 마주치는 수많은 시련과 슬픔에 대항하게 해주는 면역체계인 동시에 기쁨과 행복감을 주는 원천이기도 하다. 조금 손이 가고 팔이 아프더라도 중요한 날 한번 준비해 보면 어떨까? 아마 식탁 너머로 할 이야기가 끊임없이 나오게 될 것 같다.

Insalata di frutti di mare
con tartare di pomodori
해산물샐러드

Pesto alla genovese
페스토 소스 파스타

Peperoni ripieni di carne
파프리카구이

Zabaglione al moscato d'asti
자바이오네

Insalata di frutti di mare con tartare di pomodori

인살라타 디 프루티 디 마레 콘 타르타르 디 포모도리

해산물샐러드

- **재료** 주꾸미·토마토 200g씩, 새우 6마리, 오징어·관자 50g씩, 프레체몰로 10g, 레몬즙 4큰술, 엑스트라 버진 올리브유 2큰술, 식초·소금·후추 약간씩, 쿠르부이용(당근 1/2개, 양파·셀러리 줄기·월계수 잎 1개씩, 물 5ℓ, 화이트와인·식초 8큰술씩, 흰후추 약간)

만드는 법(4인분)

1. 냄비에 와인과 식초를 뺀 쿠르부이용의 재료를 넣고 센 불에 올린 뒤 끓기 시작하면 약불로 줄여 20분간 끓이다가 와인과 식초를 넣는다.
2. 해산물을 깨끗이 손질한 다음 ①에 주꾸미-관자-새우-오징어 순으로 넣고 익혀 건진다.
3. 볼에 올리브유, 레몬즙, 식초, 소금, 후추를 넣고 잘 섞은 뒤 여기에 프레체몰로를 잘게 다져 넣는다.
4. 토마토는 끓는 물에 데쳐 씨앗과 껍질을 제거한 뒤 사방 0.7cm로 잘게 썬다.
5. 익힌 해산물을 모두 볼에 담고 ③의 소스를 넣어 고루 섞는다.
6. 접시에 토마토를 담은 뒤 그 위에 해산물샐러드를 올린다.

Pesto alla genovese
페스토 알라 제노베제

페스토 소스 파스타

- **재료** 링귀네 320g, 바질 잎 50g, 엑스트라 버진 올리브유 10큰술, 그라나 파다노 치즈 30g, 잣 15g, 호두 10g, 감자 1개, 마늘 1쪽, 소금·후추 약간씩

만드는 법(4인분)

1. 바질 잎을 물에 씻은 후 체에 밭쳐 물기를 제거한다.
2. 믹서에 바질 잎과 잣, 호두, 마늘, 그라나 파다노 치즈, 올리브유, 후추를 넣고 재빨리 간 뒤 소금으로 간한다.
3. 감자는 0.5cm 두께로 길게 썬다.
4. 냄비에 물을 붓고 끓이다가 소금을 넣고 링귀네와 ③의 감자를 넣고 함께 익힌다.
5. ②의 소스에 링귀네 삶은 물을 약간 넣어 부드럽게 푼다.
6. ⑤에 ④의 삶은 링귀네와 감자를 넣고 고루 섞은 뒤 접시에 담는다.

Peperoni ripieni di carne
페페로니 리피에니 디 카르네

파프리카구이

재료 다진 돼지고기·다진 쇠고기 250g씩, 빵 100g, 그라나 파다노 치즈(또는 파마산 치즈) 70g, 빵가루 20g, 붉은 파프리카 4개, 마늘 1쪽, 프레체물로 2줄기, 달걀 1개, 달걀노른자 1개, 소금·후추·올리브유 약간씩

만드는 법(4인분)

1. 프레체몰로와 마늘은 다지고 빵은 약간의 물을 적신 뒤 물기를 꼭 짠다.
2. 볼에 ①과 돼지고기, 쇠고기, 그라나 파다노 치즈, 달걀, 달걀노른자, 소금, 후추를 넣고 잘 섞은 뒤 서로 엉기도록 치댄다.
3. 파프리카는 윗 부분을 횡단면으로 잘라내 뚜껑으로 쓸 수 있게 두고, 파프리카 속은 비운다.
4. 속을 비워 낸 파프리카에 ②의 반죽을 넣어 채운 뒤 치즈를 갈아서 윗면에 뿌린다.
5. 달군 팬에 올리브유를 두르고 빵가루를 갈색이 나도록 볶은 뒤 ④위에 뿌리고 잘라 놓은 파프리카 윗부분을 덮는다.
6. ⑤을 180℃로 예열한 오븐에 넣고 1시간 정도 익힌 뒤 꺼내 5분간 식혀 두었다가 접시에 담는다.

Zabaglione al moscato d'Asti
자바이오네 알 모스카토 다스티

자바이오네

- **재료** 달걀노른자 4개, 모스카토 다스티(또는 달콤한 화이트와인) 125g, 설탕 75g, 다크초콜릿 적당량

만드는 법(4인분)

1. 볼에 달걀노른자와 설탕을 넣고 거품기로 푼다.
2. 냄비에 물을 담고 불에 올려 물이 끓기 시작하면 ①을 냄비 위에 얹은 뒤 모스카토 다스티를 넣고 계속 저으며 끓이다가 걸쭉해지면 불에서 내린다.
   tip 이때 볼과 물이 맞닿으면 달걀이 완전히 익으므로 닿지 않도록 조심한다.
3. 볼에 초콜릿을 담은 뒤 물이 담긴 냄비에 넣고 불에 올려 초콜릿을 중탕으로 녹인다.
4. 따뜻한 그릇에 ②를 담는다. 녹인 초콜릿을 짤주머니에 담아 조금씩 짜서 모양을 낸다.

set 5
스피드 주말 디너

어느 집에나 궁할 때 해먹는 손쉬운 음식이 있다. 어렸을 때, 엄마가 집에 안 계신 날이면 김치볶음밥을 만들어 먹었다. 늘 떨어지지 않고 있던 재료는 김치와 밥이었으니 아무 때나 간단히 만들어 먹을 수 있고, 그 둘은 맛 또한 잘 어울렸으니까. 결혼을 하고 부모님과 한집에서 살면서 김치볶음밥처럼 재료가 마땅치 않을 때 만들게 된 이탈리아 요리는 바로 스파게티 카르보나라다. 달걀과 치즈, 베이컨만 있으면 금방 만들 수 있고 알렉스도 잘 먹으니 여러 가지로 고마운 메뉴다. 알렉스와 내가 장 보러 갈 시간이 없고 다른 음식도 생각이 나지 않으면 우린 얼굴을 마주보며 "카르보나라나 해먹을까?" 하고 말한다.

냉장고 문을 열어 보자. 그 안에는 분명히 잊혀졌거나 외면당한 채 남아 있는 달걀, 햄, 우유 등의 식재료가 있을 것이다. 그렇다면 식구수대로 식탁에 포크와 나이프, 냅킨과 물잔을 세팅을 하고 냉장고에서 재료들을 꺼내 이탈리아식 저녁을 준비해 보자. 간장과 고추장으로만 맛을 내던 닭고기는 토마토와 레드와인, 로즈마리를 이용해 새콤한 닭볶음을 만들고 닭볶음이 익는 동안엔 달걀과 치즈만으로 맛을 낸 이탈리아 정통 스타일의 카르보나라를 준비하면 된다. 달걀과 우유를 풀어서 크레페를 만들고 바나나 또는 사과를 넣어 달콤한 디저트도 만들자. 온 가족이 포크를 입에 물고 요리를 기다리는 재미가 쏠쏠한 이탈리아 주말 저녁 메뉴다.

Spaghetti alla carbonara
카르보나라

Pollo alla cacciatora
토스카나식 닭고기 요리

Crepes farcita con la banana
바나나크레페

Spaghetti alla carbonara
스파게티 알라 카르보나라

카르보나라

- **재료** 스파게티 320g, 베이컨 100g, 양젖 치즈 또는 파마산 치즈 30g, 달걀노른자 3개, 올리브유·소금·후추 약간씩

만드는 법(4인분)

1. 볼에 달걀노른자와 치즈, 약간의 소금을 넣고 잘 섞는다.
2. 베이컨은 길게 채 썬 뒤 팬에 올리브유를 두르고 베이컨을 굽는다.
3. 끓는 소금물에 스파게티 면을 8분 정도 알 덴테로 익힌 다음 물기를 빼서 ②의 베이컨과 함께 볶는다.

   tip 파스타 면을 삶을 때는 면마다 익는 시간의 차이가 있기 때문에 포장에 써 있는 조리시간을 참고 하는 것이 가장 정확하다.
4. ③의 팬을 불에서 내려 ①을 넣고 섞다가 약간의 스파게티 삶은 물을 넣어서 잘 섞은 뒤 후추를 뿌린다.

Pollo alla cacciatora
폴로 알라 카차토라

토스카나식 닭고기 요리

- **재료** 닭 1마리(1kg), 토마토 400g, 당근 1개, 양파 1개, 마늘 1쪽, 셀러리·프레제몰로 2줄기씩, 올리브유 50g, 레드와인 5큰술, 다진 로즈마리 1작은술, 소금·후추 약간씩

만드는 법(4인분)

1. 양파와 마늘, 프레체몰로는 곱게 다지고 당근과 셀러리는 잘게 썬다.
2. 닭은 물로 씻은 다음 기름을 제거하고 먹기 좋은 크기로 자른다.
3. 팬에 올리브유를 두른 다음 닭을 양면이 노릇해 질 때까지 구운 뒤 ①의 다진 양파와 마늘을 넣어 익힌다.

   tip 스테인리스 팬을 사용할 때는 뜨겁게 달군 후 3분 정도 식혀서 조리하면 재료가 달라붙지 않는다.

4. ③에 당근, 셀러리를 넣어 익히다가 약간의 소금과 후추, 다진 로즈마리를 순서대로 넣어준 다음 5분 정도 익힌다.
5. ④의 닭고기와 채소가 익으면 레드와인을 넣고 증발시킨다.
6. 토마토는 껍질을 벗겨 잘게 썬 뒤 ⑤에 넣고 뚜껑을 덮고 30분 정도 푹 익힌 다음 다진 프레체몰로를 뿌린다.

   tip 닭고기 표면이 너무 마르면 물을 조금씩 넣는다.

Crepes farcita con la banana
크레페 파르치타 콘 라 바나나

바나나크레페

- **재료** 우유 500ml, 밀가루 250g, 달걀 3개, 바나나 2개, 설탕 60g, 다크초콜릿 적당량, 버터, 소금·시나몬가루·코냑·바닐라파우더·슈가파우더 약간씩

만드는 법(4인분)

1. 밀가루에 시나몬가루, 바닐라파우더, 소금을 넣고 섞어서 체에 내린다.
2. 우유에 설탕을 넣고 섞은 뒤 ①을 넣고 덩어리가 지지 않도록 거품기로 젓는다.
3. 볼에 달걀을 넣고 곱게 푼 뒤 ②를 넣고 잘 섞는다.
4. ③을 체에 내려 밀가루 덩어리를 제거하고 냉장고 안에 넣고 1시간 휴지시킨다.
   tip 반죽을 충분한 시간 동안 휴지시키면 크레페의 질감이 좀 더 부드러워진다.
5. 코팅된 프라이팬을 약한 불에 올려 버터를 녹인 뒤 준비해 둔 반죽을 국자로 떠서 얇게 펼쳐 익혀 크레페를 만든다.
6. 달군 팬에 버터를 녹이고 슬라이스한 바나나와 설탕을 넣고 녹을 때까지 흔들어가며 익힌 뒤 코냑을 넣고 증발시킨다.
7. 다크초콜릿은 볼에 담아 중탕으로 녹인다.
8. 크레페 위에 슬라이스한 바나나를 얹은 뒤 돌돌 말아 접시에 담고 ⑦의 초콜릿과 슈가파우더를 뿌린다.

set 6
정통 이탈리안 디너

정통 이탈리안 메뉴인 뇨키Gnocchi와 카포나타Caponata로 차려진 식탁은 준비하는 사람의 각별한 마음이 보이는 정성스러운 상차림으로 연말 디너 메뉴로도 제격이다.
뇨키는 감자, 밤, 밀가루 등을 반죽해서 작은 덩어리로 빚어 만드는 정통 이탈리아 음식인데 이 요리에 가장 흔히 사용하는 것은 바로 감자다. 과거와 다르게 뇨키를 가정에서 직접 만들어 먹는 집은 이탈리아에서도 점차 사라지고 있지만 그래도 레스토랑에서 늘 만날 수 있는 이탈리아 대표 메뉴 중 하나다. 뇨키를 만들 때는 반죽의 질감이 중요하다. 감자로 만드는 뇨키는 감자의 맛이 충분히 느껴지도록 밀가루의 양을 최소화한다. 또 너무 치대면 요리가 완성되었을 때 질겨지므로 주의한다.
이탈리아의 시칠리아는 봄이면 아몬드 꽃이 가득 피어나고 에머랄드 빛 바다와 풍성한 먹을거리와 볼거리, 그리고 아름다운 여자들이 많은 곳이다. 카포나타는 채소를 잘게 썰어 튀긴 후 새콤달콤하게 양념해서 먹는 시칠리아 음식으로 이것만으로도 식전 요리가 되기도 한다. 담백한 흰살 생선에 새콤달콤한 카포나타를 곁들여 먹으면 시칠리아의 매력과 맛이 그대로 전달돼 각별한 식사가 될 것이다.

Gnocchi di patate al ragú di carne bianca
고기 소스의 감자노키

Branzino con caponata
시칠리아식 농어 요리

Torta di mela
사과파이

Gnocchi di patate al ragú di carne bianca

뇨키 디 파타테 알 라구 디 카르네 비앙카

고기 소스의 감자뇨키

- **재료** 감자 340g, 닭가슴살·돼지고기 100g씩, 당근·강력분 80g씩, 양파 40g, 그라나 파다노 치즈·셀러리 30g씩, 버터 20g, 타임 2줄기, 월계수 잎 1개, 화이트와인 4큰술, 올리브유·소금·후추·넛맥·다진 레몬 껍질 약간씩

만드는 법(4인분)

1. 감자는 소금을 넣고 껍질째 삶아 껍질은 벗기고 으깬 뒤 식힌다.
2. ①에 밀가루, 소금, 약간의 올리브유, 넛맥, 그라나 파다노 치즈를 넣어 반죽한 후 냉장고에 넣고 30분간 휴지시킨다.
   tip 뇨키 반죽은 오래 치대거나 밀가루를 너무 많이 넣으면 안 된다.
3. 닭가슴살과 돼지고기는 잘게 썰고 양파, 셀러리, 당근은 곱게 다진다.
4. 달군 팬에 올리브유와 버터를 두르고 센 불에 올려 ③의 채소-고기를 순서대로 넣고 볶다가 월계수 잎, 타임, 화이트와인과 약간의 물을 넣은 뒤 소금, 후추로 간한다.
   tip 고기를 넣고 볶을 때는 센 불에서 빠르게 볶아야 육즙이 빠져나가지 않아 고기가 부드럽다.
5. ②의 감자 반죽을 길쭉하게 밀어 1.5cm 두께로 썬 뒤 포크로 살짝 찍어 모양을 낸다.
6. 끓는 소금물에 ⑤의 뇨키를 넣어 끓이다가 뇨키가 위로 떠오르면 건진다.
7. ④의 소스에 삶은 뇨키를 넣고 맛이 배이도록 살짝 볶은 뒤 접시에 담고 다진 레몬 껍질을 뿌린다.

Branzino con caponata
브란지노 콘 카포나타

시칠리아식 농어 요리

- **재료** 농어 1마리(1.2kg), 토마토 500g, 올리브·식초 100g씩, 양파·가지 2개씩, 설탕 50g, 잣 30g, 케이퍼 20g, 셀러리 3줄기, 바질 잎 5장, 화이트와인 1큰술, 올리브유·식용유 적당량씩, 소금·후추 약간씩

만드는 법(4인분)

1. 농어는 등 부분부터 반을 갈라 잔뼈를 제거하고 살만 발라 8조각으로 자른다.

   tip 농어를 미리 손질해 둘 때 올리브유를 바르고 타임을 올려 두면 마르는 것을 방지하면서 비린내를 줄일 수 있다.

2. 가지는 사방 1cm 크기로 잘라 체에 받치고 소금을 뿌려 10분간 둔 다음 물기를 제거하고 달군 식용유에 튀긴 뒤 건진다.

3. 셀러리는 잘게 잘라 끓는 소금물에 살짝 데쳤다가 체로 건져 물기를 뺀 뒤 달군 프라이팬에 올리브유를 두르고 볶는다.

4. 양파는 얇게 채친 뒤 올리브유를 넉넉히 두른 팬에 볶다가 다 익으면 반 가른 올리브, 케이퍼, 잣을 넣고 중불에서 약 10분 정도 익힌다.

5. 토마토는 껍질을 벗기고 잘게 썰어 ④에 넣고 센 불에서 10분간 푹 익힌 뒤 셀러리와 가지를 순서대로 넣고 잘 섞어 가면서 약한 불에서 살짝 익힌다.

6. ⑤에 설탕, 식초를 넣고 중불에서 익히다가 바질 잎을 잘게 잘라 넣는다.

7. 달군 팬에 올리브유를 두르고 농어 껍질이 붙어 있는 쪽을 팬의 바닥에 놓고 익히다가 소금, 후추를 뿌리고 뒤집어 다시 소금, 후추로 간한 뒤 화이트와인을 넣는다.

8. 미리 준비해 둔 ⑥을 접시에 깐 뒤 ⑦을 올려 상에 낸다.

Torta di mela
토르타 디 멜라

사과파이

- **재료** 박력분 190g, 슈가파우더·버터 100g씩, 달걀노른자·사과 2개씩, 설탕 50g, 차가운 물·소금·코냑·시나몬가루 약간씩

만드는 법(4인분)

1. 볼에 밀가루와 설탕, 소금을 함께 넣고 체에 내린다.
2. ①에 상온에 둔 버터를 잘게 잘라 달걀노른자, 약간의 물과 함께 넣고 반죽한 뒤 랩으로 싸서 냉장고에 1시간 휴지시킨다.
   tip 너무 치대거나 오래 반죽하면 버터가 녹아 반죽이 질어지므로 빨리 반죽해 냉장고에 넣어야 한다.
3. 사과는 4등분해 껍질을 벗기고 사방 1cm 썬 뒤 달군 팬에 버터와 설탕을 넣고 센 불에서 2~3분 익히다가 코냑을 넣어 증발시킨 다음 시나몬가루를 뿌린다.
4. ②의 파이 반죽을 반씩 나누어 각각 얇게 밀고 그중 하나를 파이 틀에 넣고 포크로 바닥에 구멍을 낸다.
5. ④ 위에 ③을 담고 나머지 반죽을 덮고 포크로 테두리를 눌러 준 뒤 200~220℃로 예열한 오븐에서 약 30분간 구운 뒤 식혀 슈가파우더를 뿌린다.

set 7
여자들을 위한 요리

해산물의 가격이 전반적으로 비싼 이탈리아에서 문어는 고급 식재료 중에 하나다. 조리방법도 매우 다른데 우선은 문어를 삶는 방법이 무척이나 특이하다. 와인 코르크를 문어와 함께 넣고 서너 시간 푹 고아내다시피 익힌다. 나중에는 문어의 붉은 빛깔은 남아 있지 않고 단단한 흰살만 남게 되는데, 낭비가 좀 심하지만 옛날에는 그렇게 먹었다고 한다. 이 문어와 감자 샐러드는 요리하기도 쉬울 뿐더러 문어의 탱글탱글한 질감과 씹을수록 달콤해지는 맛이 감자의 담백하고 고소한 맛과 아주 잘 어울려 먹다 보면 건강해지는 느낌이 마구 든다.

브로콜리는 슈퍼 푸드 중 하나지만 막상 먹는 방법은 알려진 게 별로 없다. 데쳐서 초고추장에 찍어 먹는 경우가 허다한데 의외로 파스타와 아주 잘 어울린다. 오레키에테*Orecchiette*는 귀모양의 파스타를 말하는데 구하기 힘들다면 펜네도 무난하다. 실패할 확률이 아주 낮은 브로콜리 소스의 파스타로 몸매도 살리고 건강도 챙기고 지갑도 구한다면 그야말로 일석삼조.

상큼한 레몬크림 타르트는 젊은 여성들이 특히 좋아하는 디저트다. 레몬의 신선함과 새콤한 맛은 여름과도 아주 잘 어울리는데 후덥지근한 날씨에 식욕이 없을 때 먹기 좋다. 여자를 초대했을 때 특히 좋은 세트 메뉴로, 다이어트와 건강을 모두 챙기는 건강한 음식이다. 기분 좋게 배가 불러올 때 보기만 해도 상큼한 레몬크림 타르트를 에스프레소와 함께 낸다면 진정한 멋쟁이로 등극하게 될 것이다.

Mille foglie di polpo e patate
감자 문어샐러드

Penne al salsa di broccoli
브로콜리펜네

Tortina al limone
레몬타르트

Mille foglie di polpo e patate
밀레 폴리에 디 폴포 에 파타테

감자 문어샐러드

재료 문어 1/2마리, 감자 400g, 당근·양파·레몬 1개씩, 프레체물로 2줄기, 셀러리 1줄기, 식초 20g, 화이트와인 2큰술, 올리브유·소금·후추·타임 약간씩

만드는 법(4인분)

1. 당근은 0.5cm로 슬라이스하고 양파와 레몬은 반으로 자른다.
2. 냄비에 물을 넉넉히 붓고 당근, 양파, 셀러리, 소금, 레몬 1/2개를 넣어 20분간 푹 끓이다가 식초, 화이트와인을 넣은 뒤 채소를 모두 건진다.
3. 문어는 소금을 뿌려 문질러 씻어 ②의 물이 담긴 냄비에 넣고 3분간 익힌 뒤 꺼내어 한입 크기로 썬다.
4. 감자는 껍질을 벗기고 사방 1cm로 깍둑썰어 끓는 소금물에 1~2방울의 식초와 감자를 넣어 익힌 뒤 건진다.
   tip 감자를 삶을 때 식초를 넣고 익히면 감자가 부서지는 것을 예방할 수 있다.
5. 프레체몰로는 잘게 다지고 남은 1/2개의 레몬은 즙을 낸다.
6. 볼에 문어와 감자를 담고 프레체몰로, 약간의 레몬즙, 올리브유를 넣어 섞은 뒤 기호에 따라 소금, 후추로 간한다.
7. ⑥을 그릇에 담고 올리브유를 뿌린 뒤 타임으로 장식한다.

Penne al salsa di broccoli
펜네 알 살사 디 브로콜리

브로콜리펜네

- **재료** 펜네·브로콜리 320g씩, 그라나 파다노 치즈 20g, 페페로치노 1개, 마늘 1쪽, 화이트와인 2큰술, 소금·후추·올리브유 약간씩

만드는 법(4인분)

1. 펜네는 끓은 물에 소금을 넣고 알 덴테로 14분간 익힌다.
2. 브로콜리는 줄기를 자르고 잎을 떼어낸 뒤 한입 크기로 잘라 끓는 소금물에 넣고 푹 무를 때까지 익혀 건진다.
3. 팬에 올리브유를 넉넉히 두르고 반 자른 마늘과 페페로치노를 넣어 올리브유에 마늘과 고추향이 배이도록 볶는다.
4. ③에 익힌 브로콜리를 넣어 잠깐 볶다가 화이트와인과 브로콜리 삶은 물을 약간씩 넣어 가면서 나무주걱으로 브로콜리를 으깨 소금, 후추로 간한다.

    tip 화이트와인을 넣으면 브로콜리의 밋밋한 맛에 특유의 신맛이 더해져 요리를 더욱 개운하게 만든다.

5. ④의 소스에 펜네를 넣고 그라나 파다노 치즈를 넣은 뒤 팬을 흔들어 가며 맛이 배이도록 볶는다.

    tip 소스가 너무 마르지 않도록 하는 것이 중요한데, 너무 말랐으면 펜네 삶은 물을 조금 넣어 준다.

Tortina al limone
토르티나 알 리모네

레몬타르트

재료 파이 반죽 200g(박력분 500g, 버터 300g, 설탕 200g, 달걀 2개, 달걀노른자 1개, 소금·베이킹파우더·오렌지에센스 약간씩), 설탕 160g, 버터 90g, 레몬즙 80g, 물 40g, 달걀노른자 3개, 달걀 2개, 마른 콩 적당량

만드는 법(4인분)

1. 버터는 상온에 두어 부드럽게 만든 뒤 설탕과 함께 볼에 넣고 거품기를 이용해 설탕이 녹을 때까지 휘젓는다.
2. ①에 달걀을 조금씩 흘려 넣어 섞다가 약간의 오렌지에센스를 넣는다.
   tip 오렌지에센스가 없다면 오렌지 껍질을 갈아 넣어도 된다.
3. 볼에 밀가루, 베이킹파우더, 소금을 넣어 섞은 뒤 체에 내린다.
4. ②에 ③의 밀가루를 넣어 주걱으로 재빨리 반죽한 다음 냉장고에서 1시간 정도 휴지시킨다.
   tip 오래 반죽하면 너무 딱딱해지므로 오랫동안 치대지 말고 빠르게 반죽해야 한다.
5. ④의 반죽은 도마 위에 밀가루를 살짝 뿌리고 밀대를 이용해 얇게 밀어서 타르트 틀에 얹고 모양을 잡는다.
6. 유산지를 파이 틀에 맞게 잘라 ⑤의 위에 얹은 뒤 콩을 얹고 160℃로 예열한 오븐에서 20분간 연한 갈색이 날 때까지 익힌 다음 유산지와 콩을 꺼낸다.
   tip 콩을 올려 익히면 파이 반죽이 부풀어 오르는 것을 막을 수 있다.
7. 볼에 달걀, 달걀노른자, 설탕을 넣고 약 1분간 거품기로 힘차게 섞는다.
8. 냄비에 반쯤 물을 넣고 끓여 그 위에 ⑦을 얹고 거품기로 쉬지 않고 약 2분 정도 휘젓는다.
9. ⑧에 달걀에 거품이 일기 시작하면 레몬즙과 물을 1/3씩 나누어 넣고 불에서 내린 뒤 버터를 넣고 녹인다.
10. ⑥의 구운 파이에 ⑨를 채워 넣은 다음 표면을 토치로 갈색이 나도록 살짝 태운다.

set 8
아이가 좋아하는 채소 메뉴

특정한 어떤 것을 싫어할 때에는 분명한 이유가 있을 것이다. 아이들이 채소를 싫어하는 데에는 여러 가지 이유가 있겠지만 씹는 느낌이 싫다거나 입안에 강하게 남는 맛이나 향이 싫은 이유가 크다고 한다. "몸에 좋으니까 먹어"라고 하거나 "너를 위해 정성껏 만들었으니 먹어"라는 말은 설득력이 별로 없어 보인다.

요리 수업을 진행하다 보면 다양한 이야기를 듣게 되는데 생각보다 많은 남자들이 가지나물을 싫어한다. 이유는 가지를 쪄서 가늘게 찢어 참기름과 마늘에 무치는 조리법 때문인데 그 뭉클한 느낌이 싫어서 가지를 먹지 않게 되었다는 것. 하지만 가지를 튀겨 토마토 소스와 모차렐라 치즈를 넣고 오븐에 구우면 대부분 맛있게 먹는 것을 자주 보게 된다. 본인들도 놀라면서 말이다.

아이들이 식탁 위에서 채소를 골라낸다면 조리법을 바꿔보자. 모양은 물론 색깔을 변화시키는 양념까지 더해 만든 이색적인 채소 요리는 '채소는 모두 맛이 없고 먹기 싫다'는 아이들의 선입견을 바꿔 놓을 수도 있을지 모른다.

파이 틀에 채소와 달걀을 넣어 굽는 토르타 살라타 *Tortarta salata*는 감자뿐 아니라 시금치, 애호박, 버섯, 파프리카, 아스파라거스 등 다양한 채소를 넣어도 맛있다. 이 재미나게 생긴 요리를 먹고 카라멜 향이 나는 달콤하고 시원한 디저트까지 완벽히 갖춰진다면 먹는 것에 통 관심이 없는 아이일지라도 음식에 대한 호기심을 가지게 될 것이다.

Involtini romani
로마식 쇠고기말이

Torta salata
감자 양파파이

Crème caramel
카라멜푸딩

Involtini romani
인볼티니 로마니

로마식 쇠고기말이

재료 홀 토마토 600g, 얇게 저민 쇠고기 12장, 슬라이스 햄 8장, 당근 1개, 양파 1/2개, 셀러리 1/2줄기, 올리브유·레드와인 2큰술씩, 소금·후추 약간씩

만드는 법(4인분)

1. 당근, 양파, 셀러리는 약 5cm 길이로 가늘게 썬 뒤 분량의 1/4은 따로 담는다.
2. 쇠고기는 넓게 펴서 그 위에 슬라이스 햄과 ①의 채소를 순서대로 얹은 뒤 쇠고기를 돌돌 말아 이쑤시개로 고정한다.
3. 달군 냄비에 올리브유를 살짝 두르고 ①의 남겨둔 채소를 넣어 채소가 익을 때까지 중불에서 볶는다.
4. ②의 쇠고기 말이를 ③에 넣고 골고루 익힌 뒤 레드와인을 넣고 증발시킨다.
5. ④의 쇠고기가 완전히 익으면 홀 토마토를 넣고 뚜껑을 덮어 끓기 시작하면 불을 줄여 약간의 물을 넣어 홀 토마토가 푹 익을 때까지 끓인 뒤 소금과 후추로 간한다.

tip 고기가 마르지 않도록 토마토 소스를 끼얹어 가면서 가끔씩 저어 바닥이 눋지 않도록 한다. 약한 불에서 약 40분간 익히다가 소스가 너무 졸아들면 물을 조금씩 넣는다.

Torta salata
토르타 살라타

감자 양파파이

재료 감자 800g, 생크림 250ml, 밀가루 200g, 버터 100g, 달걀 3개, 양파 2개, 차가운 물 75g, 버터 40g, 다진 프레체몰로 2작은술, 마른 콩 적당량, 식초·흰후추·소금·넛맥 약간씩

만드는 법(4인분)

1. 밀가루에 차가운 버터 100g과 소금, 식초를 넣고 주걱으로 섞은 뒤 고슬고슬해지면 도마에 옮겨 차가운 물을 넣고 재빨리 반죽한다.

   tip 버터가 차갑지 않으면 반죽이 질어지므로 냉장고에서 막 꺼낸 차가운 버터를 사용한다.

2. ①을 랩에 싸서 냉장고에서 최소 40분 정도 휴지시킨다.

3. 양파는 채 썰어 달군 팬에 버터를 넉넉히 두르고 중불에서 볶다가 색이 투명해지면 소금, 후추로 간한다.

4. 감자는 껍질을 벗기고 0.3cm 두께로 슬라이스 한 뒤 끓는 소금물에 넣고 5~6분간 익힌 다음 건져 물기를 뺀다.

5. ②의 반죽을 밀어서 둥글게 편 뒤 파이 틀에 올려 가장자리를 손으로 눌러 가며 모양을 잡은 다음 포크로 작은 구멍을 낸다.

6. ⑤에 유산지를 깔고 그 위에 마른 콩을 넣어서 180℃로 예열한 오븐에서 20분간 익힌 뒤 유산지와 콩을 걷어 내고 식힌다.

7. 미리 익혀 둔 양파의 절반을 ⑥에 깔고 그 위에 감자-양파-감자를 순서대로 올린다.

   tip 양파 대신 피망, 호박, 브로콜리, 버섯 등 기호에 맞는 채소로 바꿔도 된다.

8. 볼에 달걀, 생크림, 넛맥, 소금, 다진 프레체몰로를 넣고 섞은 뒤 ⑦에 넣고 180℃로 예열한 오븐에서 20~25분간 익힌다.

   tip 파이가 완성된 뒤 10분 정도 식혀 먹어야 더욱 맛있다.

Crème caramel
크렘 카라멜

카라멜푸딩

- **재료** 우유 500g, 설탕 80g, 황설탕 50g, 달걀 3개,
  바닐라 빈 1개, 소금·버터 약간씩

만드는 법(4인분)

1. 오븐 용기 안쪽에 녹인 버터를 붓으로 바른다.
2. 마른 팬에 황설탕을 넣고 가장 약한 불로 설탕을 녹이다가 가장자리에서 연기가 조금씩 나기 시작하면 불에서 내린다.
3. ①의 용기 안에 동전크기로 ②의 카라멜을 흘려 담는다.
   tip 설탕이 타면 쓴맛이 나므로 약한 불에서 천천히 녹여야 한다.
4. 냄비에 우유와 설탕, 바닐라 빈의 씨를 넣고 중불에서 따뜻해질 때까지 데운다.
5. 볼에 달걀을 넣고 거품기로 푼 뒤 달걀이 크림처럼 부드러워지면 ④를 여러 번 나누어 넣고 잘 섞은 다음 소금을 넣는다.
6. ⑤를 ③의 용기에 담아 중탕으로 150℃로 예열한 오븐에서 1시간 정도 익힌 뒤 냉장고에 두었다가 차갑게 낸다.

set 9
어색한 사람들끼리의 파티

피자만큼 우리와 친한 서양음식이 또 있을까? 피자는 우리나라에서 대중적인 음식이 된지 오래다. 이탈리아에서 요리를 공부 하고 한국으로 돌아온 내가 우리 가족들에게 처음 만들어 준 음식도 피자였다. 지금도 기억나는 어느 여름날이었다. 중학생 조카 녀석들은 한참 많이 먹을 때여서인지 고모가 하는 음식에 늘 관심과 기대가 많았다. 나는 호기를 부려 "고모가 피자 해 줄 테니 친구들 불러 와"라고 말했고, 다음 날 한창 자라나고 있는 3명의 조카 친구들이 집으로 들이닥쳤다. 나는 반죽기도 없이 반죽과 씨름을 하고 오븐에 피자를 구웠다. 그렇게 벌겋게 달아오른 얼굴로 만든 피자를 조카는 세상에서 가장 맛있는 피자로 알고 있다.

피자는 하루 전에 반죽을 해서 냉장고에 넣고 저온숙성을 시켜 주면 더욱 맛이 좋다. 피자에 올라가는 토핑은 상상력과 창의력을 조금만 첨가한다면 보다 멋지고 재미있게 만들 수 있다. 반죽과 여러 종류의 토핑을 미리 준비한 뒤 어색한 사람들끼리 서로 어깨를 부딪치며 피자를 함께 만들어도 재미있을 것이다. 여기에 샐러드를 준비한다면 더없이 좋은 파티 상차림이 된다.

시칠리아식 오렌지샐러드는 피자의 다소 느끼한 맛을 덜 수 있으므로 센스있는 요리사로 인정받게 될 것이다. 디저트로는 카라멜 소스를 얹은 판나코타를 준비해 부드럽고 달콤한 맛을 즐겨 보자. 파티의 분위기를 더욱 즐겁게 만들어 줄 것이다.

Insalata d'arancia
시칠리아식 오렌지샐러드

Pizza margherita
마르게리타피자

Panna cotta
판나코타

Insalata d'arancia
인살라타 다란차

시칠리아식 오렌지샐러드

재료 오렌지 4개, 붉은 양파 1/4개, 프레체몰로 1줄기, 올리브유 3큰술, 블랙올리브 2큰술, 소금·후추 약간씩

만드는 법 (4인분)

1. 오렌지는 안쪽의 흰 부분까지 껍질을 벗기고 0.3cm 두께로 슬라이스 한다.
2. 양파는 껍질을 벗긴 뒤 곱게 채 썰고 프레체몰로는 다진다. 블랙올리브는 슬라이스한다.
3. 볼에 올리브유, 소금, 후추를 넣고 거품기로 힘차게 저은 뒤 ②의 다진 프레체몰로를 넣고 섞는다.
4. 볼에 손질한 오렌지와 양파, 올리브를 담고 ③을 넣어 버무려 상온에서 10분 정도 휴지시킨 뒤 상에 낸다.

Pizza margherita
피자 마르게리타

마르게리타피자

재료 강력분 500g, 물 275g, 모차렐라 치즈 250g, 홀 토마토 200g, 방울토마토 8개, 마늘 1쪽, 소금 10g, 드라이 이스트 5g, 올리브유 1작은술, 바질 잎·오레가노 약간씩

만드는 법(4인분)

1. 35℃ 정도의 미지근한 물에 소금, 이스트를 각각 푼 뒤 강력분에 이스트 물-소금물을 순서내로 넣고 섞는다.

    tip 이스트는 소금과 만나면 발효가 잘 되지 않으므로 이스트와 소금을 따로 분리해서 넣어야 한다.

2. ①의 반죽을 치대어 반죽에 탄력이 생기면 200g씩 잘라 둥글게 빚어 플라스틱 그릇에 담고 발효시킨다.

3. 홀 토마토는 체에 내리고 여기에 마늘을 으깨어 넣고 오레가노, 올리브유, 소금을 고루 섞어 소스를 만든다.

4. ②의 반죽이 2배 크기로 부풀면 손가락을 이용해서 반죽을 균일하게 편다.

5. 반죽 위에 ③의 토마토 소스를 넓게 펴서 발라주고 모차렐라 치즈를 뿌린 다음 250℃로 예열한 오븐에서 약 10분간 노릇하게 굽는다.

6. 방울토마토는 4등분해 ⑤ 위에 바질 잎과 함께 올리고 올리브유를 살짝 뿌린다.

Panna cotta
판나 코타

판나코타

- **재료** 생크림·우유 500g씩, 설탕 150g, 황설탕·물 50g씩, 판젤라틴 6장(12g), 바닐라 빈 1/4개, 소금 약간

만드는 법(4인분)

1. 우유, 설탕, 생크림, 소금, 반 가른 바닐라 빈을 냄비에 넣고 섞고 중간 불에서 따뜻하게 데운 뒤 바닐라 빈을 건진다.

   tip 바닐라 빈 대신 에스프레소 커피 50g을 넣으면 진한 커피 맛의 판나코타를 만들 수 있다.

2. 판젤라틴은 차가운 물에 담가 10분간 불린 뒤 ①의 우유에 넣고 잘 젓는다.

   tip 판젤라틴은 뜨거운 물에 넣으면 녹아버리므로 반드시 찬물에 불려야 한다.

3. ②를 체에 내린 뒤 작은 그릇에 일정한 양으로 담아 냉장고에 넣고 차갑게 식힌다.

4. 팬에 황설탕을 녹여 카라멜처럼 되면 불에서 내린 뒤 찬물을 조금씩 넣어 가며 젓는다.

5. ③의 판나코타가 완전히 식으면 ④의 카라멜 소스를 뿌린다.

set 10
봄에서 여름까지 먹는 별미

리조토는 이탈리아 북부의 대표 요리 중 하나다. 이탈리아의 피에몬테와 롬바르디아 주에서는 쌀이 많이 생산되는데 피에몬테에서는 쌀을 달콤한 우유에 익혀 건포도 잣 등을 넣고 오븐에 구워 먹는다. 반면 남쪽으로 내려가면 쌀 요리는 거의 먹지 않는다. 리조토는 밥과 죽의 중간 상태라고 보면 되는데 특징은 쌀을 완전 호화 상태까지 이르지 않게 하는 데에 있다. 쌀이 약간 덜 익었다고 느낄 정도가 맞는 것이다.
이탈리아 음식을 좋아하고 자주 찾아다니는 사람이라면 색깔이 곱고 달콤한 맛과 향이 나는 파프리카 리조토를 좋아할 것이라 믿는다. 인살라타 디 폴로(닭고기샐러드)는 매콤 새콤한 드레싱을 곁들여 담백한 샐러드에 감칠맛을 더한 에피타이저 메뉴로 파프리카 리조토에 제법 잘 어울린다.
디저트로 먹는 딸기타르트는 달콤한 맛도 그만이지만 리본을 겹쳐 놓은 듯한 모양이 너무 예쁜 타르트다. 알록달록 예쁜 컬러로 물든 메뉴로 구성된 세트 메뉴를 봄에서 여름까지 신나게 즐겨 보자.

Insalata di pollo
닭고기샐러드

Risotto con paprica rosso
파프리카리조토

Crostata alle fragole
딸기타르트

Insalata di pollo
인살라타 디 폴로

닭고기샐러드

- **재료** 닭가슴살 400g, 붉은 파프리카 150g, 오이피클 60g, 그린올리브 30g, 당근 1/4개, 체다 치즈 3장, 셀러리 2줄기, 마요네즈 4큰술, 겨자 2큰술, 올리브유 1큰술, 식초 1/2큰술, 소금·후추 약간씩

만드는 법(4인분)

1. 팬에 올리브유를 두르고 달군다. 1cm 두께로 포 뜬 닭가슴살을 넣고 소금, 후추로 간한 뒤 양쪽 면을 노릇하게 굽는다.
2. ①의 닭고기가 완전히 식으면 길이로 길게 자른다.
3. 그린올리브는 슬라이스하고, 셀러리와 오이피클은 길게 썬다.
4. 파프리카는 꼭지를 따서 당근, 체다 치즈와 함께 ③의 채소와 같은 크기로 길게 썬다.
5. 볼에 겨자, 마요네즈, 식초를 넣고 섞은 뒤 올리브유를 조금씩 넣고 다시 섞어 소금, 후추로 간한다.
6. ②를 볼에 담아 ⑤의 소스에 먼저 버무리고 여기에 채소를 넣고 섞은 다음 냉장고에서 1시간 이상 휴지시킨 뒤 상에 낸다.

Risotto con paprica rosso
리조토 콘 파프리카 로쏘

파프리카 리조토

- **재료** 쌀 280g, 붉은 파프리카 3개, 양파 1개, 당근 1/2개, 셀러리 1줄기, 물 2 l, 화이트와인 30ml, 버터 20g, 다진 양파 10g, 올리브유 1큰술, 그라나 파다노 치즈 간 것·소금·후추 약간씩

만드는 법 (4인분)

1. 냄비에 양파, 당근, 셀러리를 넣고 차가운 물을 부은 뒤 센 불에 올려 물이 끓기 시작하면 약한 불로 줄여 약 30분 정도 끓인다.

   tip 채소 육수를 만들 때는 찬물을 넣어서 약불에서 천천히 끓여야 채소 맛을 제대로 우려 낼 수 있다.

2. 파프리카는 표면에 올리브유를 바르고 소금, 후추를 뿌려 180℃로 예열한 오븐에서 30분간 뒤집어 가며 익힌다.

3. 파프리카를 오븐에서 꺼내 알루미늄 호일로 감싸 두었다가 식으면 껍질을 벗기고 씨는 제거해 믹서에 곱게 간다.

4. 냄비에 버터를 녹이고 올리브유, 다진 양파를 넣고 낮은 불에서 양파가 투명해질 때까지 익힌다.

5. ④에 쌀을 넣고 투명해질 때까지 볶다가 화이트와인을 넣어 증발시킨 뒤 ①을 쌀이 잠길 만큼 조금씩 넣어 가며 볶는다.

   tip 채소 육수를 넣을 때는 쌀알이 잠길 만큼 조금씩 나누어 조린 뒤 다시 넣는 방법으로 해야 쌀에 육수가 보다 잘 흡수된다.

6. ⑤의 쌀이 3/4 정도 익으면 ③을 넣고 불에서 내려 버터, 그라나 파다노 치즈를 넣고 빠르게 섞는다.

7. 따뜻한 그릇에 그라나 파다노 치즈를 약간 뿌리고 ⑥의 리조토를 담는다.

Crostata alle fragole
크로스타타 알레 프라골레

딸기타르트

- **재료** 박력분 250g, 버터·딸기잼 150g씩, 설탕 100g, 달걀 2개, 달걀노른자 1개, 소금·베이킹파우더·오렌지에센스 약간씩

만드는 법(4인분)

1. 볼에 상온에 둔 버터와 설탕을 넣고 거품기로 설탕이 녹을 때까지 휘젓는다.
2. ①의 볼에 달걀과 오렌지에센스를 넣어 고루 섞는다.
3. ②에 밀가루, 베이킹파우더, 소금을 체에 내려 넣고 재빨리 반죽한 다음 냉장고에서 1시간 이상 휴지시킨 뒤 반을 자른다.
4. ③의 반죽을 하나씩 밀대로 얇게 민 뒤 타르트 틀에 얹어 모양을 잡고 반죽에 포크로 구멍을 내고 일정한 두께로 딸기잼을 바른다.

   tip 반죽을 밀 때는 도마 위에 약간의 밀가루를 뿌려 두고 그 위에서 밀면 반죽이 달라붙는 것을 막을 수 있다.

5. 남은 반죽을 얇게 밀어 폭 2cm로 길게 잘라 ④위에 격자무늬로 겹쳐서 올린 뒤 160℃로 예열한 오븐에서 약 20분간 굽는다.

set 11
금요일 밤, 싱글들의 저녁 식사

화이트와인, 스파클링와인, 맥주를 냉장고에 넣어 두고 시작하는 느긋한 금요일 저녁의 파티. 채소와 바지락, 연어 등의 해산물만 준비하면 되므로 장을 보는 시간도 줄일 수 있고 서빙도 간단해 격의 없는 사람들끼리의 저녁 식사 메뉴로 더 없이 좋다.
우선 따뜻하고 단순한 맛의 크레마로 저녁 식사의 문을 열면 가벼운 식감과 부드러운 느낌으로 긴장이 스르르 풀리게 될 것이다. 크레마는 이탈리아에서 날씨가 스산해지는 가을이나 겨울에 자주 먹는데 만드는 방법도 쉬워 누구나 할 수 있는 요리다. 다음에 준비할 메뉴로는 바지락과 올리브유로 소스를 만들어 짭조름한 깊은 바다의 맛을 전해 주는 봉골레파스타다. 너무 평범한 토마토 소스와 느끼한 크림 소스의 파스타가 물렸을 때 봉골레파스타를 맛본다면 그 맛에 오일 소스 마니아가 될지도 모른다. 여기에 가벼운 화이트와인을 곁들인다면 분위기는 Up! Up!
마지막으로 나오는 꼬치 요리는 폴렌타의 구수한 맛과 애호박과 연어의 대조되는 색감과 달콤한 맛, 대파의 향이 어우러진 메뉴로 술안주로 활용할 수 있어 수다를 떨면서 하나씩 빼 먹는 재미가 있는 요리다. 꼬치 요리는 바로 특별한 커트러리도 필요없어 특히 좁은 공간에서 하는 식사라면 탁월한 선택이 될 것이다.
신나는 주말을 위한 금요일 저녁, 싱글들을 위한 파티엔 가벼운 메뉴가 최고! 고기는 No! 해산물은 Yes!

Crema di verdure
삼색 채소수프

Linguine alle vongole
바지락파스타

Spiedini di salmone e polenta
폴렌타꼬치

Crema di verdure
크레마 디 베르듀레

삼색 채소수프

재료 우유 600g, 당근·애호박·감자 400g씩, 생크림 90g, 그라나 파다노 치즈 45g, 양파 1/2개, 물·바게트빵 적당량씩, 올리브유·소금·후추 약간씩

만드는 법(4인분)

1. 감자는 껍질을 벗기고 잘게 썬 뒤 차가운 물에 잠깐 담가 두고 양파는 곱게 다진다.
2. 팬에 올리브유를 두르고 양파가 투명해질 때까지 볶은 뒤 ①의 감자가 잠길 만큼의 물을 넣고 푹 끓여 익힌다.
3. ②의 감자를 믹서에 넣고 간 뒤 냄비에 담고 우유 1컵, 생크림 30g을 넣고 불에 올려 끓이다가 그라나 파다노 치즈 15g과 소금, 후추를 넣는다.

   tip 소스가 졸아들면 채소 육수나 물을 넣어 농도를 조절해 준다.

4. 애호박과 당근도 각각 ②, ③과 같은 방법으로 조리해 준비한다.

   tip 위의 채소 외에 브로콜리, 단호박, 양송이, 아스파라거스로 대체해도 된다.

5. 바게트 빵은 0.5cm 두께로 슬라이스한 뒤 달군 팬에 넣고 올리브유를 뿌려 살짝 굽다가 약간의 소금으로 간한다.
6. 볼에 감자 크림, 당근 크림, 애호박 크림을 각각 담은 뒤 ⑤를 살짝 얹고 올리브유를 약간 두른다.

Linguine alle vongole
링귀네 알레 봉골레

바지락파스타

- **재료** 바지락 600g, 링귀네 320g, 화이트와인·올리브유 20g씩, 다진 프레체몰로 1/2작은술, 으깬 마늘 1쪽, 페페로치노 1개, 소금 적당량

만드는 법(4인분)

1. 바지락은 소금물에 담가서 어두운 곳에 두고 해감한다.
2. 약한 불로 달군 팬에 올리브유를 두르고 으깬 마늘과 페페로치노를 함께 넣고 볶아 마늘향이 배게 한다.
3. ②의 팬에 바지락과 화이트와인을 넣어 센 불에서 알코올을 날린 뒤 뚜껑을 덮어 바지락이 입을 열 때까지 익힌다.

   tip 바지락을 익힐 때 뚜껑을 덮지 않으면 국물이 너무 졸아 퍽퍽해지므로 반드시 뚜껑을 덮어 조리한다.

4. 냄비에 물을 넉넉히 담고 소금을 1큰술 넣고 물이 팔팔 끓으면 링귀네를 넣어 8분 정도 삶아 건진다.
5. ③의 팬에서 마늘과 페페로치노는 제거하고 바지락과 ④의 링귀네를 넣고 1분간 볶는다.
6. ⑤에 다진 프레체몰로를 넣고 팬을 흔들어가며 볶다가 올리브유를 넣어 섞는다.

   tip 면이 너무 말랐으면 면 삶은 물을 조금씩 넣어서 바닥에 소스가 약간 남아 있도록 한다.

Spiedini di salmone e polenta
스피에디니 디 살모네 에 폴렌타

폴렌타꼬치

- **재료** 물 400g, 연어 200g, 우유 100g, 옥수수가루 80g, 버터 10g, 애호박·대파 2개씩, 방울토마토 8개, 다진 타임 2줄기분, 레몬즙 4큰술, 올리브유·베이비 채소 적당량씩, 소금·후추 약간씩

만드는 법(4인분)

1. 냄비에 물, 우유를 넣고 불에 올려 끓기 시작하면 올리브유 10g, 소금을 넣고 거품기로 저어 가면서 옥수수가루를 조금씩 넣어 약한 불에서 40분간 익힌다.

   tip 옥수수가루는 한꺼번에 넣으면 뭉치기 때문에 물이 팔팔 끓을 때 흘려 주듯 조금씩 넣어야 덩어리가 지지 않는다.

2. ①을 불에서 내려 소금으로 간을 하고 버터를 넣고 잘 섞은 뒤 완전히 식어 덩어리로 변하면 사방 2cm로 썰어 폴렌타를 준비한다.

3. 애호박은 사방 2cm로 썰어 끓는 소금물에서 약 3~5분간 익힌 뒤 차가운 물에 담가 식힌다.

4. 대파는 2cm 길이로 자르고 연어도 사방 2cm로 썰어 꼬치에 대파-연어-폴렌타-방울토마토-애호박 순으로 꽂아 소금, 후추로 간한다.

5. 타임은 잘게 다져 볼에 올리브유, 소금, 후추, 다진 타임, 레몬즙을 넣고 섞어 소스를 준비한다.

6. 달군 팬에 올리브유를 두르고 ④의 꼬치를 넣고 앞뒤로 노릇하게 구운 뒤 접시에 담아 그 위에 ⑤의 소스를 뿌린다.

set 12
생일 파티

생일날 엄마는 동네 어른들을 초대해 떡 벌어지는 아침 식사를 대접했던 적이 있다. 수수팥떡도 넉넉히 하셔서 학교 가는 길에 들려 보냈다. 이 생일상은 오랫동안 내게 힘을 주곤 했다. 생일파티는 아이들이 자기의 존재감을 확인하는 날이다. 남다르게 보낸 파티는 평생의 추억이 되기도 한다. 늘 같은 피자나 떡볶이가 아닌 조금은 남다른 파티를 열 수 있는 메뉴를 준비하면 어떨까.

이름도 독특한 수플리 알 텔레포노는 일종의 쌀 크로켓으로 모차렐라 치즈를 넣고 튀겨내는 요리인데 한입 베물면 모차렐라 치즈가 쭉 늘어난다. '텔레포노*Telefono*'는 '전화'를 말하는 이탈리아어로 수화기에 곱슬곱슬하게 말려 있는 전선처럼 잡아당기면 늘어난다고 해서 붙여진 이름이라고 한다.

비텔로 톤나토(참치 소스의 돼지고기)는 이탈리아에서는 이미 보편화된 피에몬테 지방의 전통요리다. 생후 1년 미만의 송아지 고기를 이용하는 메뉴인데 송아지 안심 대신 돼지 안심을 사용하고 우유에 담가서 돼지 냄새를 없앴다. 차갑게 먹을 수 있는 요리다.

파니노는 작은 빵에 갖가지 채소나 햄, 치즈를 끼워 먹는 이탈리아식 샌드위치로 다양한 변형이 가능하다. 여기에 소개된 파니노는 로마에서 공부할 때 자주 먹었던 파니노를 재현한 것이다.

Suppli al telefono
로마식 쌀크로켓

Vitello tonnato
참치 소스의 돼지고기

Panino di melanzana e mozzarella
이탈리아식 샌드위치

Suppli al telefono
수플리 알 텔레포노

로마식 쌀크로켓

- **재료** 고기 육수 500ml(덩어리 고기 100g, 당근 1/4개, 양파 1/2개, 셀러리 1줄기, 통후추 10알, 월계수 잎 1개, 물 7컵, 소금 약간), 쌀 250g, 토마토 200g, 다진 쇠고기 100g, 그라나 파다노 치즈·생모차렐라 치즈 50g씩, 양파·당근 1/2개씩, 버터 10g, 셀러리 1줄기, 레드 와인 50ml, 빵가루·식용유 적당량, 올리브유·소금·후추 약간씩

만드는 법(4인분)

1. 냄비에 양파, 당근, 셀러리, 통후추, 월계수 잎, 덩어리 고기를 넣고 뭉근한 불에서 푹 끓인 뒤 체에 밭쳐 육수를 준비한다.
2. 양파, 당근, 셀러리는 잘게 다져 올리브유를 두른 냄비에 넣고 볶다가 익으면 다진 쇠고기를 넣어 센 불에서 익힌 뒤 레드와인을 넣는다.
3. 토마토는 껍질을 벗기고 잘게 썰어 ②에 넣고 중불에서 푹 익힌 뒤 소금, 후추로 간하고 농도가 생기면 쌀을 넣고 18분간 익힌다.
4. ③의 소스가 졸아들면 ①을 1국자씩 넣어 농도를 조절해 가며 쌀이 완전히 익을 때까지 저어 가며 끓인다.
5. ④의 쌀이 다 익으면 불을 끄고 버터와 그라나 파다노 치즈를 갈아서 넣고 섞어 완전히 식힌다.

tip 반죽이 뜨거울 때는 약간 질기 때문에 완전히 식힌 뒤에 빚어야 모양이 예뻐진다.

6. 모차렐라 치즈는 막대 모양으로 길게 자른 후 체에 밭쳐 물기를 뺀다.
7. ⑤를 100g씩 떼어내 타원형으로 빚은 다음 가운데를 살짝 누른 뒤 ⑥을 넣고 오므린다.
8. 빵가루는 체에 내린 다음 ⑦에 꼼꼼히 묻혀 180℃로 달군 식용유에 노릇하게 튀긴다.

Vitello tonnato
비텔로 톤나토

참치 소스의 돼지고기 요리

재료 돼지고기(안심) 400g, 통조림 참치 200g, 마요네즈 120g, 양파 1/2개, 당근 1/4개, 셀러리·셀러리 1줄기씩, 안초비 2개, 버터·식초 10g씩, 케이퍼 5g, 화이트와인 2큰술, 올리브유 1큰술, 우유·샐러드용 채소 적당량씩, 소금·후추 약간씩

만드는 법(4인분)

1. 돼지고기는 우유에 미리 최소 2시간 정도를 담가 냄새를 없애고 물기를 제거한 뒤 면실로 묶는다.
2. 양파, 당근, 셀러리는 한입 크기로 썰어 달군 팬에 넣고 올리브유, 버터로 볶는다.
3. ②의 팬에 ①을 넣고 소금, 후추로 간한 뒤 센 불에서 표면을 익히다가 물 1국자를 넣고 뚜껑을 덮어 150℃로 예열한 오븐에 넣고 약 20분간 익힌다.
4. 참치는 체에 밭쳐 기름을 제거한 뒤 믹서에 참치, 케이퍼, 안초비, 화이트와인, 식초를 넣고 간다.

   tip 참치가 잘 갈리지 않으면 물이나 채소 육수를 약간 넣으면 부드럽게 잘 갈린다.

5. ④에 마요네즈를 넣고 고루 섞은 다음 냉장고에 넣고 차갑게 만든다.
6. ③의 고기가 다 익으면 오븐에서 꺼내어 실을 제거하고 얇게 슬라이스한다.
7. 접시 중앙에 샐러드용 채소를 넓게 펴서 담고 ⑥을 올리고 위에 ⑤의 소스를 뿌린다.

375

Panino di melanzana e mozzarella
파니노 디 멜란자나 에 모차렐라

이탈리아식 샌드위치

- **재료** 강력분 500g, 물 275g, 생모차렐라 치즈 100g, 소금 10g, 드라이 이스트 5g, 가지 3개, 잣 적당량, 올리브유·오레가노·소금·후추 약간씩

만드는 법(4인분)

1. 35℃의 미지근한 물에 소금, 이스트를 각 가 푼 뒤 체에 내린 강력분에 이스트물·소금물을 순서대로 넣고 탄력이 생기도록 반죽한다.

2. ①을 2배 크기가 될 때까지 2시간 발효한 뒤 도마에 올려 반죽을 치대고 50g씩 잘라 밀대로 밀어 3등분으로 가른다.

   tip 밀가루 반죽을 발효시킬 때는 플라스틱 그릇에 넣고 위에 약간의 밀가루를 뿌려 두면 반죽이 마르지 않고 잘 발효된다.

3. ③의 반죽은 머리를 땋듯이 고르게 땋아 맨 끝은 서로 떨어지지 않도록 눌러 붙인다.

4. ③을 오븐 팬에 올려 다시 크기가 2배가 될 때까지 2차 발효한 뒤 220℃로 예열한 오븐에서 약 10~15분 정도 노릇하게 굽는다.

   tip 오븐 팬에 반죽을 올릴 때는 발효 후 커지는 크기를 생각해 간격을 벌려 놓는다.

5. 가지는 1cm 두께로 길게 썰어 소금을 뿌린 뒤 체에 받쳐 놓았다가 키친타월로 물기를 닦는다.

6. 올리브유를 두른 팬에 가지를 넣고 소금, 후추로 간해 익힌 뒤 오레가노를 뿌리고 올리브유를 넉넉히 두른다.

7. 모차렐라 치즈는 0.5cm두께로 슬라이스하고 ④는 반을 갈라 한쪽 면에 자른 마늘을 문지른다.

   tip 마늘을 반으로 잘라 자른 면 쪽을 빵 표면에 문지르면 빵에 마늘향이 은은히 배어 맛이 더욱 좋아진다.

8. ⑦의 빵에 올리브유를 바른다. 모차렐라 치즈-가지-잣을 순서대로 올린 뒤 빵을 덮는다.

377

이탈리아의 요리학교
부부 추천! 로마 맛집

'a putia siciliana

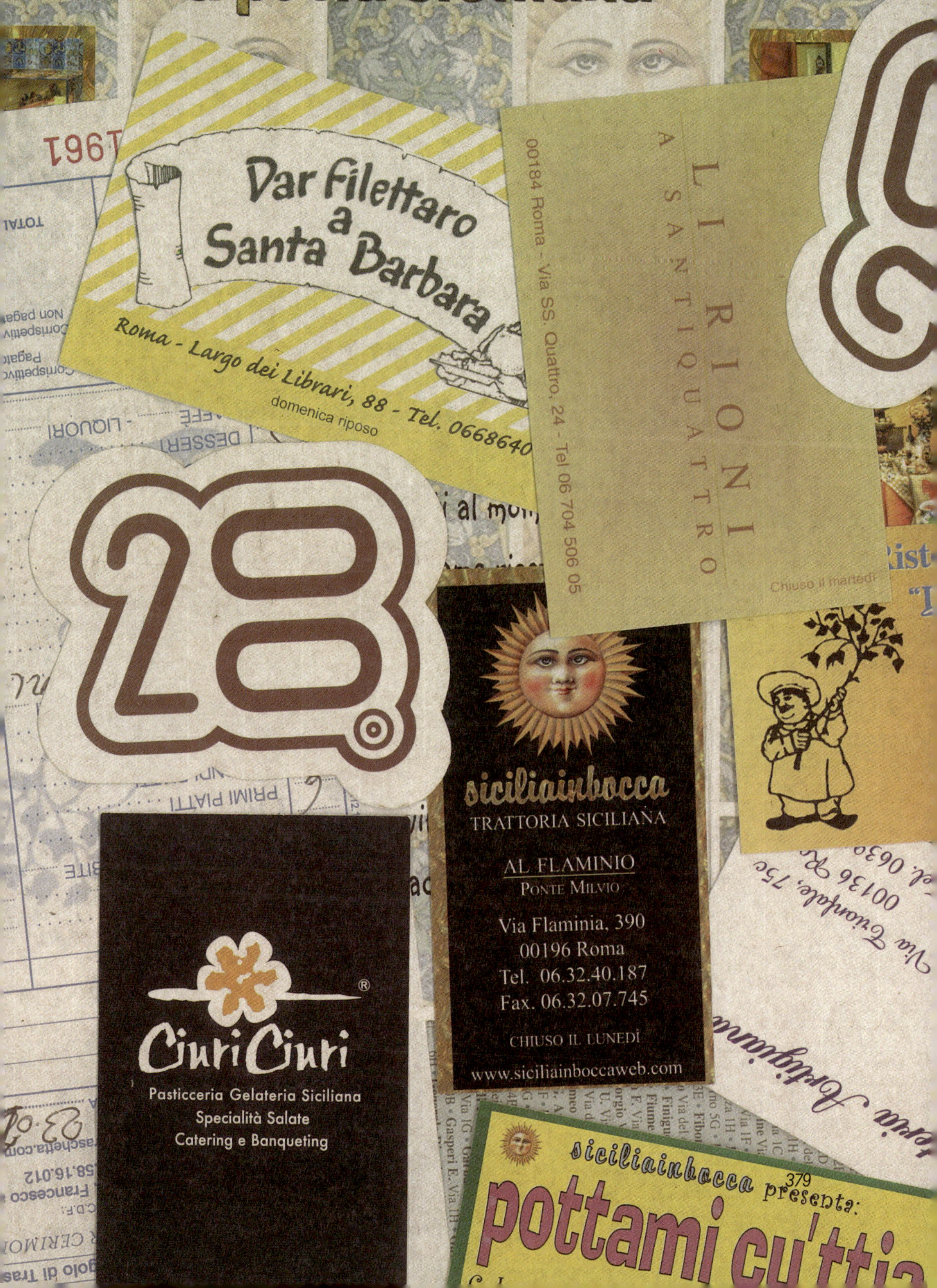
Dar Filettaro a Santa Barbara
Roma - Largo dei Librari, 88 - Tel. 0668640
domenica riposo
LI RIONI
A SANTIQUATTRO
00184 Roma - Via SS. Quattro, 24 - Tel 06 704 506 05
Chiuso il martedì
28
siciliainbocca
TRATTORIA SICILIANA
AL FLAMINIO
PONTE MILVIO
Via Flaminia, 390
00196 Roma
Tel. 06.32.40.187
Fax. 06.32.07.745
CHIUSO IL LUNEDÌ
www.siciliainboccaweb.com
CiuriCiuri
Pasticceria Gelateria Siciliana
Specialità Salate
Catering e Banqueting
Via Trionfale, 75c
00136 Roma
siciliainbocca presenta:
pottami cu'ttia

bonus info 01
이탈리아 요리학교

이탈리아의 요리사들은 고등학교 때부터 호텔학교에서 공부를 하기 때문에 한국처럼 요리학원이나 요리학교가 따로 없다. 따라서 외국인이 이탈리아 전문요리사가 되려면 이탈리아 고등학교 과정을 배우거나 외국인을 위한 프로그램을 운영하는 학교를 찾는 것이 낫다. ICIF는 그중 하나로 이탈리아에서보다 해외에서 오히려 더 알려져 있다. ICIF는 조리기술 위주의 전문 요리사를 양성하기보다는 요리와 식문화, 와인 등 이탈리아의 음식문화를 가르치는 포괄적인 프로그램을 가지고 있다. 단계별 조리실습이나 특화된 분야의 음식만을 배우는 코스는 없지만 짧고 집중적인 수업 위주로 프로그램이 짜여져 있어 과정을 마치고 나면 이탈리아 전 지역의 대표 음식은 물론 서빙 기술, 이탈리아 와인에 대한 이해 또한 넓어지게 된다. 여기서 한 발짝 더 나아가 레스토랑에서 실습을 하게 되면 실질적인 레스토랑의 음식과 식자재, 레스토랑 운영 상황들을 살펴볼 수도 있다. 한국에서 이탈리아 오너 셰프가 되기를 원하는 사람들이나 요리강사, 요리칼럼을 다루고자 하는 사람들에게는 아주 좋은 과정이 될 수 있다.

어디나 마찬가지겠지만 내가 자란 곳이 아닌 곳에서 내가 쓰는 말이 아닌 말로 생활한다는 것은 무척이나 어려운 일이다. 소통은 일방이 아니라 쌍방이기 때문이다. 따라서 언어가 요리보다도 더 중요할 때가 많다. 어느 도시가 되었건 이탈리아로 요리를 공부하러 가기 전에 반드시 최소한의 단어와 화법은 익히고 가기를 권한다. 또한 일상적인 습관이나 휴일에 대한 공부도 미리 해 두도록. 한 가지의 요리에는 그 지역의 식생과 기후, 역사 그리고 그에 따른 사람들의 생활방식이 모두 녹아있기 때문이다. 기본적인 언어와 요리에 대한 열정과 새로운 것을 동경하고 받아들이는 열린 마음이 있다면 그것이 요리이건 와인이건 언어이건 어디에서건 배울 수 있는 것은 많다.

1. ICIF

이탈리아 요리 전문가, 이탈리아 와인 전문가, 레스토랑 운영자 양성기관으로 이탈리아 요리 선반을 가르친다.

마스터(8주), 브레베(단기), 이탈리아 전지역별 요리 수업과 체계적인 와인 수업, 원할 경우 현지 레스토랑에서 4개월간 인턴실습 가능

특징
피에몬테 주정부와 코스틸리올레시의
후원을 받는 외국인을 위한 이탈리아 요리학교.
점심과 저녁, 기숙사 제공.

Add Piazza Vittorio Emanuele II, 10 - 14055 Costigliole d'Asti (AT)
Tel +39 0141 962171 / **Fax** +39 0141 962993
E-mail icif@icif.com / **P.I** 06125450012

2. ALMA

전문 이탈리아 요리사, 레스토랑 경영자, 소믈리에 양성기관으로 국제 요리학교.

수페리오레 요리(10개월/2개월),
제과과정(7개월),
알마 와인아카데미

특징 기숙사 제공

Add Piazza Garibaldi, 26-43052 Colorno (Parma)
Tel +39 0521 525211 / **Fax** +39 0521 525252
E-mail infoalma@scuolacucina.it / **P.I** 02241770342

3. MAAGICI SAPORI

토스카나 음식과 와인을 배울 수 있는 피렌체 출신의 부부가 운영하는 작은 요리학교.

전문가(24수업), 인텐시브(1주4수업), 데일리(1일1수업)

Add Via Pergolesi, 10 - 50144 Firenze
Tel +39 0553 246746 / **Fax** +39 0553 246745
Skype magici.sapori

bonus info 02
부부 추천! 로마 맛집

라 후라스케타 *La fraschetta*

데카당트한 느낌이 나는 트라스테베레의 뒷골목 안에는 아주 많은 레스토랑이 있다. 관광객의 눈으로는 모두가 같아 보이는 식당들 중에서 진정한 로마의 맛을 느끼고자 한다면 상점들이 많은 거리에서 한 블럭 더 들어가 있는 식당을 찾아보는 게 좋다. 이 식당은 1976년에 Meo Patacca와 Ciceruacchio라는 두 곳이 합쳐져 탄생한 곳으로 정겨운 분위기와 친절한 서비스로 개업을 하자마자 대박이 났다고 한다. "후라스케타에서 저녁을 먹었어요" 라고 시댁식구들에게 말하면 그들은 "피에로가 있던?"하고 묻는다. 피에로는 지금 후라스케타의 주인으로 이곳을 잘 아는 시어머니는 그의 아버지를 잘 안다고 한다. 대를 이어 식당을 하고 대를 이어 고객이 된 것이다. 나무 화덕에서 구워 낸 피자는 테이블에 놓여지기도 전부터 그 구수한 냄새를 풍기고, 수북하게 쌓인 스파게티 알레 봉골레는 로마에서 내가 먹어 본 파스타 중에 봉골레가 가장 많이 들어가 있는 것 같았다.
가격은 마르게리타 피자 한 판에 6유로, 스파게티 알레 봉골레가 10유로로 주말이라면 미리 예약을 하는 것이 좋다.

ADD 00153 Roma Via S.Francesco a Ripa, 134
TEL 06 5816012
WEB www.lafraschetta.com

리 리오니 *Li rioni*

고대 로마시절의 도시구획을 의미하는 'Li rioni'는 '그 옛날 그곳'이라는 뜻을 가지고 있는 콜로세움 바로 근처에 있는 피자리아다. 이곳에서는 얇고 바삭한 전형적인 로마식 피자와 수플리*Suppli*(토마토 소스에 익힌 쌀을 둥글게 빚어 튀겨 낸 음식), 호박꽃 튀김(Fiori di zucca), 염장대구 튀김(Fileto di baccala), 생맥주 등을 주로 판다. 나폴리의 거리 한 모퉁이를 재현해 놓은 듯한 내부 모습도 재미있지만 무엇보다도 직원들이 친절하고 붙임성이 있어 처음 가는 사람들도 편하고 기분 좋게 식사를 할 수 있다. 여름철이면 테라스에서도 식사가 가능하며, 언제나 젊은 사람들로 가득하다. 이곳에 가게 된다면 화덕에서 구워져 나오는 조금은 바닥이 탄 듯한 피자 안초비와 모차렐라 치즈를 넣고 튀김옷을 입혀 튀겨낸 호박꽃튀김을 먹어보기를 권한다. 가격은 피자리아의 기본인 마르게리타피자가 한 판에 6유로 정도로 매주 화요일은 휴무. 저녁 6시 이후부터 시작해 늦은 밤까지 영업하며 예약은 필수다.

ADD 00184 Roma SS. Quattro, 24
TEL 06 70450605

LI RIONI
A SANTIQUATTRO

00184 Roma - Via SS. Quattro, 24 - Tel 06 704 506 0

츄리 츄리 *Ciuri Ciuri*

요즘 이탈리아는 시칠리아 열풍에 휩싸였다. 텔레비전에서도 시칠리아 음식과 문화에 대해 자주 소개되고 있을 뿐더러 최근 수년 사이에 몰라볼 만큼의 많은 시칠리아 레스토랑과 디저트 전문점이 생겨났다. 주말이면 열리는 장터에도 시칠리아 식재료를 파는 간이 매장을 흔하게 볼 수 있으며 로마 중심가에도 시칠리아 식재료를 파는 상점들이 눈에 자주 띈다. 매력적이고 유서 깊은 시칠리아는 그 아름다움과 디저트, 와인, 역사로도 흥미진진한곳이다. 이탈리아에서는 디저트 하면 바로 시칠리아를 말할 정도인데 모양과 색깔이 아름다운 디저트가 발달해 있다. 시칠리아에서 생산되는 피스타치오, 아몬드, 오렌지 등이 품질이 각별해 디저트가 특히 발달했을 것이다. 아이스크림 가게에서 피스타치오 아이스크림을 주문하면 시칠리아산 피스타치오를 이용했다며 자랑스런 얼굴로 아이스크림을 내밀 정도다. 로마에만도 네 개의 매장을 가지고 있는 츄리츄리는 시칠리아 정통 디저트를 비롯해 일반적인 케이크와 아이스크림, 그라니타도 함께 판다. 모양과 색깔이 다양한 과자를 골라서 담는 재미도 쏠쏠하다. 가격은 부드러운 크림을 설탕글레이즈로 덮은 카사타 시칠리아나 *Cassata Siciliana*, 원통 모양으로 튀긴 과자에 리코타 치즈, 초콜릿, 과일조림 등을 섞어 속을 채운 칸놀로 시칠리아나 *Cannolo siciliana*가 각각 3유로이며, 개별 가격이 없는 디저트는 무게를 달아서 판매한다. 디저트를 사랑하는 사람이라면 꼭 찾아봐야 할 곳.

ADD Piazza San Cosimato, 49/B
TEL 06 95216082
WEB www.ciuri-ciuri.it

다르필레타로 아 산타 바르바라 *Dar filettaro a Santa Barbara*

사진 촬영을 하러 왔다고 해도 시큰둥한 주인장은 대중성에 대해서는 일말의 유혹도 느끼지 않는 것 같은 초연함을 보여준다. 그도 그럴 것이 벌써 4대에 걸쳐 바칼라*Baccala*만 팔고 있는 유명한 식당인지라 가게의 간판도 최소한의 예의만 갖추었다. "언제부터 영업을 했느냐"는 질문에 짧게 주인은 "한 백 년 좀 더 돼요"라고 짧게 답했다. 튀김 밑에 깔 마분지를 자르면서 사진촬영에도 응하지 않았다. 시골 읍내의 국밥집처럼 정겨운 느낌의 작은 식당이지만 신문에도 자주 오르고 유명한 사람들도 자주 찾아오는, 로마 사람이라면 누구나 가보았을 정말로 로마인을 위한 식당이다. 바칼라는 염장한 대구를 길게 잘라서 바삭하게 튀긴 요리로, 로마의 대표적인 식전 메뉴다. 웬만한 피체리아에만 가도 흔하게 볼 수 있는 요리지만 이곳의 바칼라 튀김은 유난히 로마 사람들에게 사랑받고 있다. 관광객이 아닌 로마사람들이 찾아오는 곳이다 보니 메뉴도 푼타렐라샐러드 등 로마식 메뉴 서너 가지가 전부다. 가격은 바칼라 튀김 1인분에 5유로. 매주 일요일과 겨울철인 1~3월, 여름철인 8~9월에는 휴가로 문을 닫는다.

ADD Piazza Santa Barbara 88
  (캄포 데이 피오리*Campo dei Fiori* 근처)
TEL 06 6864018

그라타 게카 *Gratta Ghecca*

이탈리아식 팥빙수 전문점으로, 주소도 없는 포장마차이지만 호주에서 보낸 엽서도 문제없이 배달될 정도로 유명한 곳이다. 가게의 이름은 지금은 할머니가 된 프란체스카가 남편과 이 가게를 열었을 때 손님이 너무 많이 와서 남편이 "Gratta Gheca, Gratta!(얼음을 갈아요, 게카. 얼음을 갈아)"라고 소리를 지른 데서 유래가 되었다고 한다('게카*Ghecca*'는 '프란체스카*Francesca*'의 애칭으로 이탈리아 사람들은 친한 사람끼리는 이름을 부르지 않고 애칭을 많이 쓴다). 로마에서 가장 유명한 과일빙수 전문점이라 여름 저녁이면 언제나 길게 줄지어 서있는 사람들을 볼 수 있다. 여름에 로마를 간다면 꼭 찾아가 보도록 이곳의 빙수는 혼자서는 다 못 먹을 만큼 양이 많고 과일이 무척 신선한 것이 특징이다. 가격은 아마레나 시럽과 신선한 코코넛 조각, 그리고 레몬즙을 넣은 과일빙수가 3유로로, 5월부터 9월까지만 영업한다.

ADD Via Trionfale 70번지 주변 (근처에서 포기하지 말고 물어보자.)

"도베 씨 트로바 라 그라타게카?"(Dove si trova la gratta ghecca?)

앙골로 델 젤라토 *Angolo del gelato*

이탈리아의 어느 도시를 가든 아이스크림은 먹을 수 있다. 하지만 로마에서 먹는 아이스크림은 보다 특별하다. 로마의 아이스크림 인심은 그 어디보다도 후하고 맛도 뛰어나며 종류도 많다. 로마 사람들에게 아이스크림은 영양소가 풍부한 음식이자, 유일하게 거리를 걸으면서 먹을 수 있는 간식이면서 아이 어른 할 것 없이 동시에 즐길 수 있는 일상의 일부다. 하나의 콘 위에 올릴 아이스크림의 종류를 고르는 것은 정말 달콤한 괴로움이다. 어떤 것을 고르기 보다는 다른 것을 포기하기가 더 어려운데 이는 과일가게보다 더 많은 종류의 과일 향과 맛이 기다리고 있기 때문이다. 이곳은 내부도 외부도, 사진촬영을 금지해서 사진을 찍을 수는 없었지만 로마 시민들이 가장 아끼는 아이스크림 가게 중 하나다. 클래식한 맛의 아이스크림과 계절에 따라 맛과 향이 다른 아이스크림을 맛볼 수 있다. 가격은 두 가지 맛의 스몰 콘의 가격은 2.5유로. 매주 화요일과 한겨울에는 문을 닫는다.

ADD Via Trionfale, 75c 001360
TEL 06 39738818

라 카자 델 카페 타차 도로 La Casa Del Caffé Tazza D'oro

이탈리아의 바에서 파는 에스프레소가 스타벅스의 모티브가 되었다는 것은 이미 잘 알려진 사실이다. 개방적이고 즐겁고 향기로운 바는 이탈리언들의 휴식처이며 교류의 장이자 출출함을 달래 주는 멀티풀한 공간이다. 유명한 바들이 많지만 판테온 바로 앞에 있는 이 바는 1946년부터 전 세계에서 생산되는 다양한 커피를 직접 배전해서 판매하는 것으로 유명하다. 안으로 들어가면 누군가 정성 들여 만든 나무 의자에 귀여운 할머니들이 모여앉아 즐거운 이야기를 나누면서 무엇인가를 맛있게 먹는 모습을 자주 보게 된다. 할머니들은 젊은 시절부터 이 집의 커피와 그라니타를 먹었노라고 활짝 웃으며 자랑을 하는데 이집은 커피로도 유명하지만 그라니타도 유명하다. 그라니타는 로마 사람들이 섭씨 40℃를 오르내리는 여름이면 더위를 식히느라 먹는 일종의 커피 빙수다. 풍부하게 올린 고소한 생크림을 컵 바닥에 깔고 그 위에 비스킷과 너무 차갑지 않은 진한 에스프레소 셔벗을 담은 뒤 다시 생크림을 구름처럼 듬뿍 얹어 만든다. 진한 아이스커피를 먹는 것 같은 이 간식은 여름철에 로마에 간다면 반드시 먹어 봐야 할 메뉴로 가격은 한 컵에 2.5유로다.

ADD Via degli Orfani, 84 -00186(Pantheon)
TEL 06 6789792
WEB www.tazzadorocoffeeshop.com

시칠리아 인 보카 *Sicilia in bocca*

테르미니 역에서 74번 버스를 타고 Via Giuliani에서 내려 조금만 걸어가면 되는 곳에 있는 식당으로 바로 옆에는 시칠리아산 그릇들과 소품, 디저트를 파는 가게를 함께 운영하는 곳이다.

벽에 붙인 타일부터 하나하나의 소품이 우리가 알던 이탈리아의 모습과는 사뭇 다른 뭔가를 기대하게 한다. 개업한 지 삼 년밖에 안되었지만 벌써 다른 곳에 지점이 생길정도로 인기가 좋다. 모든 요리는 해산물을 이용해 만든 것으로 식사시간이 다 가오면 레스토랑 안쪽에 다양한 해산물을 이용한 안티파스토가 즐비하게 놓여져 보는 이로 하여금 식욕을 자극하게 한다. 애호박과 레몬 껍질, 오렌지 껍질을 이용해 요리한 리조토는 어디에서도 맛보지 못한 특별한 맛을 보여준다. 카포나타와 같은 전통요리를 할 때에는 재료들을 한 번 데쳐서 요리를 해 소화가 쉽고 담백해 이탈리아 음식이 느끼하고 기름져서 부담스러운 이들에게 추천 하고 싶은 곳이다. 예약을 하지 않으면 자리를 얻기 힘들므로 예약은 필수, 일요일은 휴무다.

ADD Via E. Faa` di Bruno, 26 - 00195 (In Prati, P.le Clodio)
TEL 06 37358400
WEB www.siciliainboccaweb.com

두에첸토그라디 *Duecentogradi*

두에첸토그라디는 요즘 유행하는 샌드위치하우스 파니노테카로, 인테리어부터 뭔가 다르다. 조금 오래됐다 싶은 건물이 천 년이 훌쩍 넘었을 정도로 고풍스러운 로마에서 이곳의 인테리어는 많이 튄다. 그야말로 모던함의 결정체이며, 젊은 감각을 최대한 살린 내부와 소품이 특징이다. 귀여운 외모와 신세대적인 감각으로 로마에서 대박을 낸 젊은 주인장은 텔레비전에도 출연해 파니니 만드는 비결을 소개할 정도로 맛은 이미 검증된 셈. 이곳에서는 로마의 거리 이름, 명소 이름을 붙여 만든 두에첸토그라디만의 특제 소스와 다양한 햄, 채소로 준비하는 40여 종류가 넘는 파니니를 만날 수 있다. 가격은 4.5~6유로대로 비교적 저렴한 편이라 여행객과 젊은이들에게 특히 인기가 좋다.

파니니의 생명은 무엇보다 빵이다. 냉동 배달된 빵을 200℃의 오븐에서 5분간 한 번 더 굽기 때문에 이집의 빵은 특별히 담백하고 향기롭다.

ADD Piazza Risorgimento, 3 - 00192 (바티칸 벽 바로 옆)
TEL 06 39754239
WEB www.duecentogradi.it